Scholler/Broß · Besonderes Verwaltungsrecht und Verwaltungsprozeßrecht

Fälle und Lösungen nach höchstrichterlichen Entscheidungen

Besonderes Verwaltungsrecht und Verwaltungsprozeßrecht

Mit einer Anleitung zur Fallbearbeitung für Studenten und Referendare

von

Dr. Heinrich Scholler
Professor an der Universität München

und

Dr. Siegfried Broß
Richter am Bayerischen Verwaltungsgerichtshof
Lehrbeauftragter an der Hochschule für Verwaltungswissenschaften Speyer
und an der Universität München

3., völlig neubearbeitete Auflage

CFM

C. F. Müller Juristischer Verlag
Heidelberg 1984

CIP-Kurztitelaufnahme der Deutschen Bibliothek

Fälle und Lösungen nach höchstrichterlichen Entscheidungen. –
Heidelberg: Müller, Juristischer Verl.
Teilw. mit Erscheinungsort Karlsruhe. –
Teilw. mit d. Erscheinungsorten Heidelberg, Karlsruhe
Bd. 13. Besonderes Verwaltungsrecht und Verwaltungsprozessrecht: mit e.
Anleitung zur Fallbearb. für Studenten u. Referendare / von Heinrich Scholler
u. Siegfried Bross. — 3., völlig neubearb. Aufl. — 1984.
ISBN 3-8114-7784-6

NE: Scholler, Heinrich [Mitverf.]

Satz: Roman Leipe GmbH, Hagenbach
Druck und buchbinderische Verarbeitung: Druckhaus Darmstadt

ISBN 3-8114-7784-6

Vorwort

Die Juristenausbildung hat in den letzten Jahren grundlegende Änderungen erfahren, so vor allem durch Einführung der einphasigen Ausbildung und die Gestaltung von Wahlfachgruppen. Diese Entwicklung hat uns veranlaßt, die Konzeption des Bundes gegenüber den Vorauflagen in großen Teilen zu ändern. Entsprechend den außerhalb der Wahlfachgruppen allgemein verbliebenen Gebieten für die Ausbildung, Kommunalrecht, Polizeirecht, Grundzüge des Bauordnungs- und Bauplanungsrechts sowie Verwaltungsprozeßrecht haben wir die mit Lösungen ausgearbeiteten Beispielsfälle geordnet und die aus den Vorauflagen nicht mehr hierher gehörenden entfallen lassen. Mit Rücksicht auf die Neugestaltung der juristischen Ausbildung wurde die Darstellung „Fälle und Lösungen nach höchstrichterlichen Entscheidungen, Verwaltungsprozeßrecht" nicht mehr neu bearbeitet, sondern die für Ausbildung und Prüfung wichtigen prozessualen Fragen in entsprechende Fallprobleme umgewandelt und in die vorliegende Darstellung aufgenommen.

Eine weitere gegenüber den Vorauflagen grundlegende Änderung beruht darauf, daß bei den Fallösungen die „Einführung ins Sachgebiet" aus Raumgründen nicht mehr beibehalten wurde. Diese Änderung schien um so eher vertretbar, als in unseren Lehrbüchern „Grundzüge des Polizei- und Ordnungsrechts in der Bundesrepublik Deutschland" 3. Aufl., 1982, „Grundzüge des Kommunalrechts in der Bundesrepublik Deutschland", 3. Aufl., 1984 und „Verfassungs- und Verwaltungsprozeßrecht", Baden-Baden 1980, begleitende Lehrbücher vorliegen, auf die an den einschlägigen Stellen verwiesen werden kann.

Das Schwergewicht der Darstellung liegt wie bisher auf Beiträgen in den Studenten und Referendaren allgemein zugänglichen Zeitschriften. Die Rechtsprechung ist in dem für die Ausbildung von Studenten und Referendaren erforderlichen Umfang aufgenommen.

Literatur und Rechtsprechung sind bis Frühsommer 1984 berücksichtigt.

München, im September 1984

Heinrich Scholler
Siegfried Broß

Inhaltsverzeichnis

ANHANG

Abkürzungsverzeichnis

a.A.	anderer Ansicht
a.a.O.	am angegebenen Ort
abgedr.	abgedruckt
abw.	abweichend
a.E.	am Ende
a.F.	alte Fassung
allg.	allgemein
a.M.	anderer Meinung
Anh.	Anhang
Anm.	Anmerkung
AöR	Archiv des öffentlichen Rechts
Arg.	Argument
Art.	Artikel
AS	Amtliche Sammlung
Aufl.	Auflage
Bay.	Bayern, bayerische
BayObLG	Bayerisches Oberstes Landesgericht
BayVBl.	Bayerische Verwaltungsblätter
BayVerfGH	Bayerischer Verfassungsgerichtshof
BayVGH	Bayerischer Verwaltungsgerichtshof
BayVGHE	Amtliche Sammlung der Entscheidungen des BayVGH und des BayVerfGH, neue Folge (I = VGH; II = VerfGH)
Bd.	Band
bes.	besonders
bestr.	bestritten
betr.	betreffend
BV	Bayerische Verfassung
ders.	derselbe
DVBl.	Deutsches Verwaltungsblatt
DVO	Durchführungsverordnung
E	Entscheidungssammlung
ebd.	ebenda
Einf.	Einführung
Erl.	Erläuterung
Fn.	Fußnote
gem.	gemäß
ggf.	gegebenenfalls
grdl.	grundlegend
Halbs.	Halbsatz
Hess.	Hessen, hessisch
h.L.	herrschende Lehre
h.M.	herrschende Meinung
i.d.F.	in der Fassung
i.d.R.	in der Regel
insbes.	insbesondere

i.S.	im Sinne
i.V.m.	in Verbindung mit
krit.	kritisch
m.w.N.	mit weiteren Nachweisen
Nachw.	Nachweise
Nds.	Niedersachsen, niedersächsisch
n.F.	neue Fassung
Rdnr.	Randnummer
RiA	Recht im Amt
S.	Seite
s.	siehe
sog.	sogenannt
Schl-h.	Schleswig-Holstein, schleswig-holsteinisch
str.	strittig
st.Rspr.	ständige Rechtsprechung
Urt.	Urteil
u.U.	unter Umständen
v.	vom, von
VA(e)	Verwaltungsakt(e)
VerwArch.	Verwaltungsarchiv
vgl.	vergleiche
w.	weitere
z.B.	zum Beispiel
z.T.	zum Teil
zust.	zustimmend
z.Z.	zur Zeit

Verzeichnis der abgekürzt zitierten Literatur

Besonderes Verwaltungsrecht	Hrsg. v. Münch, 6. Aufl. 1982.
Bonner Kommentar	Kommentar zum Grundgesetz, 1950 ff.
Canaris	Canaris, Claus-Wilhelm: Systemdenken und Systembegriff in der Jurisprudenz, Berlin 1969.
Drews/Wacke/Vogel/Martens	Gefahrenabwehr, Allgemeines Polizeirecht (Ordnungsrecht) des Bundes und der Länder, 8. Aufl. Erster Band: Organisationsrecht, Polizeiliches Handeln, Rechtsschutz und Ausgleichsansprüche, von Klaus Vogel, 1975 (Gefahrenabwehr, 1. Bd.) Zweiter Band: Wandlungen des Polizeibegriffs, Generalklausel und Spezialermächtigungen, Die Generalermächtigung zur Gefahrenabwehr, Polizeipflichtige Personen, von Wolfgang Martens, 1977 (Gefahrenabwehr, 2. Bd.).
Erichsen/Martens	Erichsen, H. U. und Martens, W. (Hrsg.): Allgemeines Verwaltungsrecht, 6. Aufl. 1983.
Eyermann/Fröhler	Eyermann, Erich und Fröhler, Ludwig: Verwaltungsgerichtsordnung, 8. Aufl. 1980.
Forsthoff	Forsthoff, Ernst: Lehrbuch des Verwaltungsrechts, Bd. 1, Allgemeiner Teil, 10. Aufl. 1973.
Hesse	Hesse, Konrad: Grundzüge des Verfassungsrechts in der Bundesrepublik Deutschland, 13. Aufl. 1982.
Knack	Knack, Hans-Joachim: Verwaltungsverfahrensgesetz (VwVfG), 2. Aufl. 1982.
Knemeyer	Knemeyer, Franz-Ludwig: Polizei- und Ordnungsrecht, München 1984.
Kopp, VwGO	Kopp, Ferdinand O.: Verwaltungsgerichtsordnung, 6. Aufl. 1984.
Kopp, VwVfG	Kopp, Ferdinand O.: Verwaltungsverfahrensgesetz, 3. Aufl. 1983.
Leibholz/Rinck/Hesselberger	Leibholz/Rinck/Hesselberger: Grundgesetz, 6. Aufl., Köln ab 1979.
Lerche	Lerche, Peter: Übermaß und Verfassungsrecht, 1961.
Maunz/Dürig/Herzog/Scholz	Maunz, Theodor, Dürig, Günter, Herzog, Roman, Scholz, Rupert: Grundgesetz, Kommentar, 1958 ff.
Maunz/Schmidt-Bleibtreu/Klein/Ulsamer	Kommentar zum Bundesverfassungsgerichtsgesetz, 1967 ff.
v. Münch, GG-Kommentar	Grundgesetz-Kommentar (Hrsg. v. Münch), Bd. 1, 2. Aufl. 1981; Bd. 2, 2. Aufl. 1983; Bd. 3, 2. Aufl. 1983.
Meyer/Borgs	Meyer, Hans und Borgs-Maciejewski, Hermann: Kommentar zum Verwaltungsverfahrensgesetz, 2. Aufl. 1982.
Pietzner/Ronellenfitsch	Assessorexamen im öffentlichen Recht, 4. Aufl. 1983.
Redeker/v. Oertzen	Redeker, Konrad und von Oertzen, Hans Joachim: Verwaltungsgerichtsordnung, 7. Aufl 1981.
Scholler/Birk	Scholler, Heinrich und Birk, Dieter: Verfassungsrecht und Verfassungsgerichtsbarkeit, Fälle und Lösungen nach höchstrichterlichen Entscheidungen, 4. neubearb. Aufl. 1983.
Scholler/Broß Kommunalrecht	Scholler, Heinrich und Broß, Siegfried: Grundzüge des Kommunalrechts in der Bundesrepublik Deutschland, 3. Aufl. 1984.

Scholler/Broß Polizeirecht	Scholler, Heinrich und Broß, Siegfried: Grundzüge des Polizei- und Ordnungsrechts in der Bundesrepublik Deutschland, 3. Aufl. 1982.
Scholler/Broß	Scholler, Heinrich und Broß, Siegfried: Verfassungs- und Verwaltungsprozeßrecht, 1980.
Schwerdtfeger	Schwerdtfeger, Gunther: Öffentliches Recht in der Fallbearbeitung, 6. Aufl. 1983.
Simon	Simon, Alfons: Bayerische Bauordnung, 8. Aufl. 1983.
Stern	Stern, Klaus: Verwaltungsprozessuale Probleme in der öffentlichrechtlichen Arbeit, 5. Aufl. 1981.
Tschira/Schmitt Glaeser	Tschira, Oskar und Schmitt Glaeser, Walter: Verwaltungsprozeßrecht, 6. Aufl. 1983.
Ule	Ule, Carl Hermann: Verwaltungsprozeßrecht, 8. Aufl. 1983.
Ule/Laubinger	Ule, Carl Hermann und Laubinger, Werner: Verwaltungsverfahrensrecht, 2. Aufl. 1979.
Ule/Rasch	Ule, Carl Hermann und Rasch, Ernst: Allgemeines Polizei- und Ordnungsrecht, 2. Aufl. 1982, bearb. von Ernst Rasch.
Weides	Weides, Peter: Verwaltungsverfahren und Widerspruchsverfahren, 1977.
Wolff/Bachof I	Wolff, Hans J. und Bachof, Otto: Verwaltungsrecht I, 9. Aufl. 1974.
Wolff/Bachof II	Wolff, Hans J. und Bachof, Otto: Verwaltungsrecht II, 4. Aufl. 1976.

Erster Teil

I. Aufgabenstellung

Diese Fallsammlung stellt den Versuch dar, den Rechtsstudenten und Rechtsreferendaren eine Anleitung zur Lösung von verwaltungsrechtlichen Fällen zu geben. Da Klausuren erfahrungsgemäß nur in sehr beschränktem Maße geeignet sind, positives Wissen zu vermitteln, und das Verwaltungsrecht infolge seiner Vielseitigkeit dem Lernenden große Schwierigkeiten bereitet, möchte dieses Buch das Hilfsmittel, mit dem auch unbekannte oder weniger bekannte Gebiete des besonderen Verwaltungsrechts bewältigt werden können, sein.

Es ist möglich, Studenten und Referendare anzusprechen, weil sich Referendar- und Assessorexamen nur durch die Breite des Stoffes und die stärkere Betonung des Prozeßrechts im Assessorexamen unterscheiden. Die Sachgebiete, die nach den jeweiligen Prüfungsordnungen der Länder bei Studenten nicht vorausgesetzt werden, können nicht einzeln gekennzeichnet werden, da sich die juristische Ausbildung in einem Umbruch befindet und dementsprechend sich auch die Prüfungsfächer ändern[1]. Bei der Stoffauswahl ist aber darauf geachtet, nur die allgemein anerkannten relevanten Gebiete des besonderen Verwaltungsrechts zu behandeln. Der unterschiedlichen Arbeitsweise von Studenten und Referendaren, Gutachten und Urteil, wird dadurch Rechnung getragen, daß zusammenhängende Probleme abwechselnd in Gutachten- oder Urteilsstil gelöst werden. Diese Methode entspricht auch dem verfolgten Lehrziel, da der stete Wechsel von Gutachten und Urteil im Denken schult und den Leser zu eigenen Überlegungen anregt.

II. Die drei Grundfragen

Der Bearbeiter einer verwaltungsrechtlichen Klausur begegnet der Schwierigkeit, daß sich die Klausurtechnik des Zivil- und Strafrechts nur schwer auf das öffentliche Recht übertragen läßt, weil eine Gliederung des Falles nach Ansprüchen und Tatbestandsgruppen in der Regel nicht möglich ist[2]. Es empfiehlt sich deshalb, daß der noch nicht Geübte, aber auch der im öffentlichen Recht bereits Erfahrene, mit den folgenden 3 Grundfragen an den Sachverhalt herantritt:

a) wonach ist gefragt?

b) was wollen die Beteiligten?

c) worauf wird es ankommen?

---

1 Hierzu z.B. *Hart*, ZRP 1984, 25 ff.; *Hillenkamp*, ZRP 1984, 31 ff.

2 Hierzu und zum folgenden auch *Pietzner/Ronellenfitsch:* Das Assessorexamen im Öffentlichen Recht, 4. Aufl., 1983; *Schwerdtfeger:* Öffentliches Recht in der Fallbearbeitung, 6. Aufl., 1982.

Die Antwort auf diese Fragen soll helfen, eine Schicht nach der anderen des häufig unübersichtlichen Sachverhalts abzulösen und den Fall grob zu gliedern. Diese Fragen bereiten die Lösung nur vor und können deshalb nicht unmittelbar zum Aufbau des Gutachtens oder Urteils herangezogen werden.

Die Fragen sollen also nur helfen, den Sachverhalt in seiner vollen Tragweite zu erfassen.

1. Die wichtigste Frage ist die Frage des Aufgabenstellers, da die Lösung darauf eine Antwort geben muß und deshalb den Arbeitsgang vorzeichnet; alle anderen Ausführungen, die mit der Lösung dieser Frage (oder dieser Fragen, wenn mehrere gestellt sind) nichts zu tun haben und sie nicht fördern, sind nicht nur überflüssig, sondern im Sinne der Aufgabenstellung falsch.

Die erste Frage versucht, die Intentionen des Prüfers festzustellen. Die Antwort wird häufig nur aus der Frage: wie ist die Rechtslage? bestehen. Diese Formulierung ist der Hinweis, daß der Aufgabensteller eine umfassende Prüfung und Erörterung aller in Betracht kommenden Probleme wünscht.

Man darf bei einer solchen Fallgestaltung nicht der Versuchung erliegen, abseits liegende Probleme in den Mittelpunkt der Lösung zu rücken, nur um irgendwelche Theorien, die dem Bearbeiter geläufig sind, ausbreiten zu können. Die Lösung muß sich also ganz streng an die gestellte Frage halten.

Die Gefahr der falschen Schwerpunktbildung besteht nicht nur bei der allgemeinen Frage nach der Rechtslage, sondern auch bei ganz speziellen Fragen. Ist z.B. nach der Erfolgsaussicht eines Rechtsmittels des A gefragt, haben alle Erörterungen hinsichtlich eines B, der in 1. Instanz am Verfahren Beteiligter war, zu unterbleiben; teilt der Prüfervermerk mit, daß ein bestimmter Sachverhalt als wahr zu unterstellen oder eine Rechtsnorm als existent anzusehen ist, so ist jede Ausführung über die Richtigkeit der Unterstellungen überflüssig und im Sinne der Aufgabenstellung falsch. Der Bearbeiter muß von diesen Angaben ausgehen und sie seiner Lösung zugrunde legen. Er darf nicht willkürlich selbst Voraussetzungen schaffen oder am Vermerk des Aufgabenstellers Kritik üben.

2. Die Frage nach der Intention der Beteiligten gibt Antwort über die Interessenlage der Parteien. Diese werden im Verwaltungsgerichtsverfahren als „Beteiligte" bezeichnet, § 63 VwGO (der Beigeladene wird erst mit der Zustellung des Beiladungsbeschlusses Beteiligter, der Oberbundesanwalt und der Vertreter des öffentlichen Interesses nur dann, wenn sie von ihrer Beteiligungsbefugnis Gebrauch machen)[3]. Diese Frage zielt also auf die Feststellung der ins Spiel gebrachten Interessen ab.

Der von einem Verwaltungsakt betroffene Kläger wird z.B. in der Regel Aufhebung des Behördenbescheids begehren, um damit seine Rechtssphäre wiederherzustellen. Oft ist dem Kläger aber allein mit der Aufhebung nicht gedient. Das gilt immer dann, wenn der Kläger zur Verwirklichung seiner Interessen eine Genehmigung braucht (z.B. Baugenehmigung, Schankerlaubnis) und die Behörde die Erteilung der beantrag-

---

3 Einzelheiten bei *Scholler/Broß*, Verfassungs- und Verwaltungsprozeßrecht, Rdnrn. 429 ff., 452 ff.; s.a. *Tschira/Schmitt Glaeser*, S. 47 ff. Zur Frage der Beteiligung Dritter im Normenkontrollverfahren *Ronellenfitsch*, VerwArch. 74 (1983), 281 ff.

ten Genehmigung verweigert hat. In diesen Fällen will der Kläger, der Aufhebung des Bescheides begehrt, mehr als nur die Kassation eines Verwaltungsaktes, nämlich die Verpflichtung der Behörde zur Erteilung des begehrten Verwaltungsaktes. Das bedeutet, daß eventuell auch festgestellt werden muß, welche Interessenlage die behandelnde Behörde regeln wollte und welche Motive die Träger der öffentlichen Verwaltung zum Eingreifen veranlaßten, da der Gesetzgeber die Verwaltung oft nicht streng bindet, sondern ihr ein Ermessen einräumt. In diesen Fällen setzt der Gesetzgeber den Tatbestand fest, aber die Setzung der Rechtsfolge überläßt er dem Verwaltungsorgan. Anders dagegen bei den unbestimmten Rechtsbegriffen[4]. Ein unbestimmter Rechtsbegriff liegt dann vor, wenn die Behörde einen bestimmten Sachverhalt unter ein gesetzliches Tatbestandsmerkmal subsumieren muß und dabei kein eindeutiges Ergebnis erzielt werden kann, weil die anzustellenden Überlegungen sehr komplex sind[5].

Beispiel:

Nach § 5 Abs. 1 GastG können Gewerbetreibenden, die einer Erlaubnis bedürfen, jederzeit Auflagen zum Schutz von . . . erteilt werden.

Der Tatbestand ist gesetzlich festgelegt, die Rechtsfolge liegt im Ermessen der Behörde, da sie eine Auflage erteilen kann oder nicht.

Das bedeutet jedoch nicht, daß die Behörden in solchen Fällen nach Willkür verfahren dürfen, vielmehr ist ihr Ermessen pflichtgebunden. Die Behörde kann ihr Ermessen überschreiten oder ihr Ermessen mißbrauchen (vgl. § 114 VwGO). Die Hauptfälle des Ermessensmißbrauchs sind Entscheidungen aufgrund sachfremder Erwägungen und Entscheidungen unter Verletzung des Gleichheitssatzes[6]. Die Motive des handelnden Amtswalters spielen also eine wichtige Rolle; sie sind für die Frage der Rechtmäßigkeit eines Verwaltungsaktes von großer Bedeutung.

3. Die dritte Frage ist: worauf wird es ankommen? Sie ist auf die im Sachverhalt aufgeworfenen Fragen (und Probleme) ausgerichtet.

Der Sachverhalt enthält oft Fragen, die im Vermerk des Aufgabenstellers nicht wieder aufgegriffen werden. Der Prüfervermerk beschränkt sich dann meist auf die Formel: wie ist die Rechtslage? Das ist der Hinweis, daß die im Sachverhalt aufgeworfenen Fragen eine besondere Bedeutung haben, unabhängig davon, ob sie positiv oder negativ beantwortet werden. Der Bearbeiter muß also die im Sachverhalt aufgeworfenen Fragen sorgfältig im Hinblick auf ihre Wichtigkeit für die Lösung untersuchen und sie ihrer Bedeutung entsprechend im Gutachten oder Urteil erörtern. Fehlt dem Sachverhalt die konkrete Fragestellung, dann ist die Frage: worauf wird es ankommen? ausschlaggebend. Der Bearbeiter muß dann feststellen, welche Fragen und Probleme den Kern der Klausur bilden. Es ist daran zu denken, daß das Schwergewicht entweder auf prozessualen oder materiell-rechtlichen Problemen liegt. In Betracht kommt aber auch die Abgrenzung von Verwaltungsakt und Rechtsnorm. Erheblich kann auch sein die Frage nach Anfechtbarkeit oder Nichtigkeit eines Verwaltungsaktes usw.

---

4 Besser als unbestimmte Gesetzesbegriffe bezeichnet.
5 Wegen der Einzelheiten vgl. die Anmerkungen bei *Kopp*, VwVfG, Anm. zu § 40.
6 Hierzu Anhang C.

III. Die drei Lösungswege

Für den Aufbau des *Gutachtens* sind diese drei Grundfragen von Bedeutung, weil sie in etwa den drei Lösungswegen, dem historischen, konstruktiven und topischen entsprechen. Die topische Methode ist dabei mehr eine Denkmethode, die meist ergänzend zu den beiden anderen hinzutritt.

Die erste Grundfrage impliziert den Aufbau nach der sog. konstruktiven oder logischen Methode. Die Frage nach den Interessenlagen, Wünschen und Handlungen der Beteiligten eröffnet den Aufbau nach der historischen Methode. Die dritte Grundfrage führt zur dritten, der topologischen oder topischen Methode.

1. Der konstruktive oder logische Lösungsweg

Die erste Grundfrage weist auf den Aufbau nach der konstruktiven oder logischen Methode hin. Das Prinzip der logischen Methode lautet: „von der Folge zur Voraussetzung". Das bedeutet bei der Bearbeitung des konkreten Falles, daß, wenn z.B. nach der Anfechtbarkeit oder Nichtigkeit eines Verwaltungsaktes oder nach Zulässigkeit und Begründetheit einer Klage oder schließlich allgemein nach der Rechtslage gefragt ist, festgestellt werden muß, welche Voraussetzungen erforderlich sind, damit im gegebenen Fall der Verwaltungsakt anfechtbar oder nichtig, die Klage zulässig und begründet ist usw.

Diese Methode ist die im Urteilsstil wie im Gutachtenstil grundsätzlich angewandte Methode, nur ist der Denkweg jeweils ein gänzlich verschiedener. Der Unterschied zwischen Urteil und Gutachten besteht darin, daß das Urteil mit dem Ergebnis beginnt und dieses Ergebnis begründet wird. Das Gutachten dagegen endet mit dem Ergebnis, an seinem Anfang steht die Frage und man muß zum Ergebnis hin logisch folgern. Das Gutachten ist also die schriftliche Aufzeichnung des Denkweges. Der Unterschied zwischen Gutachten- und Urteilsstil wird am besten anhand eines kleinen Falles deutlich.

Sachverhalt:

In Aburg hat X ein Haus ohne Genehmigung gebaut. Es entspricht zwar den materiellen Baurechtsvorschriften, aber das Landratsamt ordnet die Beseitigung an, weil der Bau nicht genehmigt ist. X erhebt nach erfolglosem Widerspruchsverfahren Klage.

Urteilsstil: Der Verwaltungsrichter geht in der Begründung seiner Entscheidung wie jeder Richter von deren Tenor aus, der die erhobene Anfechtungs- oder Verpflichtungsklage, die Leistungs- oder Feststellungsklage abweist, oder der diesen Klagen ganz oder teilweise stattgibt. Er muß deshalb eine konkrete Rechtsfolge begründen, indem er die gesetzlichen Voraussetzungen darlegt. Dies sieht dann stilisiert so aus:

„Aufgrund der erhobenen Anfechtungsklage werden die Beseitigungsanordnung des LRA vom . . . und der Widerspruchsbescheid der Regierung von O. vom . . . aufgehoben" (Tenor, § 117 VwGO).

Die Anfechtungsklage ist zulässig, *denn* sie ist frist- und formgerecht nach erfolglosem Widerspruchsverfahren erhoben. Die Beseitigungsanordnung ist ein Verwaltungsakt, *weil* ... (Merkmale des VA). Der Kläger ist klagebefugt, *da* er geltend macht, in eigenen Rechten verletzt zu sein (Zulässigkeitsprüfung).

Die Klage ist auch begründet, *denn* der Verwaltungsakt ist fehlerhaft, *weil* die Beseitigungsanordnung durch (Vorschrift der LBO) nicht gedeckt wird, *da* kein Widerspruch zu öffentlich-rechtlichen Bauvorschriften im Sinne von (Vorschrift der LBO) besteht, *weil* darunter nur solche ungenehmigte Bauvorhaben fallen, die auch materiell illegal sind.

An diesem Beispiel wird die Verbindung der konstruktiven Methode mit dem Urteilsstil deutlich: von der Rechtsfolge ausgehend (Klageabweisung oder Stattgeben, Zulässigkeit, Begründetheit, Fehlerhaftigkeit) wird jeweils auf die Voraussetzungen zurückgegriffen. Dieser Rückgriff erfolgt durch Konjunktionen wie: denn, weil, da, nämlich.

Gutachtenstil: Zunächst nennt man die Voraussetzungen, von denen die Rechtsfolge abhängt. Dann stellt man fest, ob diese Voraussetzungen erfüllt sind, und schließlich folgt die Antwort. In der Schlußfolgerung werden Konjunktionen wie also, deshalb, daraus folgt, folglich, somit, demnach verwendet. Ob die Anfechtungsklage zulässig ist, hängt davon ab, ob die Zulässigkeitsvoraussetzungen erfüllt sind. Dies ist der Fall, *wenn* die Anfechtungsklage frist- und formgerecht erhoben ist, *wenn* das Widerspruchsverfahren erfolglos durchgeführt wurde und wenn die übrigen Klagevoraussetzungen gegeben sind. Es müssen nun Ausführungen darüber folgen, ob diese Zulässigkeitsvoraussetzungen erfüllt sind. Ist das der Fall, dann lautet die Antwort: *also* ist die Klage zulässig.

Ob die Anfechtungsklage begründet ist, hängt davon ab, ob der Verwaltungsakt rechtswidrig und der Kläger dadurch in seinen Rechten verletzt ist, § 113 Abs. 1 S. 1 VwGO. Der Verwaltungsakt ist rechtswidrig, *wenn* er durch das Gesetz nicht gedeckt ist. § ... LBO ermöglicht die Beseitigungsanordnung, wenn Anlagen im Widerspruch zu öffentlich-rechtlichen Vorschriften errichtet werden. Da die formellen Vorschriften nur die Einhaltung der materiellen Bestimmungen garantieren sollen, ist Widerspruch zu öffentlich-rechtlichen im Sinne von § ... LBO bei Verletzung lediglich formeller Vorschriften nicht gegeben. Das Haus des X entsprach dem materiellen Baurecht. Eine Beseitigungsanordnung ist *deshalb* durch § ... LBO nicht gedeckt. *Also* ist der Verwaltungsakt rechtswidrig.

Die Rechtsverletzung ergibt sich aus Art. 14 GG. *Somit* ist die Klage auch begründet.

2. Der historische Lösungsweg

Die historische Methode geht von dem ersten Ereignis in der Vergangenheit aus und fügt in chronologischer Folge die späteren Ereignisse an. Sie hat bei der Ermittlung der Interessenlagen und der Handlungsabfolge ihre Berechtigung, ist aber beim Aufbau der verwaltungsrechtlichen Klausur nur mit Einschränkung anwendbar. Es besteht nämlich die Gefahr, daß der Bearbeiter, wenn er dem historischen Faden folgt, wichtige systematische Gesichtspunkte ausläßt, auf der anderen Seite aber unwichtige Probleme zu breit behandelt.

Die historische Methode ist aber dort anzuwenden, wo verschiedene Klagen in zeitlichem Abstand erhoben werden. Hier müssen die einzelnen Prozeßrechtsverhältnisse getrennt nach ihrer historischen Reihenfolge untersucht und jede Klage nach Zulässigkeit und Begründetheit geprüft werden. Eine Ausnahme gilt nur, wenn ein Kläger nach Erhebung einer Leistungsklage, Gestaltungs- oder Feststellungsklage vor dem Verwaltungsgericht Antrag auf Normenkontrolle vor dem OVG (VGH) stellt. In diesen Fällen muß der später gestellte Normenkontrollantrag (§ 47 VwGO) vor den anderen Prozeßrechtsverhältnissen geprüft werden, weil die Feststellung der Nichtigkeit der Rechtsnorm durch das OVG nicht nur inter partes, sondern inter omnes wirkt, § 47 Abs. 6 S. 2 VwGO. Damit beeinflußt die Entscheidung im Normenkontrollverfahren die anderen Prozeßrechtsverhältnisse, in welchen inzidenter (einschlußweise) über die Gültigkeit der fraglichen Norm entschieden werden muß.

3. Der topische Lösungsweg

Die dritte Grundfrage führt zur dritten Aufbaumethode, der topologischen oder topischen Methode. Die Topik orientiert sich am Problem, sie ist die „Techne des Problemdenkens"[7].

IV. Der Topoi-Katalog

Für die Bearbeitung der öffentlich-rechtlichen Klausuren haben sich bestimmte Topoi sowohl für den prozessualen als auch für den materiell-rechtlichen Teil der Prüfung herausgebildet. Die Reihenfolge der Topoi ist nicht absolut zwingend, doch sollte man sich an die Reihenfolge des Topoi-Katalogs halten, da Fragen des logischen und praktischen Vorranges im Katalog vorangestellt sind, so daß bei Einhaltung der Reihenfolge die Grundsätze des Vorrangs nicht verletzt sind. Dieses Verfahren, das Kataloge verwendet, wird Topik zweiter Stufe genannt[8].

A. Topoi für die Prüfung der Sachurteilsvoraussetzungen einer verwaltungsrechtlichen Klage

a) Die Sachurteilsvoraussetzungen sind in folgender Reihenfolge zu prüfen[9]:

1. Deutsche Gerichtsbarkeit
2. Zulässigkeit des Verwaltungsrechtsweges, § 40 VwGO
3. Klagetyp, §§ 42 Abs. 1, 43 Abs. 1 und 40 Abs. 1 VwGO
4. Zuständigkeit des angerufenen Gerichts, §§ 45, 48, 47, 50, 52 VwGO
5. Beteiligtenfähigkeit, §§ 61, 62 Abs. 3, 63 VwGO; § 51 ZPO
6. Prozeßfähigkeit, § 62 Abs. 1 und Abs. 2 VwGO

---

7 Grundlegend *Viehweg*, Topik und Jurisprudenz; zur Kritik dieser Lehre vgl. *Canaris:* Systemdenken und Systembegriff in der Jurisprudenz, 1969, S. 135 ff.; zur Topik im öffentlichen Recht vgl. *Ehmke*, Prinzipien der Verfassungsinterpretation, VVDSTRL, Heft 20, S. 55, 62, 99 und Diskussion S. 106, 108; *Horn*, NJW 1967, 601.

8 Vgl. *Viehweg*, a.a.O.

9 Ausführlich *Scholler-Broß*, Verfassungs- und Verwaltungsprozeßrecht, Rdnr. 474 ff.; *Tschira/Schmitt Glaeser*, S. 18 ff.

7. Legitimation des gesetzlichen Vertreters, § 62 Abs. 3 VwGO i.V.m. §§ 52 bis 58 ZPO
8. ordnungsgemäße Klageerhebung; Form und Frist der Klageerhebung, §§ 81, 82 und 74 VwGO
9. Klagebefugnis, § 42 Abs. 2 VwGO
10. Vorverfahren, §§ 68 ff. VwGO
11. Fehlen anderweitiger Rechtshängigkeit, § 90 Abs. 2 VwGO
12. Fehlen einer anderen rechtskräftigen Entscheidung über den gleichen Streitgegenstand
13. allgemeines Rechtsschutzinteresse.

b) Zu den Sachurteilsvoraussetzungen ist folgendes zu bemerken:
längere Ausführungen über die einzelnen Sachurteilsvoraussetzungen sind nur dann notwendig, wenn durch den Aufgabentext Zweifel an ihrem Vorliegen geweckt sind; sonst genügt ein Hinweis, daß sie vorliegen. In der Regel unentbehrlich ist eine wenigstens kurze Bemerkung zu den Voraussetzungen des Verwaltungsrechtsweges, des Klagetyps, der Klagebefugnis und des Vorverfahrens[10].

Zu 1.:
§§ 18 und 19 GVG finden entsprechende Anwendung[11].

Zu 2.:

Die Zulässigkeit des Verwaltungsrechtsweges muß heute vor der Zuständigkeit geprüft werden, da die übrigen Sachurteilsvoraussetzungen von der Verfahrensordnung und damit von der Gerichtsbarkeit abhängen, die zur Entscheidung berufen ist. Die Auffassung, daß die Partei- und Prozeßfähigkeit, die sachliche und die örtliche Zuständigkeit vor der Zulässigkeit des Rechtswegs zu prüfen seien, steht auf dem Standpunkt der Reichsjustizgesetze des Jahres 1877, die nur einen, den ordentlichen Rechtsweg kannten. Damals bestimmten sich die Sachurteilsvoraussetzungen nur nach einer Gerichtsordnung; deshalb war diese Prüfungsreihenfolge möglich.

§ 40 VwGO eröffnet den Verwaltungsrechtsweg in allen öffentlich-rechtlichen Streitigkeiten nichtverfassungsrechtlicher Art, soweit die Streitigkeiten nicht durch Bundesgesetz einem anderen Gericht ausdrücklich zugewiesen sind. § 40 VwGO enthält eine Generalklausel mit einer positiven und zwei negativen Abgrenzungen; positiv: öffentlich-rechtliche Streitigkeiten (1), negativ: verfassungsrechtliche Streitigkeiten (2) und ausdrückliche Zuweisung an andere Gerichte (3).

(1) Öffentlich-rechtliche Streitigkeiten.

Zur Abgrenzung der öffentlich-rechtlichen Streitigkeiten von den privat-rechtlichen Streitigkeiten werden hauptsächlich die folgenden drei Theorien angewandt:

---

10 Siehe dazu und zum folgenden z.B. auch *Pietzner/Ronellenfitsch;* Das Assessorexamen im Öffentlichen Recht, § 4.
11 Unbestr.

Öffentlich-rechtlich ist nach der *Subjektionstheorie* eine Streitigkeit im Über-Unterordnungsverhältnis, privatrechtlich, wenn ein Gleichordnungsverhältnis besteht. Kennzeichen des öffentlichen Rechts ist nach dieser Theorie die Überordnung der öffentlichen Gewalt über den einzelnen, ihre Befähigung, einseitig in den Rechtsbereich des einzelnen einzugreifen. Diese Theorie erfaßt aber nur Rechtsverhältnisse des Über-Unterordnungsverhältnisses, also Rechtsverhältnisse, in deren Rahmen Verwaltungsakte ergehen können[12].

Damit sind aber noch nicht alle öffentlich-rechtlichen Verhältnisse erfaßt. Das öffentliche Recht kennt auch Gleichordnungsverhältnisse, z.B., wenn zwei Gemeinden über wegerechtliche Baulasten streiten. In diesen Fällen ist auf die Interessentheorie zurückzugreifen. Danach ist ein öffentlich-rechtliches Verhältnis gegeben, wenn das Interesse der Gesamtheit im Vordergrund steht. Eine neuere Lehre[13] stellt auf die Verschiedenheit der Zuordnungssubjekte ab. Danach ist das öffentliche Recht der Inbegriff der Rechtssätze, die nicht jeden berechtigen oder verpflichten, sondern nur den Staat, Gemeinden oder andere Träger öffentlicher Gewalt.

Bei der Prüfung der Zulässigkeit des Verwaltungsrechtswegs sind sämtliche Theorien nur dann zu erörtern, wenn dort ein wesentliches Problem der Klausur liegt; andernfalls genügt die Subsumtion unter die zutreffende Theorie, um die Zulässigkeit des Verwaltungsrechtsweges zu bejahen.

(2) Verfassungsrechtliche Streitigkeiten sind Streitigkeiten, die ihrem Schwerpunkt nach dem materiellen Verfassungsrecht entspringen, unabhängig davon, ob dann der Rechtsweg zu einem Verfassungsgericht gegeben ist oder nicht. Die Verfassungsgerichte verfügen nicht über eine Generalklausel, sondern nur über enumerative Kompetenzen[14].

(3) Ausdrückliche Zuweisung an andere Gerichte: öffentlich-rechtliche Streitigkeiten können den besonderen Verwaltungsgerichten (Sozial- und Finanzgerichtsbarkeit), aber auch den ordentlichen Gerichten zugewiesen sein. So haben die ordentlichen Gerichte zu entscheiden über Ansprüche aus Aufopferung und öffentlicher Verwahrung (§ 40 Abs. 2 VwGO), aus Amtshaftung (Art. 34 GG) und Enteignung (Art. 14 Abs. 3 GG). Auch können die ordentlichen Gerichte zur Nachprüfung von Verwaltungsakten zuständig sein, wie das im Kartellrecht (§ 62 GWB), im Ordnungswidrigkeitenrecht (§ 68 OWiG) und im Baurecht (§ 157 BBauG) der Fall ist. Zu beachten ist auch die durch § 23 EGGVG den ordentlichen Gerichten zugewiesene Befugnis, über Justizverwaltungsakte zu entscheiden.

Die ausdrückliche Zuweisung an ein anderes Gericht kann auch in einem vorkonstitutionellen Gesetz enthalten sein. Es ist deshalb bei einem solchen Gesetz zu prüfen, ob es Bundesrecht geworden ist, § 40 Abs. 1 S. 1 VwGO, da sonst keine anderweitige Zuweisung durch ein *Bundesgesetz* besteht[15]. Für die Fälle des § 40 Abs. 2 S. 1 VwGO ist zu beachten, daß die Rechtsprechung des BVerwG eine Erweiterung zugunsten der

12 Einzelheiten bei *Eyermann/Fröhler*, Rdnr. 1 ff. zu § 40; *Kopp*, VwGO Rdnr. 1 ff. zu § 40.
13 Vgl. vor allem *H.J. Wolff*, AöR 76, 205 ff.; *Wolff/Bachof I*, § 22 II c.
14 Zu der im einzelnen problematischen Abgrenzung siehe *Scholler/Broß*, Verfassungs- und Verwaltungsprozeßrecht, Rdnr. 407.
15 Dazu BVerwGE 37, 369.

ordentlichen Gerichte annimmt. Entscheidend ist dabei der Zusammenhang von Ansprüchen aus einem öffentlich-rechtlichen Verhältnis mit einem der in § 40 Abs. 2 S. 1 VwGO genannten[16].

Zu 3.:

Klagetyp. Die VwGO kennt wie die ZPO Gestaltungs-, Leistungs- und Feststellungsklagen.

1. Die Gestaltungsklagen

Zu diesen gehören die Anfechtungs- und die Wiederaufnahmeklage, § 153 VwGO, Abänderungsklage, § 173 VwGO i.V.m. § 323 ZPO, die Vollstreckungsgegenklage und die Drittwiderspruchsklage, § 167 VwGO i.V.m. §§ 767, 771 ZPO. Die *Anfechtungsklage*, § 42 Abs. 1 VwGO, ist die klassische Klageart des Verwaltungsprozesses. Die Anfechtungsklage ist Gestaltungsklage, weil ihr Ziel die Aufhebung eines Verwaltungsaktes ist.

2. Die Leisungsklagen können sowohl im Über-Unterordnungsverhältnis als auch im Gleichordnungsverhältnis erhoben werden. Im ersteren Fall spricht man von Verpflichtungsklagen, weil sie nach § 42 Abs. 1 VwGO auf den Erlaß bzw. auf die Verpflichtung der Behörde zum Erlaß eines abgelehnten[17] oder unterlassenen Verwaltungsaktes gehen. Es ist dabei nicht erforderlich, daß die Ablehnung des Verwaltungsaktes selbst ein Verwaltungsakt ist; es genügt für die Zulässigkeit, wenn der Kläger mit dem Ziel seiner Klage die Verpflichtung zum Erlaß eines Verwaltungsaktes begehrt. Das ergibt sich aus der Untätigkeitsklage — einer Unterart der Verpflichtungsklage — mit welcher sich der Kläger gegen einen unterlassenen Verwaltungsakt, also gegen die Untätigkeit der Behörde, wendet. Eine Untätigkeit der Behörde ist ein nullum und deshalb kein Verwaltungsakt. Dennoch ist hier eine Klage zulässig, weil nur erforderlich ist, daß das Klageziel bei der Untätigkeitsklage — wie auch bei der Versagungsklage — ein Verwaltungsakt sein muß[18]. Im Gleichordnungsverhältnis ist eine Verpflichtungsklage begrifflich nicht denkbar, weil im Gleichordnungsverhältnis keine einseitig potentiell verbindlichen Hoheitsakte (Verwaltungsakte) ergehen können. Im Gleichordnungsverhältnis spricht man deshalb nur von einer allgemeinen Leistungsklage, die auf ein Tun oder Unterlassen gerichtet ist.

Die Leistungsklagen gliedern sich in

a) Verpflichtungsklagen (Über-Unterordnungsverhältnis)

aa) Versagungsgegenklage oder Weigerungsgegenklage, wenn ein beantragter Verwaltungsakt abgelehnt wurde. Das Widerspruchsverfahren ist nach § 68 Abs. 2 VwGO erforderlich.

---

16 Vgl. dazu BVerwG, DVBl. 1971, 412, für das Zusammentreffen eines Anspruchs auf Ersatz eines Verzugsschadens aus einem öffentlich-rechtlichen Verhältnis, das nicht vertraglicher Art ist, und Amtshaftung. BGHZ, DVBl. 1976, 77. S.a. VGHB-W, VBlBW 1981, 360.

17 Nach der Rspr. des BVerwG kann der Kläger in diesem Fall auch Anfechtungsklage *nur* gegen den ablehnenden Bescheid erheben, vgl. BVerwG, JuS 1972, 162 Nr. 10 = NJW 1971, 2004 und *Hoffmann*, DVBl. 1977, 514. Zur Frage, mit welcher Klage Nebenbestimmungen anzugreifen sind, ausführlich *Laubinger*, VerwArch. 73 (1982), 345 ff.

18 *Kopp*, § 42, 3.

bb) Untätigkeitsklage, § 75 VwGO. Das Widerspruchsverfahren ist hier nicht erforderlich, weil die Behörde untätig war und nicht einmal den beantragten Verwaltungsakt abgelehnt hat (hierzu BVerwG, NJW 1983, 2276).

cc) Ein besonderes Problem stellt die vorbeugende Verpflichtungsklage dar, die weder eine Versagung noch eine Untätigkeit der Behörde voraussetzt[19]. Dabei ist besonders das Rechtsschutzbedürfnis zu prüfen.

b) Allgemeine Leistungsklagen (Gleichordnungsverhältnis)

aa) Die Vornahmeklage geht auf Erlaß einer Amtshandlung im Gleichordnungsverhältnis, z.B. die Folgenbeseitigungs- oder Erstattungsklage.

bb) Die Unterlassungsklage ist auf Unterlassung einer Amtshandlung, nicht auf Unterlassung eines Verwaltungsaktes, gerichtet. Wenn die Unterlassungsklage auf Unterlassung eines Verwaltungsaktes gerichtet ist, vorbeugende Unterlassungsklage, dann muß sie mit der Verpflichtungsklage geltend gemacht werden. Ob eine solche vorbeugende Unterlassungsklage als Verpflichtungsklage zulässig ist, ist jedoch fraglich[20].

cc) Beseitigungsklage. Von einem Teil der Lehre wird die Vornahmeklage unter 2 b aa Beseitigungsklage genannt, soweit es sich um die Beseitigung einer rechtswidrigen Folge eines vollzogenen rechtswidrigen Verwaltungsaktes handelt, die durch die Aufhebung des Verwaltungsaktes allein noch nicht beseitigt ist, z.B. die rechtswidrige Einweisung eines Obdachlosen wird aufgehoben. Da die Einweisung für sofort vollziehbar erklärt wurde, ist der Obdachlose schon in der Wohnung und die Aufhebung der rechtswidrigen Einweisung beseitigt noch nicht die Tatsache, daß auch nach der Aufhebung der Einweisung der rechtswidrige Zustand (die Bewohnung durch den Obdachlosen) andauert.

3. Die Feststellungsklagen

Zu diesen gehören:

a) die allgemeine Feststellungsklage, § 43 Abs. 1 VwGO. Sie geht auf die Feststellung des Bestehens oder Nichtbestehens eines Rechtsverhältnisses. Ein Rechtsverhältnis liegt vor, wenn sich aus der Anwendung von Rechtssätzen auf einen Sachverhalt rechtliche Beziehungen zwischen mehreren Personen oder Personen und Sachen ergeben[21].

Beispiel:

Eine Fachvereinigung des Kraftdroschkengewerbes beantragt bei der Genehmigungsbehörde für 10 Mitglieder die Erteilung der Erlaubnis zum Betrieb einer Kraftdroschke. Die Behörde will nur 4 neue Konzessionen ausgeben, dabei will sie 2 Bewerber aus dem Sammelantrag und 2 zeitlich spätere Bewerber berücksichtigen. Ein Kraftdroschkenbesitzer der Fachvereinigung will Feststellungsklage mit dem Antrag erheben, daß die Genehmigungsbehörde die Anträge in der Reihenfolge des Eingangs zu bearbeiten habe. Mit dem Eingang des Antrags auf Genehmigung wird zwischen dem Antragstel-

19 Einzelheiten bei *Scholler/Broß*, Verfassungs- und Verwaltungsprozeßrecht, Rdnrn. 490, 495.
20 Vgl. *Eyermann/Fröhler*, § 42, Anm. 24; BVerwGE 40, 323.
21 Diese Definition ist allgemein anerkannt. S. dazu z.B. BVerwG, DVBl. 1983, 552.

ler und der Genehmigungsbehörde ein öffentlich-rechtliches Rechtsverhältnis begründet, das zum Gegenstand einer Feststellungsklage gemacht werden kann[22].

Mit der Feststellungsklage kann die Feststellung der Gültigkeit oder Ungültigkeit einer Rechtsnorm, das Bestehen einer bestimmten Rechtslage oder abstrakter Rechtsfragen nicht begehrt werden (hierzu BVerwG, DVBl. 1983, 552).

b) Eine vorbeugende Feststellungsklage wird zum Teil als unzulässig angesehen, da künftige Rechtsbeziehungen noch kein Rechtsverhältnis darstellen[23]. Erforderlich ist ein berechtigtes Interesse an der baldigen Feststellung, § 43 Abs. 1 VwGO. Dieses entfällt, soweit der Kläger seine Rechte mit Gestaltungs- oder Leistungsklage erreichen kann, § 43 Abs. 2 S. 1 VwGO. Daraus ergibt sich die Subsidiarität der Feststellungsklage.

Im Gegensatz zu § 256 ZPO („rechtliches Interesse") genügt ein berechtigtes Interesse; das kann auch ein wirtschaftliches oder ideelles sein[24].

c) Die Nichtigkeitsfeststellungsklage, § 43 Abs. 1 VwGO.

Mit dieser Klage kann die Nichtigkeit eines Verwaltungsaktes festgestellt werden. Ein vorhergehendes Widerspruchsverfahren ist nicht erforderlich (Umkehrschluß aus § 68 VwGO). Der Kläger hat also die Wahl, wenn der Verwaltungsakt nichtig ist, alternativ Feststellungsklage oder Anfechtungsklage zu erheben, weil die Subsidiarität der Feststellungsklage hier nicht gilt, § 43 Abs. 2 S. 1 VwGO. Auch nichtige Verwaltungsakte können mit der Anfechtungsklage bekämpft werden, weil der nichtige Verwaltungsakt Rechtsscheinwirkungen erzeugt und dem Kläger nicht das Prozeßrisiko aufgebürdet werden soll, da die Abgrenzung zwischen aufhebbaren und nichtigen Verwaltungsakten schwierig ist.

Ist die Anfechtungsfrist versäumt oder die Widerspruchsfrist verstrichen, so kann der Kläger seine Aufhebungsklage jederzeit in eine Nichtigkeitsklage ändern. Ergibt sich aber, daß der Verwaltungsakt nicht nichtig ist, so ist die Klage unbegründet. Umgekehrt gilt, daß eine Feststellungsklage in eine Aufhebungsklage nur geändert werden kann, wenn das Widerspruchsverfahren durchgeführt wurde oder noch durchgeführt werden kann. Es liegt darin keine Klageänderung[25].

d) Die nachträgliche Feststellungsklage

aa) Beispiel für Anfechtungsklage:

Die X-Partei veranstaltet während des Wahlkampfes einen Umzug, um Stimmen zu werben. Die Polizei löst den Umzug auf. Über die Anfechtungsklage der X-Partei gegen die Auflösungsverfügung wird erst nach dem Wahltag entschieden.

bb) Nach erhobener Anfechtungsklage erledigt sich der angefochtene Verwaltungsakt, § 113 Abs. 1 S. 4 VwGO.

---

22 Vgl. hierzu den proz. anders liegenden SV von BVerwG, DVBl. 1984, 91.

23 Einzelheiten bei *Scholler/Broß*, Verfassungs- und Verwaltungsprozeßrecht, Rdnrn. 493 ff. und Fall 10.

24 BVerwGE 2, 231; 26, 161.

25 BVerwGE 30, 46, mit ausführlicher Begründung S. 49 f.

In diesem Fall hat sich der begehrte Verwaltungsakt durch Zeitablauf erledigt. Die ursprüngliche Anfechtungsklage kann nur dann in eine nachträgliche Feststellungsklage umgewandelt werden, wenn die Klage als solche bereits zulässig war, bevor sich der Verwaltungsakt erledigt hat. Mit anderen Worten: die nachträgliche Feststellungsklage bleibt ihren Voraussetzungen nach Anfechtungsklage und ist nur zulässig, wenn ein Widerspruchsverfahren durchgeführt wurde.

Dazu ergeben sich weitere Fragen unter folgenden Gesichtspunkten:

Der Verwaltungsakt erledigt sich vor Klageerhebung

1. während der Widerspruchsfrist;

2. nach Ablauf der Widerspruchsfrist.

Für beide Fälle ist § 113 Abs. 1 S. 4 VwGO entsprechend anzuwenden. Da es sich im Kern um eine Anfechtungsklage handelt, muß vor der Klageerhebung das Widerspruchsverfahren gegen den bereits erledigten Verwaltungsakt durchgeführt werden.

1. Bei Erledigung während der Widerspruchsfrist muß der Widerspruchsführer im Widerspruchsverfahren den Antrag stellen, die Rechtswidrigkeit des erledigten VA festzustellen; str.

2. Nach Ablauf der Widerspruchsfrist ist nach dieser Auffassung die Klage als nachträgliche Feststellungsklage in entsprechender Anwendung von § 113 Abs. 1 S. 4 VwGO nur dann zulässig, wenn das Widerspruchsverfahren durchgeführt ist. Anders bei der Gegenmeinung, die ein Vorverfahren nicht verlangt, wenn sich der Verwaltungsakt vor Ablauf der Widerspruchsfrist erledigt[27]. Nach dieser Auffassung kann die Klage also unmittelbar erhoben werden. Nach der Auffassung des BVerwG haben die §§ 68 ff. VwGO aber insofern Bedeutung, daß die Feststellungsklage nicht nach Ablauf der Widerspruchsfrist an die Stelle der an sich unzulässigen Anfechtungsklage treten soll. Bei Erledigung nach Ablauf der nicht genutzten Widerspruchsfrist ist die Feststellungsklage dann unzulässig, da bis Ablauf der Frist nur die Anfechtungsklage zulässig gewesen wäre[28].

Das Vorverfahren kann nur dann entfallen, wenn es sich um eine Verpflichtungsklage in Gestalt der Untätigkeitsklage handelt.

e) Die Feststellungsklagen nach §§ 48 und 50 VwGO haben einen besonderen Charakter, weil sie Gestaltungswirkung haben.

f) Einen Sonderfall der Feststellungsklage stellt der Antrag auf *Normenkontrolle* (§ 47 VwGO) dar. Im Unterschied zur Feststellungsklage nach § 43 VwGO ist bei der Normenkontrolle nicht ein Rechtsverhältnis, sondern die Gültigkeit einer Norm Gegenstand des Verfahrens. Eine weitere Besonderheit liegt darin, daß die Entscheidung des Gerichts inter omnes wirkt, wenn die Gültigkeit der Norm verneint wird, § 47 Abs. 6 S. 2 VwGO (vgl. dazu Anhang D).

---

26 A.A. BVerwGE 26, 161; s.a. VGHB-W, NVwZ 1984, 251.

27 Vgl. BVerwGE 26, 161, S. 165 f. mit ausführlicher Anm. von *Renck*, JuS 1970, 113.

28 BVerwGE, a.a.O., S. 167. Wegen eines Beispiels für die Verpflichtungsklage BVerwG, DVBl. 1983, 850 f.

Zu 4.: Zuständigkeit

Wie im Zivilprozeß wird zwischen örtlicher, sachlicher und funktioneller Zuständigkeit unterschieden.

1. Die sachliche Zuständigkeit, §§ 45, 47, 48, 50 VwGO.

Grundsätzlich ist das Verwaltungsgericht im ersten Rechtszug allumfassend zuständig, § 45 VwGO. Für bestimmte Prozesse von besonderer Bedeutung bestehen jedoch Ausnahmen: Zuständigkeit der Oberverwaltungsgerichte, §§ 47 (Normenkontrolle), 48, 193 VwGO, § 190 Abs. 1 Nr. 4 VwGO i.V.m. § 138 Abs. 1 FlurBG, und des Bundesverwaltungsgerichts, § 50 VwGO u.a.

2. Die örtliche Zuständigkeit, §§ 52, 53 VwGO.

Zu beachten ist der ausschließliche Gerichtsstand der belegenen Sache, § 52 Nr. 1, „nur".

Im Verwaltungsprozeß gibt es keine Prorogation, obwohl § 173 VwGO auf die ZPO verweist. Die Vorschriften der ZPO über die Prorogation sind auch nicht entsprechend anwendbar[29]; das widerspräche der öffentlich-rechtlichen Natur der Streitigkeiten und der die Verwaltungsgerichtsbarkeit beherrschenden Offizialmaxime.

Die Beteiligten können auch nicht — wie im Zivilprozeß — zwischen mehreren Gerichtsständen wählen; kommen verschiedene Gerichte in Betracht, so hat das nächsthöhere Gericht das zuständige Gericht zu bestimmen, § 53 Abs. 1 Nr. 3 VwGO.

3. Die funktionelle Zuständigkeit im Instanzenzug und die Geschäftsverteilung innerhalb eines Gerichts.

Zu 5.:

Der Begriff Beteiligtenfähigkeit steht in der VwGO an Stelle der Parteifähigkeit, § 61 VwGO. Die Beteiligtenfähigkeit ist ein weiterer Begriff als der Begriff „Parteifähigkeit" in der ZPO (vgl. oben II, 2).

Zu 8.:

Zu beachten sind folgende beiden Unterschiede zwischen verwaltungs- und zivilprozessualer Klage:

Im Verwaltungsprozeß wird die Klage mit Einreichung bei Gericht, im Zivilprozeß mit Zustellung an den Beklagten rechtshängig, §§ 81 Abs. 1, 90 Abs. 1 VwGO; §§ 253 Abs. 1, 261 Abs. 1 ZPO. Im Zivilprozeß *muß* die Klageschrift einen bestimmten Antrag enthalten, im Verwaltungsprozeß *soll* sie das nur, § 253 Abs. 2 ZPO; § 82 Abs. 1 S. 1 VwGO.

Beim Normenkontrollverfahren und einigen anderen Verfahren tritt an die Stelle der Klage ein Antrag. Im übrigen gelten die §§ 81, 82 entsprechend.

---

29 Unter Prorogation versteht man die Vereinbarung der Parteien, durch die ein an sich unzuständiges Gericht (des ersten Rechtszuges) zuständig wird; die Prorogation kann stillschweigend oder ausdrücklich vorgenommen werden, vgl. dazu § 38 ZPO.

Zu 9.:

Damit nicht jeder Verwaltungsakt von jedermann angegriffen werden kann, bestimmt § 42 Abs. 2 VwGO ausdrücklich, wer zur Erhebung einer Anfechtungs- oder Verpflichtungsklage befugt ist. Danach ist die Klage nur zulässig, wenn der Kläger geltend macht, durch den Verwaltungsakt oder seine Ablehnung oder Unterlassung in seinen Rechten verletzt zu sein. Die Popularklage ist damit ausgeschlossen. Unter Geltendmachen ist zu verstehen, daß tatsächliche Behauptungen aufgestellt werden müssen, die eine Rechtsverletzung des Klägers zumindest möglich erscheinen lassen (vgl. näher unter V 2c).

Wenn ein belastender Verwaltungsakt unmittelbar an den Kläger selbst gerichtet ist, so ist die Frage nach der Klagebefugnis unproblematisch. Allein schon durch den Erlaß des Verwaltungsaktes gegen ihn hat die Verwaltungsbehörde in seine Rechte eingegriffen.

Schwierig ist die Frage jedoch dort, wo der Verwaltungsakt sich an einen Dritten richtet, und der Kläger nur mittelbar betroffen ist (Verwaltungsakt mit Doppelwirkung).

Beispiel:

Die Baubehörde erteilt dem X eine Baugenehmigung, obwohl eine erforderliche Brandwand im Plan nicht vorgesehen ist und das Haus nicht auf der festgesetzten Baulinie gebaut werden soll. Der Nachbar will Anfechtungsklage erheben. Ob die Genehmigung, die ein Verwaltungsakt ist, den Nachbarn in seinen Rechten verletzt, hängt von der Natur der in Frage stehenden Baurechtsvorschriften ab.

Eine Rechtsverletzung ist zu verneinen, wenn die Norm nur im öffentlichen Interesse erlassen ist; dagegen zu bejahen, wenn sie wenigstens auch Individualinteressen schützen will[30].

Bei der Anfechtung eines Verwaltungsaktes durch einen Dritten prüft man die Klagebefugnis zweckmäßigerweise unter den folgenden vier Punkten:

1. ein Verwaltungsakt muß objektiv vorliegen;

2. substantiierte Geltendmachung durch den Kläger;

3. die Behauptung der Verletzung eigener Rechte;

4. eine solche Rechtsverletzung muß als möglich oder wahrscheinlich erscheinen.

Damit wird eine umfangreiche Prüfung von materiellen Problemen bei der Zulässigkeit vermieden.

Im gegebenen Beispiel wäre die Anfechtungsklage wegen des Verstoßes gegen die Baulinienfestsetzung unzulässig, weil diese Bestimmung keinen nachbarschützenden Charakter hat; sie besteht nur im öffentlichen Interesse. Die Vorschriften über die Brandwände sollen dagegen das Übergreifen eines Brandes auf das Nachbargrundstück verhindern.

30 Einzelheiten hierzu bei BVerwG, NvWZ 1984, 38.

Zu 10.:

Hinsichtlich des Widerspruchsverfahrens vgl. den Katalog unten B. Das BVerwG erachtet es für zulässig, daß das Widerspruchsverfahren noch während des Gerichtsverfahrens nachgeholt wird (DVBl. 1984, 91).

Zu 12.:

Strittig ist die Wirkung der materiellen Rechtskraft. Sie besteht darin, daß die Gerichte in einem späteren Prozeß der Parteien über denselben Streitgegenstand an das Urteil gebunden sind. Umstritten ist, ob die Rechtskraft eine Neuentscheidung überhaupt verbietet oder ob sie nur eine abweichende Entscheidung ausschließt. Auch nach der letzten Ansicht ist die Klage als unzulässig abzuweisen, falls ein Rechtsschutzbedürfnis fehlt. Ist dieses aber gegeben, so ist nach der ersteren Ansicht die Klage als unzulässig abzuweisen; nach der letzteren Ansicht ist ihr hingegen u.U. stattzugeben[31].

Das BVerwG vertritt die Auffassung, daß in diesem Fall die Klage mangels Rechtsschutzbedürfnisses als unzulässig abzuweisen ist[32].

Zu 13.:

Eine Klage ist nur zulässig, wenn der Kläger ein Rechtsschutzbedürfnis hat. Das Klagebegehren muß in der gewählten Verfahrensart eines gerichtlichen Rechtsschutzes fähig, bedürftig und würdig sein. In der Regel ist das Rechtsschutzbedürfnis gegeben; für seinen Ausschluß müssen besondere Umstände vorliegen[33].

Beispiele:

Das BVerwG hat entschieden, daß sich der Staatsbürger, der sich mit einer gebührenpflichtigen Verwarnung einverstanden erklärt hat, nicht nachträglich darauf berufen dürfe, daß die Erteilung der Verwarnung nicht gerechtfertigt gewesen sei, weil eine Zuwiderhandlung nicht vorgelegen habe. Er würde sich sonst nachträglich mit seinem eigenen Verhalten in Widerspruch setzen. Es ist ihm also verwehrt, gegen die gebührenpflichtige Verwarnung diesen Einwand vorzubringen[34]. Es dürfte sich hier um einen Fall fehlenden Rechtsschutzbedürfnisses handeln, auch wenn das BVerwG dies nicht ausdrücklich ausgesprochen hat.

Eine Finanzbehörde kann nicht gegen einen Steuerschuldner Klage erheben, sondern muß gegen diesen nach den Vorschriften der Reichsabgabenordnung (§§ 249 ff. AO 1977) im Wege des Beitreibungsverfahrens vorgehen.

Das Problem, ob ein Hoheitsträger bei Anspruch auf eine Leistung mit einer Leistungsklage vorgehen kann oder einen Verwaltungsakt erlassen muß, ist umstritten[35].

31 Einzelheiten bei *Scholler/Broß*, Verfassungs- und Verwaltungsprozeßrecht, Rdnr. 618.
32 Vgl. BVerwG in VerwRspr. 18, Nr. 160, S. 631.
33 Einzelheiten bei *Scholler/Broß*, Verfassungs- und Verwaltungsprozeßrecht, Rdnr. 619.
34 Vgl. BVerwGE 23, 8 ff.; ausführlich *Scholler/Broß*, Polizeirecht, S. 63.
35 Vgl. dazu BVerwGE 28, 1 mit eingehender Begründung und E 28, 153, in der die Auffassung des Bundesverwaltungsgerichts, daß sowohl Klage erhoben als auch ein VA erlassen werden kann, verallgemeinert wird.

B. Katalog für die Prüfung eines Widerspruchs[36]

Aus § 72 VwGO läßt sich entnehmen, daß die VwGO zwischen der Zulässigkeit und der Begründetheit des Widerspruches unterscheidet.

a) Es empfiehlt sich, bei der Prüfung eines Widerspruchs folgendes Schema einzuhalten:

1. Deutsche Gerichtsbarkeit, hinsichtlich der sich anschließenden Klage
2. Zulässigkeit des Verwaltungsrechtswegs, § 40 VwGO, hinsichtlich der sich anschließenden Klage
3. Statthaftigkeit des Widerspruchs
4. Zuständigkeit zum Erlaß eines Widerspruchsbescheides
5. Beteiligtenfähigkeit
6. Legitimation des gesetzlichen Vertreters
7. Ordnungsgemäße Erhebung des Widerspruchs
8. Widerspruchsfrist
9. Widerspruchsbefugnis
10. Rechtmäßigkeit
11. Zweckmäßigkeit
12. Begründung
13. Rechtsbehelfsbelehrung
14. Zustellung
15. Kosten

b) Bemerkungen

Zu 1. und 2.:

Die Einhaltung des Vorverfahrens ist Sachurteilsvoraussetzung für bestimmte verwaltungsprozessuale Klagen. Diese Vorprüfung der Streitsache durch die Verwaltungsbehörden soll die Verwaltungsgerichte entlasten (Filterwirkung des Widerspruchsverfahrens).

Der Widerspruch ist deshalb nur zulässig, wenn er überhaupt zu einer zulässigen verwaltungsprozessualen Klage führen kann. Dafür ist Voraussetzung, daß der Fall der deutschen Gerichtsbarkeit untersteht und der Verwaltungsrechtsweg eröffnet ist (vgl. dazu oben A a) 1). Ein Widerspruch ist deshalb nicht statthaft, wenn die Nachprüfung den ordentlichen Gerichten zugewiesen ist, § 40 Abs. 2 VwGO; Art. 14, 34 GG. In solchen Fällen ist evtl. ein Abhilfeverfahren notwendig[37]. Auch bei den Justizverwaltungsakten ist ein Widerspruchsverfahren unstatthaft, da sie nach § 23 EGGVG von den ordentlichen Gerichten überprüft werden.

---

36 Ausführlich hierzu *Pietzner/Ronellenfitsch*, §§ 15 ff.

37 Z.B. nach § 16 der BayVertretungsverordnung, Art. 2 BayAGZPO und KO. Vgl. dazu *Eder:* Die gerichtliche Vertretung des Freistaates Bayern, BayVBl. 1969, 157.

Zu 3.:

a) Das Widerspruchsverfahren ist statthaft:

1. bei Anfechtungsklagen, § 68 Abs. 1 VwGO

2. bei nachträglichen Feststellungsklagen (vgl. oben)

3. bei Verpflichtungsklagen, wenn der Antrag auf Vornahme eines Verwaltungsaktes abgelehnt worden ist, § 68 Abs. 2 VwGO (Weigerungs- oder Versagungsgegenklage). Ein Vorverfahren ist dagegen nicht nötig bei Untätigkeitsklagen; die Klage kann in diesen Fällen nach § 75 VwGO erhoben werden.

4. Gemäß § 126 Abs. 3 BRRG in allen beamtenrechtlichen Streitigkeiten. Daraus ergeben sich als Widerspruchstypen der Anfechtungswiderspruch, Verpflichtungswiderspruch usw.

b) Das Widerspruchsverfahren ist nicht statthaft:

1. bei Feststellungs- und Leistungsklagen,

2. wenn ein Bundes- oder Landesgesetz das Widerspruchsverfahren beseitigt (§ 68 Abs. 1 S. 2 VwGO). Solche unmittelbaren Anfechtungsklagen sind auch dann gegeben, wenn es sich um ein Gesetz handelt, das vor dem Inkrafttreten der VwGO das Vorverfahren beseitigte[38]. Der Geltungsumfang dieser Ermächtigung war bezüglich des Landesgesetzgebers nicht unumstritten, ist aber durch den Beschluß des BVerfG vom 9. Mai 1973 geklärt[39],

3. wenn der Verwaltungsakt (Widerspruchsbescheid) einen Dritten erstmalig beschwert, § 68 Abs. 1 S. 2 Nr. 2 VwGO.

Beispiel:

A beantragt eine Genehmigung für den Bau einer Garage an der Grenze seines Grundstücks. Der Nachbar unterschreibt nicht; das Landratsamt versagt die Genehmigung. Auf Widerspruch des A hebt die Regierung die Verweigerung auf,

4. wenn der Widerspruchsbescheid eine zusätzliche selbständige Beschwer i.S. von § 79 Abs. 2 VwGO enthält,

5. wenn in einem bereits anhängigen verwaltungsgerichtlichen Verfahren der ursprüngliche Verwaltungsakt durch einen neuen ersetzt wird und dieser im Wege der Klageänderung zum Gegenstand des Verfahrens gemacht werden soll[40],

6. wenn Ausgangsbehörde eine oberste Bundes- oder Landesbehörde ist, außer wenn ein Gesetz die Nachprüfung vorschreibt, § 68 Abs. 1 S. 2 Nr. 1 VwGO,

7. wenn eine Untätigkeitsklage, § 75 VwGO, erhoben wird,

8. wenn die Verlustliste nach § 190 VwGO Platz greift, z.B. Wehrbescheide statt Widerspruchsverfahren im Wehrrecht, § 23 WBO.

38 H.M.
39 BVerfGE 35, 65.
40 Siehe dazu BVerwGE 32, 244.

Zu 4.:

Den Widerspruchsbescheid erläßt grundsätzlich die nächsthöhere Behörde § 73 Abs. 1 S. 2 Nr. 1 VwGO. Zuvor hat jedoch die Ausgangsbehörde den Widerspruch zu überprüfen und ihm abzuhelfen, wenn sie ihn für begründet hält, § 72 VwGO. Ist die nächsthöhere Behörde eine oberste Bundes- oder oberste Landesbehörde, so ergeht der Bescheid durch die Ausgangsbehörde, § 73 Abs. 1 S. 2 Nr. 2 VwGO, also z.B. durch die Regierung, da die Ministerien als nächsthöhere Behörden oberste Landesbehörden sind. In Selbstverwaltungsangelegenheiten erläßt die Selbstverwaltungsbehörde den Widerspruchsbescheid, soweit nicht durch Gesetz anderes bestimmt wird, § 73 Abs. 1 S. 2 Nr. 3 VwGO[41]. Diese Regelung dürfte die durch das verfassungsrechtlich gewährleistete Selbstverwaltungsrecht, Art. 28 Abs. 2 GG, gezogenen Grenzen einhalten, da durch die Überlassung der Zweckmäßigkeitsprüfung in Angelegenheiten des eigenen Wirkungskreises der Wesenskern des Selbstverwaltungsrechts unangetastet bleibt[42].

Zu 7.:

Der Widerspruch ist schriftlich oder zur Niederschrift bei der Behörde zu erheben, die den Verwaltungsakt erlassen hat, § 70 Abs. 1 S. 1 VwGO; es handelt sich dabei um eine zwingende Formvorschrift.

Zu 8.:

Der Widerspruch ist binnen eines Monats nach Bekanntgabe des Verwaltungsaktes zu erheben, § 70 Abs. 1 S. 1 VwGO. Die Frist beginnt jedoch nur zu laufen, wenn dem Beschwerten eine ordnungsgemäße Rechtsmittelbelehrung schriftlich erteilt worden ist, §§ 70 Abs. 2, 58 VwGO. Sonst gilt § 58 Abs. 2 VwGO entsprechend, § 70 Abs. 2 VwGO[43].

Wird der Widerspruch verspätet eingelegt, so kann er unstreitig als unzulässig verworfen werden. Folgende Fallkonstellationen sind denkbar:

1. die Anfechtungsklage richtet sich nur gegen den ablehnenden Widerspruchbescheid; diese Klage ist zulässig, aber unbegründet, wenn sich die Widerspruchsbehörde zurecht auf die Verspätung berufen hat; die Zulässigkeit der isolierten Anfechtung des Widerspruchsbescheides folgt aus § 79 Abs. 2 VwGO;

2. soweit sich die Klage auch gegen den ursprünglichen Verwaltungsakt richtet, ist die Klage unzulässig, da dieser Verwaltungsakt durch Fristablauf unanfechtbar geworden ist;

3. wird ein verspätet eingelegter Widerspruch von der Behörde trotzdem *sachlich verbeschieden,* dann ist die erhobene Anfechtungsklage zulässig und gegebenenfalls auch

41 Bayern z.B. hat von der Ermächtigung dieser Bestimmung Gebrauch gemacht. In Selbstverwaltungsangelegenheiten der Gemeinden ist die Entscheidung über den Widerspruch hinsichtlich der Rechtmäßigkeit auf die Rechtsaufsichtsbehörden übertragen, dagegen für die Zweckmäßigkeit bei den Gemeinden belassen worden, Art. 119 Nr. 1 BayGO. In Angelegenheiten des übertragenen Wirkungskreises entscheidet die Fachaufsichtsbehörde allein.

42 Vgl. *Kratzer,* BayVBl. 1960, 167 f.; *Scholler,* BayVBl. 1961, 100 ff.

43 Die Zustellung des Widerspruchsbescheids erfolgt nach Bundesrecht, BVerwGE 39, 257.

begründet, da die Verspätung infolge der Sachentscheidung im nachfolgenden gerichtlichen Verfahren unbeachtlich ist[44].

Ob ein verspäteter und somit unzulässiger Widerspruch Suspensiveffekt hat, ist umstritten[45]. Das BVerwG vertritt die Auffassung, daß die aufschiebende Wirkung nach § 80 Abs. 1 S. 1 VwGO auch dann eintritt, wenn der Widerspruch (oder die Anfechtungsklage) unzulässig ist[46].

Ob dagegen die Widerspruchsbehörde einen verspätet eingelegten Widerspruch sachlich prüfen darf, ist äußerst problematisch und umstritten[47]. Das BVerwG bejaht in seinem Urteil vom 16. 1. 1964[48] die Sachherrschaft und damit die Prüfungsbefugnis der Widerspruchsbehörde trotz verspäteten Widerspruchs. Nach Meinung des Gerichts steht es im freien Ermessen der Behörde, über den verspätet eingelegten Widerspruch sachlich zu entscheiden. Die Entscheidung der Behörde eröffnet dann für den Beschwerten den Weg zu einer gerichtlichen Sachprüfung[49]. Ob damit die Behörde bei Einlegung eines verfristeten Widerspruchs die Sachentscheidung zeitlich unbeschränkt an sich ziehen kann, muß zweifelhaft erscheinen, weil eine solche Befugnis in die Nähe eines Selbsteintrittsrechts rücken würde[50].

Zu 9.:

Aus § 70 VwGO („dem Beschwerten“) läßt sich entnehmen, daß es zur Einleitung eines Widerspruchsverfahrens einer besonderen Berechtigung bedarf. Auch die vorher angestellte Überlegung, daß das Widerspruchsverfahren nur zulässig ist, wenn es zu einer zulässigen verwaltungsprozessualen Klage führen kann, zwingt zum gleichen Ergebnis: wie die Popularklage ist auch der Popularwiderspruch unzulässig. Die Klagebefugnis im Widerspruchsverfahren stellt die gleichen Anforderungen wie die verwaltungsprozessuale.

Zu 10. und 11. (Begründetheit):

Anders als bei der verwaltungsgerichtlichen Klage wird im Widerspruchsverfahren nicht nur die Rechtmäßigkeit, sondern auch die Zweckmäßigkeit des behördlichen Handelns überprüft.

Ein umstrittenes Problem bildet die Frage, ob eine reformatio in peius, d.h. eine Verschlechterung der Rechtsposition des Widersprechenden im Widerspruchsverfahren zulässig ist. Die Verwaltungsgerichtsordnung äußert sich zu dieser Frage nicht ausdrücklich. Die Zulässigkeit der reformatio in peius wird von *Ule* mit der Begründung abgelehnt, daß Sinn und Zweck der Regelung der §§ 69 ff., insbesondere der §§ 71, 72, entgegenstehen, eine Entscheidung zuungunsten des Widerspruchsführers zu ändern[51].

44 Vgl. BVerwG, DVBl. 1972, 423 mit weiteren Nachweisen.
45 Eingehend hierzu *Pietzner/Ronellenfitsch*, § 44 II.
46 BVerwGE 13, 1. S. 8 f., ohne das Problem eingehend zu erörtern.
47 Einzelheiten bei *Pietzner-Ronellenfitsch*, § 33 I 2.
48 DVBl. 1965, 89 ff. S.a. BVerwG, NJW 1978, 508 m.N.
49 Vgl. dazu *Scholler:* Die Sachherrschaft der Widerspruchsbehörde, DÖV 1966, 232.
50 Eine Ausnahme greift jedenfalls dann ein, wenn schutzwürdige Positionen Dritter berührt würden, BVerwG, NJW 1981, 359; DÖV 1982, 941.
51 Vgl. *Ule*, VerwPrR, § 24 III 1; *ders.*, Verwaltungsgerichtsbarkeit, §§ 69—73, Anm. V.

Dagegen hielt die Rechtsprechung eine Verböserung für zulässig[52]. Das Problem ist nach Meinung des BVerwG dem des Widerrufs begünstigender Verwaltungsakte ähnlich. Das Interesse an einer gesetzmäßigen und rechtsrichtigen Entscheidung kollidiert mit dem Interesse an Rechtssicherheit. Da jedoch Unanfechtbarkeit des Verwaltungsakts noch nicht eingetreten ist, ist dem Grundsatz der Bindung an Gesetz und Recht der Vorzug zu geben. Außerdem habe der Widerspruchsführer selbst die Ursache für die Unbeständigkeit des Verwaltungsaktes gesetzt und verdient deshalb keinen Schutz. Nunmehr kommt es darauf an, ob sich die Befugnis zur „Verböserung" aus besonderen gesetzlichen Bestimmungen ergibt oder im Bescheid vorbehalten ist[53].

Zu 12.—15. (Kundmachung):

Der Widerspruchsbescheid ist zu begründen, mit einer Rechtsmittelbelehrung zu versehen und zuzustellen. Der Widerspruchsbescheid bestimmt auch, wer die Kosten trägt, § 73 Abs. 3 S. 2 VwGO.

Zu 12.:

Welche Rechtsfolgen eintreten, wenn die Behörde den Widerspruchsbescheid nicht begründet, ist umstritten. Nach der einen Meinung muß im Falle der Anfechtung der Widerspruchsbescheid allein wegen dieses Mangels aufgehoben werden[54]. Die andere Meinung[55] geht dahin, daß die fehlende Begründung nur zu einer für die Behörde ungünstigen Kostenentscheidung im verwaltungsgerichtlichen Verfahren führen kann. Zur Aufhebung des Widerspruchsbescheides reiche die mangelnde Begründung nicht aus, weil sonst der Kläger besser gestellt wäre, als wenn kein Widerspruchsbescheid ergangen wäre. Das Nachschieben von Gründen ist zulässig, wenn die nachgeschobenen Gründe bereits bei dem Erlaß des Widerspruchsbescheides vorlagen und durch sie nicht der Widerspruchsbescheid in seinem Wesen geändert oder der Betroffene in seiner Rechtsverteidigung beeinträchtigt wird[56].

Zu 13.:

Fehlt die Rechtsmittelbelehrung, so greift § 58 VwGO Platz: die Widerspruchsfrist nach § 70 VwGO beginnt nicht zu laufen; der Widerspruch muß dann aber grundsätzlich innerhalb eines Jahres eingelegt werden, §§ 70 Abs. 2, 58 Abs. 2 VwGO.

Zu 14.:

Der Widerspruchsbescheid ist zuzustellen, § 73 Abs. 3 S. 1 VwGO[57]. Dies gilt auch dann, wenn der Widerspruchsbescheid verkündet worden ist, z.B. durch mündliche Eröffnung oder Bekanntgabe. § 56 VwGO gilt nicht, da diese Bestimmung nur für das verwaltungsgerichtliche und nicht für das Vorverfahren gilt. Der Widerspruchsbe-

---

52 Vgl. BVerwGE 14, 175, S. 178—181 und 21, 144 f.; OVG Lüneburg, DÖV 1966, 66 f.; BayVGH, BayVBl. 1973, 554; OVG Berlin, NJW 1977, 1166.

53 BVerwG, DVBl. 1982, 958, *Grelfeld*, NVwZ 1983, 725; eingehend *Pietzner/Ronellenfitsch*, § 31.

54 Vgl. *Weides*, JuS 1964, 485; siehe auch § 39 VwVfG.

55 Vgl. BVerfGE 6, 44 f..

56 Vgl. BVerwGE 8, 234, S. 238. S. aber § 45 Abs. 2 VwVfG. Andererseits können Mängel des Verwaltungsverfahrens im Widerspruchsverfahren behoben werden, BVerwG, NVwZ 1983, 284.

57 Hierzu z. B. BVerwG, DÖV 1983, 1011.

scheid bestimmt auch, wer die Kosten trägt, § 73 Abs. 3 S. 2 VwGO. Es wird also hier nur eine Regelung darüber, wer die Kosten trägt, getroffen. Ebensowenig wie bei § 72 VwGO kann man diesen Bestimmungen entnehmen, nach welchen Vorschriften sich die Entscheidung richten soll. Der Meinungsstreit erhebt sich darüber, ob eine Kostenentscheidung nur ergehen könne, soweit in anderen bundes- oder landesrechtlichen Vorschriften die Kostenverteilung geregelt sei oder ob die §§ 154 ff. VwGO auch im Vorverfahren entsprechend Anwendung finden. Das BVerwG vertritt in dem Beschluß des Großen Senats vom 1. 11. 1965 die Auffassung, daß die VwGO keine Regelung über den Inhalt der Kostenentscheidung enthalte[58].

Das BVerfG hält eine Auslegung der VwGO dahin, daß die VwGO für das isolierte Vorverfahren keine Kostenregelung treffe, für vereinbar mit dem GG[59]. Der Meinungsstreit ist durch § 80 VwVfG des Bundes und die entsprechenden Vorschriften der Länderverwaltungsverfahrensgesetze gegenstandslos[60].

V. Das Gutachten

1. Bei dem Aufbau der Klausur sind folgende Grundsätze zu beachten:

a) Das verwaltungsrechtliche Gutachten und das verwaltungsgerichtliche Urteil haben im Aufbau viele Punkte gemeinsam mit den im Zivil- und Strafrecht üblichen Prinzipien. Über den Unterschied zwischen Gutachten und Urteilsstil, der selbstverständlich auch im Verwaltungsrecht gemacht werden muß, wurde bereits gesprochen. Trotzdem ergeben sich einige Verschiedenheiten, sowohl für das Gutachten als auch für das verwaltungsgerichtliche Urteil, auf die hier eingegangen werden soll. Zunächst folgen aber einige allgemeine Hinweise, die wegen ihrer Bedeutung nicht fehlen dürfen.

b) Allgemein werden Fragen prozessualen, logischen und praktischen Vorrangs unterschieden. Solche Topoi oder Vorrangfragen müssen vor dem übrigen Rechtsstoff behandelt werden. Eine Frage prozessualen Vorrangs ist die Zulässigkeit der erhobenen Klage als einer Gestaltungs-, Leistungs- oder Feststellungsklage. Bevor man auf die Begründetheit einer Klage eingehen kann, müssen alle Zulässigkeitsvoraussetzungen, jedenfalls aber die, auf die es ankommt, nachgeprüft werden. Eine Frage des logischen Vorranges liegt dann vor, wenn die Behandlung einer Frage ohne vorhergehende Erörterung einer anderen keinen rechten Sinn ergibt.

Beispiel[61]:
Anläßlich einer Hochwasserkatastrophe quartiert die Stadt in einem Schloß 10 Familien ein. Nach einiger Zeit treten bei den Einquartierten ruhrähnliche Erkrankungen auf. Die Stadt verfügt deshalb, der Schloßherr müsse eine den gesundheitlichen An-

58 Vgl. BVerwGE 22, 281—285; siehe auch BVerwGE 40, 313.
59 BVerfGE 27, 175.
60 Wegen der Einzelheiten s. *Pietzner-Ronellenfitsch*, §§ 35 ff.; *Pietzner*, VerwArch. 73 (1982), 231 ff.; BVerwG, NVwZ 1983, 346; s.a. OVG N-W., NVwZ 1983, 355 und 356. *Meßerschmidt*, DÖV 1983, 447.
61 Nach E. *Less*, JuS 1965, 315: Die Obdachlosen auf Schloß Aburg.

forderungen entsprechende Toilettenanlage einrichten. Der Schloßherr erhebt Widerspruch und beantragt,

1. die Verfügung über die Einrichtung der Toilettenanlage aufzuheben;

2. die Familien alsbald herauszunehmen.

Beide Probleme stehen in einem logischen Abhängigkeitsverhältnis. Die ordnungsbehördliche Anordnung, die Toiletten zu errichten, kann nur dann sinnvoll sein, wenn der Zustand, der durch diese Verfügung geordnet werden soll — die Unterbringung der Familien im Schloß — rechtlich aufrechterhalten werden kann.

Eine Frage mit praktischem Vorrang liegt dann vor, wenn an sich gleichrangige Probleme gegeben sind, aber die Prozeßökonomie es erfordert, eine offenkundige Rechtsfrage vorrangig zu behandeln, weil sich dadurch die Erörterung schwieriger Fragen erübrigt.

So ist es u.E. zulässig zu sagen: „ob der Verwaltungsakt fehlerhaft-nichtig ist, kann dahingestellt bleiben, denn er ist jedenfalls aufhebbar, weil . . .“. Das gilt nur für das Urteil, nicht für das Gutachten. Hat der Kläger fristgerecht Anfechtungsklage erhoben und die übrigen Zulässigkeitsvoraussetzungen sind erfüllt, dann kommt es nicht darauf an, ob das Gericht die Aufhebung auf Nichtigkeit oder Aufhebbarkeit stützt.

Anders ist es dann, wenn die Widerspruchsfrist oder die Anfechtungsfrist versäumt sind.

Keinesfalls können aber Fragen der Zulässigkeitsprüfung mit der Begründung: „weil die Klage auf jeden Fall unbegründet ist, kann dahingestellt bleiben, ob der angefochtene Bescheid überhaupt ein Verwaltungsakt ist“ beiseite geschoben werden, weil damit der prozessuale Vorrang (Klageart) verletzt ist.

c) Zur Vorbereitung der Klausur fertigt man am besten eine Gliederung in Stichworten an, an deren Spitze die Fallfrage steht. Ist die Fallfrage eindeutig, z.B.: ist die erhobene Anfechtungsklage begründet?, dann sind die Rechtsnormen, die zum Ausdruck bringen, unter welchen Umständen die konkret erhobene Anfechtungsklage zulässig und begründet sein kann, zu suchen. Ist die Fallfrage nicht so eindeutig, weil nach der Rechtslage allgemein gefragt ist, dann ist es zweckmäßig, sich einem Topoi-Katalog anzuvertrauen. Dieser sagt generell, welche Voraussetzungen ein Rechtsbehelf erfüllen muß, um zulässig und begründet zu sein. Solche Topoi-Kataloge sind keine logisch-systematischen Darstellungen des Rechtsstoffes, sondern nur Schaubilder, die die Arbeit erleichtern sollen.

Die Stichwortgliederung des Falles muß anschließend zur Selbstkontrolle mit der Niederschrift, die zur Beantwortung der 3 Grundfragen angefertigt wird, verglichen werden. Damit wird vermieden, daß die im Sachverhalt aufgeworfenen Fragen nur unvollständig erfaßt werden oder Kernpunkte, die gleich zu Beginn ins Auge sprangen, vernachlässigt werden. Es kann natürlich der Fall eintreten, daß in der Stichwortgliederung bestimmte Punkte der Niederschrift zu den 3 Grundfragen nicht beachtet sind und auch nach weiterer Überprüfung keine Möglichkeit besteht, die offenen Fragen sinnvoll zu verwenden. In diesen Fällen dürfte es sich wohl um abwegige Probleme handeln, die dann in der Ausarbeitung unbeachtet zu lassen sind.

Ergibt sich, daß ein eingelegtes Rechtsmittel unzulässig ist, dann darf die Prüfung selbstverständlich mit dieser Feststellung nicht abbrechen, sondern es muß ein Hilfsgutachten angefertigt werden, in dem die Zulässigkeit durch Behebung des Mangels unterstellt und die Prüfung bis zum Ende fortgesetzt wird.

Wenn die 3 Grundfragen schriftlich skizziert und mit der Stichwortgliederung verglichen sind, muß sofort die Reinschrift angefertigt werden, da in der knappen Zeit für die Lösung einer Klausur eine konzeptartige Niederschrift nicht vorgenommen werden kann.

2. Während das Gutachten in Zivilrechtsfällen (unbestritten) in 4 Abschnitte gegliedert ist: Prozeßstation, Darlegungsstation (Schlüssigkeitsprüfung des Klagebegehrens und der Einlassung des Beklagten), Beweisstation und Entscheidungsvorschlag, ist beim Verwaltungsrechtsfall der Aufbau umstritten:

a) Nach *Ule*[62] beginnt grundsätzlich im Verwaltungsfall die Prüfung nicht in der Prozeßstation, sondern mit der materiellen Würdigung, an die sich erst die Prüfung der prozessualen Seite anschließt. Dies ist die materiell-formelle Prüfungsreihenfolge. Sie ist immer dann angebracht, wenn die prozessuale Seite nur eine untergeordnete Rolle spielt, weil z.B. der Sachverhalt die Frage enthält: wird eine Klage Erfolg haben? oder welchen Rechtsbehelf kann A ergreifen? In diesen Fällen, in welchen eine Klage noch nicht erhoben ist, wäre ein umgekehrter Aufbau nach der formell-materiellen Prüfungsreihenfolge störend. Zu beachten ist ferner, daß nach dem Aufbau nach der materiell-formellen Prüfungsreihenfolge das Gutachten nicht einfach mit der Darlegungsstation beginnt (vgl. dazu unten d).

b) Ergibt sich aus dem Prüfungsvermerk oder aus dem Sachverhalt, daß prozessuale Fragen eine entscheidende Rolle spielen, dann ist die auch im Zivilrecht übliche formell-materielle Prüfungsreihenfolge zu wählen. Hinsichtlich der einzelnen Prüfungspunkte im formellen und materiellen Prüfungsteil kann auf die Topoi-Kataloge verwiesen werden. Die Anwendung solcher Kataloge bedeutet jedoch nicht, daß im Gutachten bei der formellen Würdigung jeder einzelne Gesichtspunkt behandelt werden muß; damit würde das Gutachten unnötig mit Belanglosigkeiten belastet. Allerdings müssen immer Ausführungen zu folgenden Sachurteilsvoraussetzungen gemacht werden: Zulässigkeit des Verwaltungsrechtsweges, Partei- und Prozeßfähigkeit der Beteiligten, Klagebefugnis des Klägers, Durchführung eines Vorverfahrens, Einhaltung der Klagefrist.

c) Streitig ist die Frage, ob der Verwaltungsrechtsfall wie der Zivilrechtsfall eine Schlüssigkeitsprüfung kennt. Dieses Problem stellt sich vor allem bei der Anfechtungs- und Verpflichtungsklage. Dabei ist zu unterscheiden zwischen den Zulässigkeitsvoraussetzungen VA (1) und Verletzung in eigenen Rechten (2).

Vorausgeschickt sei, daß hier die Auffassung vertreten wird, daß im Rahmen der Sachurteilsvoraussetzungen, also in der Prozeßstation, eine Schlüssigkeitsprüfung nicht stattfindet.

---

62 Vgl. JuS 1961, 193 f.

(1) Verwaltungsakt:

Die wohl h.M. verlangt, daß *objektiv* ein Verwaltungsakt vorliegt. Die Behauptung des Klägers allein genügt nicht. Das wird mit dem Wortlaut des § 42 Abs. 1 VwGO begründet[63].

Dagegen steht die Schlüssigkeitstheorie auf dem Standpunkt, daß die Klage auch dann zulässig ist, wenn der Kläger Tatsachen behauptet, aus denen sich — ihre Richtigkeit unterstellt — ergibt, daß ein Verwaltungsakt vorliegt. Erweisen sich die Behauptungen als nicht zutreffend, so ist die Klage als unbegründet, nicht als unzulässig abzuweisen[64]. Diese Meinung wird damit begründet, daß der Verwaltungsakt — sein Vorliegen und sein Zustandekommen — zugleich wesentlicher Faktor der Begründetheit der Klage sei. Somit greife der allgemeine Grundsatz ein, daß für die Zulässigkeit die schlüssige Behauptung solcher Sachurteilsvoraussetzungen genügt, die gleichzeitig zur Begründetheit gehören.

(2) Verletzung in eigenen Rechten:

Die *Schlüssigkeitstheorie* besagt hier, daß der Kläger eine Beeinträchtigung seiner Rechte schlüssig behaupten muß. Begründung: der Kläger hat geltend zu machen, nicht bloß zu behaupten, daß er durch den Verwaltungsakt in seinen Rechten verletzt ist, § 42 Abs. 2 VwGO. Andernfalls könnte jeder Kläger, der diese Behauptung aufstellt, eine zulässige Klage erheben, auch wenn die Verletzung seiner Rechte nach dem von ihm vorgetragenen Sachverhalt nicht in Betracht kommt[65].

Nach der *Möglichkeitstheorie* müssen tatsächliche Behauptungen aufgestellt werden, die eine Verletzung der Rechte des Klägers zumindest als möglich erscheinen lassen[66].

Für die Lösung ist zu (1) die objektive Theorie und zu (2) die Möglichkeitstheorie anzuwenden, da das BVerwG für (2) auch in diese Richtung tendiert, weil § 42 Abs. 2 VwGO nur den Zweck verfolgt, Popularklagen auszuschließen[67].

Eine weitere Frage ist es jedoch, ob die materielle Prüfung, also die Prüfung der Begründetheit der Klage, eine Schlüssigkeitsprüfung umfaßt. Bejaht man diese Frage, dann würde das Gutachten zur materiellen Rechtslage wie im Zivilrechtsfall mit der Darlegungsstation und der Schlüssigkeitsprüfung beginnen müssen.

Gegen die Schlüssigkeitsprüfung im Gutachten des Verwaltungsrechtsfalles wird eingewandt, daß es auf das Vorbringen der Beteiligten nicht ankomme, weil der Verwaltungsprozeß nicht von der Verhandlungsmaxime, sondern vom Untersuchungsgrundsatz beherrscht werde, vgl. § 86 VwGO. Dieser besagt, daß die Parteien nicht allein über den Beweisstoff entscheiden, weil das Gericht von Amts wegen die Fehlerhaftigkeit oder Fehlerfreiheit der angegriffenen Verwaltungsmaßnahmen nachprüfen muß und dazu eigene Ermittlungen anzustellen hat. Dieser Untersuchungsgrundsatz

63 Einzelheiten bei *Scholler/Broß*, Verfassungs- und Verwaltungsprozeßrecht, Rdnr. 573 ff. und BVerwGE 6, 101 ff.

64 *Maunz*, BayVBl. 1961, 30; *Lüke*, AöR 84, 205.

65 So *Ule*, Verwaltungsgerichtsbarkeit, § 42 III 1 mit weiteren Nachweisen.

66 *Eyermann/Fröhler*, § 42, Anm. 85.

67 Vgl. BVerwGE 19, S. 270 ff.; 39, 345; 42, 141.

darf nicht verwechselt werden mit der Offizialmaxime, die z.B. im Strafprozeß gilt, weil dort grundsätzlich der Prozeß ohne und gegen den Willen des Prozeßbeteiligten (Angeklagten) in Gang gebracht wird. Der Untersuchungsgrundsatz ist im Verwaltungsprozeß jedoch durch die Dispositionsmaxime abgeschwächt, denn die am Prozeß Beteiligten bestimmen über Klageerhebung, Klagerücknahme und Klageverzicht. Sie bestimmen damit im wesentlichen die Einführung des Prozeßstoffes und der Verwaltungsrichter ist an die Anträge der Prozeßbeteiligten gebunden.

Gegen eine Schlüssigkeitsprüfung im Verwaltungsprozeß spricht zweifelsfrei die Funktion des Untersuchungsgrundsatzes, der ja im öffentlichen Interesse und nicht nur im Interesse des Klägers die Aufgabe hat, fehlerhafte Verwaltungsakte nachzuprüfen. Falls die Tatsachenbehauptungen des Klägers unschlüssig sind, und die Unschlüssigkeit auch nicht durch Hinweise des Gerichts im Rahmen der Aufklärungspflicht behoben werden können, muß der Richter von Amts wegen das Tatsachenmaterial prüfen und gegebenenfalls neue Tatsachen einführen, so daß aufgrund dieses neuen Prozeßstoffes die erhobene Anfechtungsklage zum Erfolg führt. Es ist deshalb davon abzuraten, ein Gutachten mit der Schlüssigkeitsprüfung zu beginnen. Vielmehr muß, wie im Strafrecht, ein feststehender Sachverhalt rechtlich gewürdigt werden. Dies ergibt sich auch schon daraus, daß der Verwaltungsprozeß keine Beweisführungslast kennt. Man kann also das Gutachten zum materiellen Teil ungefähr so beginnen: „Die Anfechtungsklage ist begründet, wenn der Verwaltungsakt rechtswidrig und der Kläger dadurch in seinen Rechten verletzt ist", § 113 Abs. 1 S. 1 VwGO. Danach folgt eine Darlegung zur Rechtswidrigkeit des Verwaltungsaktes, an die sich Ausführungen über die Rechtsverletzungen anschließen. Bei der Nachprüfung der Rechtswidrigkeit des Verwaltungsaktes kann man den Topoi-Katalog zugrunde legen, wobei nicht einschlägige Topoi übergangen werden.

d) Nach dem Wegfall der Schlüssigkeitsstation im Gutachten zur materiellen Rechtslage erhebt sich die Frage, ob Darlegungs- und Beweisstation zu trennen sind oder ob in der Darlegungsstation jeweils das Beweisergebnis mit einzufügen ist. Im verwaltungsrechtlichen Gutachten hat der Berichterstatter in der Darlegungsstation auf der Rechtsebene zu prüfen und zu unterbreiten, welche Rechtstatsachenvoraussetzungen erfüllt sein müssen, um das Klagebegehren als gerechtfertigt anzuerkennen. In der Beweisstation ist darzulegen, inwieweit die tatsächlichen Voraussetzungen bereits erwiesen sind, welche noch bewiesen werden müssen und wen der Nachteil trifft, daß ein Beweis weder aufgrund des Parteivorbringens noch der gerichtlichen Ermittlungen erbracht werden konnte, materielle Beweislast.

Der Untersuchungsgrundsatz verbietet nicht eine Trennung in Darlegungs- und Beweisstation. Er hat vielmehr nur die Bedeutung, daß die vom Zivilrecht her bekannte strikte Trennung zwischen den beiden Stationen aufgehoben wird, so daß die Frage der Trennung oder Verbindung der Darlegungs- und Beweisstation zu einer Frage der Praktikabilität wird. Dabei verbindet man im Regelfall Darlegungs- und Beweisstation und gelangt so zu Teilergebnissen. In Ausnahmefällen ist dagegen eine Trennung beider Stationen vorteilhaft, vor allem dann, wenn bestimmte Tatsachen unter verschiedenen rechtlichen Gesichtspunkten beweiserheblich sind, wenn der Bearbeiter die erhobenen Beweise nicht für ausreichend erachtet, wenn die Beweiswürdigung einen Schwerpunkt des Gutachtens darstellt oder wenn ein Verzicht auf eine besondere Beweisstation die flüssige Darstellung des Gutachtens zerreißt. Im Examen stellen sich Beweisfragen nur in Ausnahmefällen, da im Verwaltungsprozeß in der Regel der Tatbestand objektiv feststeht; trotzdem können im Rahmen von Ermessensentscheidungen Beweisprobleme auftreten.

VI. Die verwaltungsgerichtliche Entscheidung

1. Die verwaltungsgerichtliche Entscheidung hat im wesentlichen die gleichen Elemente wie die zivilrechtlichen Erkenntnisse, § 117 VwGO. Sie zerfällt wie diese in Urteilskopf (Rubrum), den Entscheidungssatz (Tenor), den Tatbestand und die Entscheidungsgründe. Gesetzlich umfaßt das verwaltungsgerichtliche Urteil die Rechtsmittelbelehrung, die Bestandteil der Entscheidung ist. Während bei verwaltungsgerichtlichen Urteilen Tatbestand und Entscheidungsgründe räumlich getrennt sind, fassen die verwaltungsgerichtlichen Beschlüsse Tatbestand und Gründe unter der Überschrift „Gründe" räumlich zusammen. Der Anhang enthält eine Zusammenstellung der gängigen Entscheidungssätze, auch in Berufungs- und Revisionssachen, sowie der üblichen Rechtsmittelbelehrungen.

2. Die einzelnen Entscheidungselemente

a) Der Urteilskopf enthält links oben das Aktenzeichen, rechts oben den Verkündungsvermerk (§§ 116 Abs. 1, 117 Abs. 4 VwGO), mit der Unterschrift des Urkundsbeamten. Der Urteilskopf wird eingeleitet durch die Formel „Im Namen des Volkes", unter welcher entweder „In der Verwaltungsstreitsache ..." oder „Im Normenkontrollverfahren", wenn es sich um ein Verfahren nach § 47 VwGO handelt, steht. Danach folgen Name und Anschrift des Klägers mit der Bezeichnung der Parteirolle (Kläger). Falls der Kläger durch einen Bevollmächtigten vertreten ist, folgt dessen Name nach der Bezeichnung „Bevollmächtigter". Der Beklagte, seine Parteirolle und sein Prozeßbevollmächtigter werden durch ein in die Mitte gesetztes „gegen" vom Kläger abgehoben. Ist der Beklagte eine juristische Person des öffentlichen Rechts, z.B. die Stadt A, so muß hinzugefügt werden, „vertreten durch den Oberbürgermeister"[68]. Ist der Staat Beklagter, so wird er nur noch in Bayern in sogenannten Parteistreitigkeiten von der Landesanwaltschaft vertreten, soweit nicht landesgesetzlich die Behörde im Gerichtsverfahren selbst auftritt. Die Bezeichnung lautet dann wie folgt: „Gegen den Freistaat Bayern, vertreten durch die Landesanwaltschaft Bayern[69]." Soweit weitere Prozeßbeteiligte vorhanden sind, werden sie nach dem Beklagten, unter der Bezeichnung „Beigeladene" (§ 65 VwGO) angeführt, z.B. „Beigeladener: Kgl. privilegierter Schützenverein in A, vertreten durch den 1. Vorsitzenden Anton K in A."

Daran schließt sich der Vermerk über den Gegenstand des Rechtsstreites, der kurz den Inhalt und die Prozeßlage bezeichnen soll, an, z.B. „wegen Baugenehmigung an den Beigeladenen, hier: Berufung des Klägers". Es kann auch noch angeführt werden, gegen welches Urteil das Rechtsmittel eingelegt wurde, z.B. „hier: Berufung gegen das Urteil des VG-A vom 29. 8. 1984". An diesen Vermerk schließt sich die Bezeichnung

68 Vgl. dazu *Scholler/Broß*, Kommunalrecht, § 7 III und IV.
69 § 1 I Nr. 3 der VO über die Vertretung des Freistaates Bayern.

der Entscheidung oder des Urteils oder Beschlusses mit Angabe der beteiligten Richter und evtl. nichtrichterlicher Beisitzer an, z.B. „... erläßt das OVG (oder der VGH), II. Senat, unter Mitwirkung von X, Vorsitzender Richter am VGH, A, B, Richter am VGH, aufgrund der mündlichen Verhandlung vom 1. 3. 1984 folgendes Urteil ...[70]".

b) Der Entscheidungssatz (Tenor)

Der Entscheidungssatz umfaßt mindestens 3 Bestandteile, die durch römische Ziffern getrennt werden. Unter I. wird der Rechtsbehelf entschieden, z.B. „Die Anfechtungsklage wird abgewiesen." Es ist nicht üblich, aber zulässig, eine unzulässige Klage mit dem Tenor abzuweisen: „Die Klage wird als unzulässig abgewiesen." In einem anderen Fall kann der Tenor lauten: „Unter Aufhebung des Urteils des VG-A vom 2. 3. 1984, des Bescheides der Stadt L vom 4. 7. 1983 und des Widerspruchsbescheides der Regierung von S vom 12. 7. 1983 wird die Stadt L verpflichtet, dem Kläger einen Ausweis C nach dem Bundesvertriebenengesetz auszustellen." Ist die Berufung erfolgreich, ohne daß die Klage in allen Punkten zum gewünschten Ziel führt, so muß in den Entscheidungssatz aufgenommen werden, daß im übrigen die Klage abgewiesen wurde. Ist ein eingelegtes Rechtsmittel, z.B. die Berufung, ohne Erfolg, so hat sich das Berufungsurteil nicht mehr mit der Klage zu beschäftigen, sondern nur noch mit der Zurückweisung der Berufung, z.B. „Die Berufung wird zurückgewiesen."

Unzulässige Rechtsmittel (Berufung, Revision, Beschwerde) werden verworfen. Anträge werden ohne Rücksicht darauf, ob sie unzulässig oder unbegründet sind, abgelehnt. Ist ein Antrag zulässig und begründet, so wird dem Antrag stattgegeben. Unter II. muß dann der Entscheidungssatz einen Ausspruch über die Kosten treffen, z.B. „Der Kläger hat die Kosten des Verfahrens zu tragen." Ist die Berufung dagegen erfolgreich, so muß nicht nur über die Kosten des Berufungsverfahrens, sondern über die Kosten beider Rechtszüge entschieden werden, z.B. „Die Kosten des Verfahrens beider Rechtszüge hat der Beklagte zu tragen", § 154 Abs. 1 VwGO.

Unter III. muß der Tenor über die vorläufige Vollstreckbarkeit entscheiden. In Anfechtungs- und Feststellungsklagen beschränkt sich die vorläufige Vollstreckbarkeit auf den Kostenpunkt, so daß z.B. zu formulieren ist: „Das Urteil ist in Ziffer II. vorläufig vollstreckbar", § 167 VwGO i.V.m. § 708 Nr. 11 ZPO.

Unter IV. spricht sich das Gericht über Zulassung der Berufung oder der Revision aus. Bei erstinstanziellen Entscheidungen bedarf es grundsätzlich keiner Berufungszulassung mehr, so daß ein Ausspruch über die Zulassung der Berufung fehl am Platze wäre (Ausnahme: EntlG). In Berufungsentscheidungen muß dagegen über die Zulassung der Revision entschieden werden; wann eine Revision zuzulassen ist, ergibt sich aus § 132 Abs. 2 VwGO.

c) Der Tatbestand ist gemäß § 117 Abs. 2 Nr. 4 i.V.m. § 173 VwGO, § 313 Abs. 1 Nr. 5 ZPO eine gedrängte Darstellung des Sach- und Streitstandes. Der Tatbestand soll nicht bloß eine Wiederholung der Akten sein, sondern soll alle für die Entscheidung wesentlichen Punkte in sich verständlich darstellen. Rechtsausführungen sind nur insoweit in den Tatbestand aufzunehmen, als sie einen Tatsachenkern enthalten.

---

70 Vgl. dazu im einzelnen die im Anhang beigefügte Mustersammlung.

Allerdings hat es sich in verwaltungsgerichtlichen Entscheidungen eingebürgert, in großem Umfang Rechtsausführungen in den Tatbestand aufzunehmen. Es empfiehlt sich, dieser bedauerlichen Übung im Examen zu folgen, dabei aber die gebotene Zurückhaltung gegenüber der unkorrekten Verfahrensweise walten zu lassen. Die allgemeinen Grundsätze für den Tatbestand: Tatsachensammlung, Objektivität, Vollständigkeit, gedrängte Sachdarstellung, Allgemeinverständlichkeit, Abstellen auf die letzte mündliche Verhandlung, gelten auch für den verwaltungsrechtlichen Tatbestand mit folgenden Einschränkungen: der im Zivilrecht übliche Aufbau

1. unstreitiger Sachverhalt,

2. streitiger Vortrag des Klägers mit seinem Antrag,

3. Antrag des Beklagten und streitiger Vortrag des Beklagten,

Beweisbeschlüsse und Beweisergebnis,

kann nicht auf den Verwaltungsrechtsfall übertragen werden. Der Tatbestand im verwaltungsgerichtlichen Urteil bringt bei Anfechtungsklagen oder Verpflichtungsklagen den angegriffenen oder abgelehnten bzw. unterlassenen Verwaltungsakt unter Angabe der von der Behörde gegebenen Begründung. Dabei sind gegebenenfalls Ausführungen über die Vorgeschichte des angegriffenen oder abgelehnten Verwaltungsakts zu machen. Daran schließt sich unter 2. die Einlegung des Widerspruchs an; dazu gehören Widerspruchsbegründung und die Angabe über Erlaß, Zustellung und Begründung des Widerspruchsbescheides. Oft ist es zweckmäßig, die Begründung des Verwaltungsakts und des Widerspruchsbescheides sowie die Begründung des Widerspruchs erst in der Klagestation aufzuführen, da die Begründung im Vorverfahren meist von Kläger und Beklagtem im Prozeß wiederholt werden.

Als 3. Abschnitt des Tatbestandes schließt sich die Klagestation an, die man beispielsweise so einleiten kann: „Gegen den am 3. 1. 1984 zugestellten Widerspruchsbescheid hat der Kläger mit Schriftsatz vom 10. 1. 1984, eingegangen beim VG am 12. 1. 1984, Klage erhoben und beantragt ..." Nach den Ausführungen des Klägers folgen die Ausführungen des Beklagten und die der Beigeladenen, soweit diese Anträge stellen. Anträge und Ausführungen sind selbstverständlich in der letzten Fassung anzuführen, frühere Anträge und überholtes Vorbringen wegzulassen.

Als 4. Abschnitt folgt bei Berufungsentscheidungen das Urteil der 1. Instanz mit Entscheidungssatz und Gründen und als 5. Abschnitt die Berufung oder sonstigen Rechtsmittel der Beteiligten.

Auf das Ergebnis der mündlichen Verhandlung, soweit eine stattgefunden hat, ist zusammenfassend einzugehen. Üblich ist der Satz: „Im übrigen wird auf den Inhalt der Niederschrift in der mündlichen Verhandlung vom ... Bezug genommen." Solche Bezugnahmen dürfen auch sonst hinsichtlich einzelner Urkunden erfolgen. Es ist aber unzulässig, auf den gesamten Akteninhalt in toto Bezug zu nehmen.

Beweis, Beweisantritt, Beweisbeschluß und Beweisergebnis sind in den Abschnitten über das Klage- und Berufungsverfahren nach den Ausführungen der Beteiligten zu bringen. Dabei darf im Tatbestand keine Würdigung des Beweisergebnisses erfolgen. Soweit auf das Beweisergebnis oder hinsichtlich anderer Tatsachen auf den Akteninhalt Bezug genommen wird, muß der Sachverhalt, auf welchen sich die Bezugnahme erstreckt, unter Angabe der Aktenseite genau bezeichnet werden.

d) Die Entscheidungsgründe

Die Gründe einer verwaltungsgerichtlichen Entscheidung unterscheiden sich in Stil und Aufbau nicht grundsätzlich vom Aufbau zivilrechtlicher Entscheidungen.

Sie beginnen mit der Entscheidung über die Zulässigkeit der erhobenen Klage (Berufung oder Revision); daran schließt sich die Entscheidung über die Begründetheit an.

Verwaltungsgerichtliche Entscheidungen verlassen oft den strengen Urteilsstil und fügen gutachtliche Exkurse ein, z.B. mit der Formulierung: „Die Klage ist begründet, wenn die Beklagte zu Unrecht den beantragten Verwaltungsakt versagt hat. Der Beurteilung sind folgende Erwägungen voranzustellen ... Die Anwendung dieser Grundsätze ergibt für den vorliegenden Fall ...", diese gutachtlichen Exkurse stellen einen Stilbruch dar und müssen deshalb vermieden werden.

Die Entscheidungsgründe schließen dann mit der Begründung der Entscheidungssätze zum Kostenausspruch, zur vorläufigen Vollstreckbarkeit und, wenn notwendig, mit Ausführungen über die Berufungs- oder Revisionszulassungen[71].

Berufungs- und Revisionsentscheidungen müssen in den Entscheidungsgründen erst über die Zulässigkeit des eingelegten Rechtsmittels und dann über die Begründetheit befinden, z.B.: „Die Berufung ist zulässig, insbesondere form- und fristgerecht eingelegt, § 124 VwGO; die Berufung ist zulässig, obwohl die Berufungsschrift keinen ausdrücklichen Antrag enthält[72]. Die Berufung ist aber nicht begründet. Die Klage richtet sich gegen den Bescheid des LRA-A, mit welchem die Reisegewerbekarte dem Kläger versagt wurde. Die dagegen gerichtete Klage ist zulässig, weil ... Die Klage ist aber unbegründet, weil ..." Es ist zu beachten, daß die Ausführungen über die Zulässigkeit der Klage der erste Prüfungspunkt im Rahmen der Begründetheit der Berufung oder der Revision ist, da die Berufung des Klägers ohne weitere Sachprüfung unbegründet und die Berufung des Beklagten begründet ist, wenn die Klage unzulässig ist.

71 Vgl. dazu die im Anhang gegebenen Muster.
72 BVerwGE 1, 222; 3, 75.

Zweiter Teil

Die folgenden Klausuren sollen dazu dienen, die in der Einleitung gewonnenen theoretischen Erkenntnisse anhand von Beispielsfällen aus ausgewählten Gebieten des Besonderen Verwaltungsrechts zu vertiefen.

Bei der Ausarbeitung der Lösung sind nur die wichtigsten Stellungnahmen aus Literatur und Rechtsprechung aufgeführt. Diese werden in einer Klausur vom Bearbeiter selbstverständlich nicht verlangt und auch nicht erwartet. Der Bearbeiter muß nur die Probleme erkennen und kennen und einen annehmbaren Lösungsvorschlag unterbreiten. Die Hinweise sollen also nur zur Vertiefung dienen.

Zum Schluß noch ein Hinweis für die Fallbearbeitung. Den größten Nutzen gewinnt der Leser, wenn er zunächst eine eigene Lösung entwirft. Gelingt das nicht, bietet die methodische Einführung Hilfestellung. Danach müßte es jedem Bearbeiter möglich sein, eine selbständige Lösung anzufertigen.

Fall 1 „Fremdenverkehrsabgabe“

Verfahrensrecht: Anfechtungsklage — Inzidentkontrolle einer Satzung — Vorlagepflicht — Abgrenzung von verfassungsgerichtlicher Normenkontrolle und Normenkontrolle nach § 47 VwGO

Materielles Recht: Kommunales Satzungsrecht — kommunale Abgaben — Rechtsstaatsprinzip — Vorhersehbarkeit und Meßbarkeit belastender Eingriffe — Wahrscheinlichkeits- und Wirklichkeitsmaßstab — rückwirkender Erlaß von Abgabenbescheiden — dynamische und antizipierende Verweisung

Entscheidungen: BVerfG, B. v. 9. 5. 1972, BVerfGE 33, 125; B. v. 24. 3. 1976, BVerfGE 42, 42; B. v. 1. 3. 1978, BVerfGE 47, 285; B. v. 14. 6. 1983, BVerfGE 64, 208; B. v. 6. 12. 1983, DVBl. 1984, 216; BVerwG, U. v. 25. 8. 1982, DVBl. 1983, 133; OVG Rh-Pf, U. v. 6. 7. 1982, DVBl. 1983, 140

I. Sachverhalt

Teil 1:

Im idyllisch gelegenen Fremdenverkehrsort Adelzhofen wird aufgrund der Fremdenverkehrsabgabensatzung vom 18. Mai 1979 eine Fremdenverkehrsabgabe erhoben. Die Satzung ist von der Regierung von O ordnungsgemäß genehmigt und ortsüblich bekanntgemacht. Der Fremdenverkehrsabgabe unterliegen alle Gewerbetreibenden und alle sonstigen Personen, die mittelbar oder unmittelbar aus dem Fremdenverkehr Vorteile ziehen. In § 4 der Fremdenverkehrsabgabensatzung ist festgesetzt, daß sich die Abgabe nach den Mehreinnahmen bestimmt, die dem Abgabenpflichtigen aus dem Fremdenverkehr erwachsen. Zur Vereinfachung der Ermittlung dieser Mehreinnahmen ist in § 4 der Satzung weiter festgelegt, daß als Mehreinnahmen die Reingewinnsätze der Richtsatzsammlung der Oberfinanzdirektionen (OFD) gelten. Diese Richtsatzsammlung ist der Satzung nicht als Anlage beigefügt.

Salvermoser betreibt seit Januar 1980 in Adelzhofen ein Tabakwarengeschäft. Am 21. März 1983 erhält er einen auf § 4 der Satzung gestützten Fremdenverkehrsabgabenbescheid für das Jahr 1982. Diesem Bescheid liegt der in der Richtsatzsammlung für den Tabakhandel ausgewiesene Reingewinnsatz von 5 % zugrunde. Salvermoser erhebt gegen den Bescheid nach erfolglos durchgeführtem Vorverfahren zulässig Klage und bringt vor, § 4 der Satzung sei ungültig, da die Richtsatzsammlung nicht veröffentlicht sei. Das Verwaltungsgericht stellt fest, daß es sich bei der Richtsatzsammlung der OFD um eine interne Arbeitsunterlage der Finanzbehörden handelt, die nicht amtlich veröffentlicht ist. Die Richtsatzsammlung der OFD wird lediglich in einem privaten Verlag für DM 15,— vertrieben. Die Fremdenverkehrsabgabensatzung enthält darauf jedoch keinen Hinweis. Das Verwaltungsgericht hält aufgrund dieser Ermittlungen § 4 der Satzung für nichtig und hebt den Bescheid vom 21. März 1983 und den Widerspruchsbescheid auf.

Teil 2:

Im Fremdenverkehrsort Bad Bergen waren die Gemeindeväter vorsichtiger. Ihre Fremdenverkehrsabgabensatzung vom 15. März 1979 entspricht genau der Mustersatzung des zuständigen Landesministeriums. Die hier maßgebliche Bestimmung der Satzung (§ 4) lautet:

„(1) Die Abgabe bemißt sich nach den besonderen Vorteilen, insbesondere den Mehreinnahmen (Mehrreineinnahmen), die dem Abgabenpflichtigen innerhalb eines Rechnungsjahres aus dem Fremdenverkehr erwachsen (Meßbetrag). Sie werden vom Gemeinderat durch Schätzung ermittelt. Dabei sind insbesondere Art und Umfang des Unternehmens, Lage und Geschäftsräume, Größe und Verhältnisse der Kundschaft, Betriebswege sowie die Zahl der anwesenden Fremden zu berücksichtigen.

(2) Die Fremdenverkehrsabgabe beträgt 2 % des Meßbetrages."

Auf dieser Grundlage erhält Kratzeder, der in Bad Bergen einen Andenkenladen betreibt, am 14. Februar 1983 folgenden Fremdenverkehrsabgabenbescheid:

Fremdenverkehrsabgabenbescheid für das Rechnungsjahr 1982

getätigter Umsatz (nach Ihrer vorgelegten Gewinn- und Verlustrechnung	DM 50000,–
geschätzter Reingewinn 8 %	DM 4000,–
Mehreinnahmen aus dem Fremdenverkehr = 50 % des Reingewinns (Meßbetrag)	DM 2000,–
daraus Fremdenverkehrsabgabe 2 %	DM 40,–
Fremdenverkehrsabgabenschuld 1982	DM 40,–

Kratzeder erhebt gegen diesen Bescheid ordnungsgemäß Widerspruch. Er bringt vor, diese Art der Berechnung der Fremdenverkehrsabgabe finde in der Satzung keine Grundlage. Für eine Schätzung des Reingewinns bestehe kein Anlaß. Sein tatsächlicher Reingewinn betrage, was er anhand seiner Gewinn- und Verlustrechnung nachweisen könne, 4,5 % des Umsatzes. Der geschätzte Reingewinn sei also viel zu hoch. Die Regierung von O wies den Widerspruch mit Bescheid vom 7. März 1983 zurück. Die Praxis der Gemeinde Bad Bergen sei im Hinblick auf den Gleichheitssatz, dem im Abgabenrecht besondere Bedeutung zukomme, nicht zu beanstanden. Im übrigen stehe der Verwaltungsaufwand zu den Einnahmen aus dem Fremdenverkehr in einem groben Mißverhältnis, wenn der tatsächliche Reingewinn eines Abgabenpflichtigen zugrundegelegt werde; diesbezügliche Feststellungen erforderten intensive Ermittlungen.

Kratzeder will nunmehr Klage erheben.

Teil 3:

In einem weiteren Verfahren hat das Verwaltungsgericht am 17. März 1984 einen gegen Lugginger, einen Gastwirt aus Bad Bergen, gerichteten Fremdenverkehrsabgabenbescheid für das Jahr 1982 wegen eines Berechnungsfehlers aufgehoben. Die Gemeinde Bad Bergen erläßt nunmehr einen neuen berichtigten Abgabenbescheid.

Auch im Fall des Salvermoser erläßt die Gemeinde Adelzhofen, nachdem eine neue dem Urteil des Verwaltungsgerichts entsprechende Fremdenverkehrsabgabensatzung mit rückwirkender Kraft für das Jahr 1982 erlassen worden ist, einen neuen Abgabenbescheid.

Lugginger und Salvermoser halten die Bescheide für rechtswidrig. Sie sind der Meinung, sie könnten nicht nachträglich noch zu einer Abgabe für das Jahr 1982 herangezogen werden.

Vermerk:

In einem Gutachten ist zu den aufgeworfenen Fragen eingehend Stellung zu nehmen; insbesondere sind folgende Fragen zu beantworten:

zu Teil 1: 1. Welche Überlegungen haben Ihrer Meinung nach zu der Entscheidung des Verwaltungsgerichts geführt?

2. Durfte das Verwaltungsgericht selbst über die Nichtigkeit der Satzungsbestimmung entscheiden?

zu Teil 2: Welche Erfolgsaussichten hätte eine ordnungsgemäß erhobene Klage des Kratzeder?

zu Teil 3: Sind die Bescheide der Gemeinden Bad Bergen und Adelzhofen zu Recht ergangen?

Es ist davon auszugehen, daß die gesetzliche Ermächtigung der Satzungen folgenden Wortlaut hat:

„Gemeinden, in denen die Zahl der Fremdenübernachtungen im Jahr in der Regel das siebenfache der Einwohnerzahl übersteigt, können zur Deckung des gemeindlichen Aufwandes für die Fremdenverkehrsförderung von den selbständig tätigen, natürlichen und den juristischen Personen, denen durch den Fremdenverkehr im Gemeindegebiet unmittelbar oder mittelbar wirtschaftliche Vorteile erwachsen, einen Fremdenverkehrsbeitrag erheben.

Die Abgabe bemißt sich nach den besonderen wirtschaftlichen Vorteilen, die dem einzelnen Abgabepflichtigen aus dem Fremdenverkehr erwachsen.“

Auf die Frage, ob die Fremdenverkehrsabgabe wegen Gleichartigkeit mit Bundessteuern verfassungswidrig ist, ist nicht einzugehen[1].

II. Literatur zum Sachgebiet

Scholler/Broß: Grundzüge des Kommunalrechts in der Bundesrepublik Deutschland, 3. Aufl., 1984; *Schmidt-Jortzig,* Kommunalrecht, 1983; *Menger,* VerwArch. 70 (1979), 275 ff.; *v. Mutius,* VerwArch. 70 (1979), 73 ff.

---

1 Siehe dazu BVerfGE 40, 56; 44, 216 und BVerfG, DVBl. 1984, 216.

III. Methodische Einführung

1. Die Klausur bietet vom Aufbau her keine großen Schwierigkeiten; denn die drei Aufgabenteile stehen nur thematisch in einem inneren Zusammenhang. Dieser beeinflußt den Aufbau aber nicht. Aus diesem Grunde ist jeder Teil der Aufgabe für sich zu behandeln. An und für sich würde auch die Reihenfolge keine Rolle spielen. Es empfiehlt sich jedoch, die einzelnen Teile in der Reihenfolge der Aufgabe zu lösen, weil man dadurch hin und wieder verweisen und deshalb Zeit für die Lösung sparen kann. Die Lösung ist also durch die drei Aufgabenteile vorgezeichnet.

Auf den ersten Blick mag die Klausur als sehr lange und schwierig erscheinen. Dabei sollte man nicht vergessen, daß sie als Examens-Klausur gestellt war[2] und zum anderen, daß man bei einem Vergleich vor allem der Teile 1 und 2 für die Lösung schon bestimmte Anhaltspunkte gewinnen kann. Schließlich hat der Bearbeiter aufgrund der Frage 1 zu Teil 1 die Möglichkeit, unabhängig von eingepaukten Schematas eigenständig Gedanken zu entwickeln. Dabei besteht ein gewisser Spielraum, da die Lösung nicht bis ins Detail vorgezeichnet ist[3].

2. Die drei Grundfragen ergeben für den Fall:
Zunächst verlangt der Bearbeitervermerk eine umfassende Beantwortung der im Text aufgeworfenen Fragen. Das ist vorliegend etwas schwierig. Allerdings erhält der Bearbeiter insoweit Unterstützung, als dann ganz konkret verschiedene Fragen gestellt werden.

Im einzelnen:

a) „Wonach ist gefragt?“ Die Rechtslage soll umfassend erörtert werden. Dabei zeigt sich allerdings, daß die im einzelnen aufgeführten Fragen die gesamte angesprochene Problematik erfassen. Das ist eine Erleichterung für den Bearbeiter, weil er ansonsten im Teil 1 auf Schwierigkeiten stoßen würde.

Dabei ist die Frage 1 zu Teil 1 die weitergehende. Praktisch muß der Bearbeiter die Problematik in materieller Hinsicht durchdenken, um sichere Aussagen zu den Überlegungen des Verwaltungsgerichts machen zu können. Er braucht jedoch zu prozessualen Problemen nicht Stellung zu nehmen; denn einmal sagt der Sachverhalt ausdrücklich, daß Salvermoser ordnungsgemäß („zulässig“) Klage erhoben hat und zum anderen erfährt er, daß das VG der Klage aus sachlichen Gründen stattgegeben hat.

Der Bearbeiter muß sich aber vor einem Fehler hüten. Er soll die Überlegungen erläutern, die das VG seiner Meinung nach zu seiner Entscheidung bewogen haben. Er darf den Fall also nicht so lösen, wie er es getan hätte. Er muß demnach den SV und die mitgeteilte Entscheidung des VG in Einklang bringen. Das fordert je nach dem einige Phantasie. Im Anschluß daran kann, sofern Anlaß dazu besteht, an dieser Lösung Kri-

2 Von Siegfried Broß in der Ersten juristischen Staatsprüfung 1975/I in Bayern.
3 Dieser Umstand rechtfertigt es, den Fall in der Neuauflage zu belassen – seine Thematik ist zeitlos. Der SV ist mit dem vom OVG Rh.-Pf., DVBl. 1983, 140, entschiedenen nicht deckungsgleich.

tik geübt werden. Dabei ist jedoch äußerste Zurückhaltung geboten, es sei denn, der Bearbeitervermerk verlangt eine solche ausdrücklich[4].

Die Frage 2 spricht die Problematik der Prüfungs- und Verwerfungskompetenz an. Dabei sollte man nicht sofort auf das Problem lossteuern, sondern sich diese Problematik, die sich auch in bezug auf diesen SV ganz allgemein stellt, verdeutlichen. Es könnte nämlich sein, daß sich Unterschiede im Hinblick darauf ergeben, ob es sich um die Überprüfung anhand des GG oder einer Landesverfassung handelt. Außerdem ist § 47 VwGO mit in die Überlegung einzubeziehen. Es ist hier also wichtig, ganz genau den Prüfungsmaßstab herauszuarbeiten, um Fehler zu vermeiden.

b) Im Teil 2 ist nach den Erfolgsaussichten einer Klage des Kratzeder gefragt. Der Bearbeiter muß anhand der Fragestellung des mitgeteilten SV erkennen, daß es dabei auf prozessuale Probleme nicht ankommt. Sie sind deshalb nicht zu erörtern; denn es ist ausdrücklich nach den Erfolgsaussichten einer *ordnungsgemäß* erhobenen Klage gefragt. Im übrigen wäre eine andere Fragestellung nach dem SV auch wenig sinnvoll. Er enthält nämlich keine Angaben, die für die Zulässigkeit einer Klage eine Rolle spielen könnten[5], so sind z.B. keine Daten mitgeteilt (wichtig wegen der Rechtsbehelfsfristen).

c) Die Frage zu Teil 3 der Aufgabe hebt nur noch auf die materielle Rechtslage ab. Eine etwa beabsichtigte Klage ist nicht angesprochen. Aus diesem Grunde muß der Bearbeiter nur noch prüfen, ob die ergangenen Bescheide eine wirksame Rechtsgrundlage haben. Dieser Teil steht mit den beiden vorhergehenden in keiner engen Verbindung. Der Bearbeiter kann deshalb nicht auf diese abheben. Der Teil 3 ist also selbständig zu beantworten.

d) Die zweite Grundfrage nach den Interessen der Beteiligten bietet in keinem der drei Teile Schwierigkeiten: keiner der Betroffenen möchte einen Fremdenverkehrsbeitrag oder zumindest nicht in dieser Höhe entrichten. Dabei muß sich der Bearbeiter darüber im klaren sein, daß es für diese an sich gleichgerichteten Interessen durchaus verschiedene Rechtsschutzmöglichkeiten gibt, nämlich die Klage nach §§ 42ff. VwGO sowie die Normenkontrolle nach § 47 VwGO[6]. Wenn der Rechtsbehelf Erfolg hat, wirkt die Entscheidung nach § 47 VwGO allerdings über die unmittelbar Beteiligten hinaus. Sie wirkt inter omnes, während das Urteil des VG nur inter partes wirkt. Das kann die Überlegungen der klagenden Partei beeinflussen. Im Teil 3 ist jedoch noch darauf zu achten, daß im Falle des Lugginger die Rechtsgrundlage (Fremdenverkehrsabgabensatzung) unproblematisch ist. Der Bescheid wurde wegen eines Berechnungs-

---

4 Der Grund dafür liegt weniger darin, daß sich der Bearbeiter etwa beim Korrektor unbeliebt machen könnte. Die Aufgabe ist ziemlich umfangreich und weist einige Probleme auf. Übt der Bearbeiter deshalb Kritik, obwohl sie nicht gefordert ist, verliert er wertvolle Zeit für die Beantwortung der übrigen Fragen. Zudem besteht die Gefahr, daß seine Ausführungen nicht frei von Fehlern sind. Diese werden in jedem Falle negativ angerechnet, so daß der Bearbeiter mit seiner Kritik nichts gewinnt.

5 Der Bearbeiter muß sich im Lesen von SV üben. Sind z.B. sehr viele Daten mitgeteilt, so kann das bedeuten, daß irgendwelche Fristen problematisch sind. Es kann auch sein, daß damit die Fähigkeit des Bearbeiters, Nebensächlichkeiten zu erkennen, geprüft werden soll.

6 Nach der Neufassung des § 47 VwGO ist darauf zu achten, daß nach seinem Absatz 1 Nr. 1 für bestimmte gemeindliche Satzungen das Normenkontrollverfahren kraft Bundesrechts eingeführt und das BVerwG gem. Absatz 5 in das Normenkontrollverfahren einbezogen ist.

fehlers aufgehoben. Zu prüfen ist also nur, ob die rückwirkende Berichtigung des Abgabenbescheides rechtmäßig ist, nicht dagegen, ob die Satzung in Ordnung ist[7]. Umgekehrt ist im Falle des Salvermoser der Abgabenbescheid unproblematisch, da der rückwirkende Erlaß der Satzung ihn erst ermöglichte. Salvermoser kann demnach nur daran liegen, die rückwirkend erlassene Satzung für nichtig erklären zu lassen.

e) Die dritte Grundfrage „worauf wird es ankommen?" gibt dem Bearbeiter wertvolle Hinweise für die Lösung.

Zu Teil 1:

Für die Beantwortung der Frage 1 wird es darauf ankommen, wie die Art der Verweisung der Fremdenverkehrsabgabensatzung auf die Richtsatzsammlung der OFD rechtlich einzuordnen ist. Nach den Mitteilungen des SV liegt darin das zentrale Problem der Lösung. Der Bearbeiter muß sich deshalb zunächst darüber klar werden, welches Verfahren Normen durchlaufen müssen, um wirksam zu werden. Dabei wird ihm zwangsläufig auffallen, daß die Richtsatzsammlung nicht nur kein „Gesetzgebungs"verfahren durchlaufen hat, sondern überhaupt nicht veröffentlicht und damit für die Abgabenpflichtigen auch nicht greifbar ist. Sie können also die Rechtsgrundlage für den Abgabenbescheid nicht nachprüfen. Damit wird der in diesem Zusammenhang zweite wesentliche Gesichtspunkt angesprochen, daß die Abgabe nicht vorhersehbar und nicht meßbar ist. Diese zunächst rein praktischen Gesichtspunkte sind noch rechtlich einzuordnen.

Die Beantwortung der Frage 2 hängt davon ab, ob die Satzung an Bundes- oder Landesrecht gemessen wird und ob an einfachem oder Verfassungsrecht. Je nach dem bestehen Vorlagepflichten oder nicht.

Zu Teil 2:

Bei einer Klage des Kratzeder würde es darauf ankommen, ob der Bescheid dem in der Satzung vorgeschriebenen Festsetzungsverfahren für die Abgabe entspricht oder ob er davon in relevanter Weise abweicht. Die Frage der Relevanz stellt sich deshalb, weil die Satzung in diesem Punkt u.U. nicht eindeutig ist und deshalb eine Auslegung zuläßt. Es kommt deshalb für die Lösung darauf an, daß sich der Bearbeiter zuerst über die Bedeutung des § 4 der Fremdenverkehrsabgabensatzung und des von ihm geregelten Verfahrens Klarheit verschafft. Erst dann ist eine sorgfältige Wertung der vorgetragenen Argumente für die eine oder andere Ansicht möglich.

Zu Teil 1 und 2:

Die Lösung dieser beiden Aufgabenteile wird leichter, wenn der Bearbeiter beide vergleicht. Er wird dann nämlich feststellen, daß das Schätzungsverfahren in beiden eine Rolle spielt, nur daß es im Teil 2 ausdrücklich in der Satzung geregelt ist, während es in Teil 1 nur durch Verweisung einbezogen wird. Wenn sich der Bearbeiter nun noch überlegt, unter welchen *rechtsstaatlichen* Gesichtspunkten die Erhebung von Steuern und Abgaben diskutiert wird, abgesehen von der Kompetenz, die nach dem Bearbei-

7 Dazu könnte der Bearbeiter mangels Angaben im SV auch nichts sagen.

tervermerk nicht zu behandeln ist, hat er den „Aufhänger" für die Lösung: Vorhersehbarkeit, Meßbarkeit, Bestimmbarkeit der Abgabe — das sind die Begriffe, die in diesem Zusammenhang immer fallen (neben der Gleichmäßigkeit der Besteuerung, wirtschaftlichen Leistungsfähigkeit u.a.).

Zu Teil 3:

Bei der Bearbeitung von Frage 3 ist unmißverständlich auf die Frage des Vertrauensschutzes abgehoben. Auch sie tritt bei der Festsetzung öffentlicher Leistungen immer wieder auf. Die Aufgabe enthält hier die beiden immer wieder und deshalb als bekannt vorauszusetzenden Konstellationen: rückwirkender Erlaß eines Abgabengesetzes (Satzung) und rückwirkender Erlaß (nicht eines neuen Bescheides) eines Änderungsbescheides. Beiden Varianten ist gemeinsam, daß die Behörde nicht zum ersten Male tätig wird, sondern fehlerhafte Akte geheilt werden sollen. Der Abgabenpflichtige wird deshalb nicht überrascht.

IV. LÖSUNG

Teil 1:

A.

1. Da das VG selbst über die Gültigkeit der Satzung entschieden hat, ging es vermutlich von keinem Verfassungsverstoß aus, sondern von einem Verstoß der Satzung gegen einfaches Recht[8].

Unproblematisch ist die Verpflichtung des Salvermoser als Inhaber eines Tabakwarengeschäfts, eine Fremdenverkehrsabgabe zu entrichten; denn er zieht unmittelbar Vorteile aus dem Fremdenverkehr, weil auch Fremde bei ihm einkaufen[9]. Darin hat das VG auch kein Problem gesehen. Es hat den Fremdenverkehrsabgabenbescheid deshalb aufgehoben, weil diesem infolge der Nichtigkeit des § 4 der Fremdenverkehrsabgabensatzung die Rechtsgrundlage gefehlt hatte.

Nach den Angaben des SV ist die Satzung selbst ordnungsgemäß genehmigt und ortsüblich bekannt gemacht worden[10]. Nicht im Satzungsverfahren bekannt gemacht ist jedoch die Richtsatzsammlung der OFD. Es ist deshalb zu überlegen, ob die Richtsatzsammlung der OFD ebenfalls hätte bekannt gemacht werden müssen.

a) Die Vorschriften der Gemeindeordnungen[11] über die Bekanntmachung von Satzungen sind u.a. eine Ausprägung des Rechtsstaatsprinzips und des Grundsatzes der Rechtssicherheit. Der von einer Satzung (oder sonstigen Rechtsvorschrift) betroffene Bürger soll, soweit ihn belastende Eingriffe treffen können, diese vorhersehen kön-

8 Da die Überlegungen des VG nachzuvollziehen sind, ist es nicht erforderlich, sich streng an Gutachten- oder Urteilsstil zu halten. Der Bearbeiter ist hier also freier.

9 Siehe dazu z.B. BayVGH, VGHE n.F. 18, 47, S. 48 f. Hierzu a. *Menger*, VerwArch. 70 (1979), 275 ff.

10 Hier liegt also kein Problem. Zum Satzungsverfahren z.B. OVG Lüneburg, NVwZ 1983, 484; *Scholler/Broß*, Kommunalrecht, § 6; s.a. *Bethge*, NVwZ 1983, 577 ff.

11 Siehe dazu z.B. §§ 4 Abs. 3 b-wGO; 5 Abs. 3 hessGO; 6 Abs. 4 ndsGO; 4 Abs. 4 n-wGO; Art. 26 Abs. 2 bayGO.

nen. Solche Eingriffe müssen für ihn also meßbar und vorhersehbar sein. Die Veröffentlichung ist deshalb keine bloße Förmlichkeit, sondern essentieller Bestandteil der Rechtsetzung der Gemeinden. Ohne Veröffentlichung bleibt die Satzung ein reines Internum[12]. Daraus folgt weiter, daß der gesamte Inhalt einer Satzung veröffentlicht werden muß. Die Richtsatzsammlung der OFD muß somit auch veröffentlicht werden, wenn sie Bestandteil der Satzung ist.

b) Die Fremdenverkehrsabgabensatzung stellt eine Beziehung zur Richtsatzsammlung mit dem Wort „gelten" her[13]. Damit wird in der juristischen Terminologie üblicherweise eine Fiktion ausgedrückt. Die Absicht des Satzungsgebers geht dahin, die Richtsatzsammlung so in seine Satzung mit einzubeziehen, als ob er sie selbst in der Satzung geregelt hätte. Das ist nur dann sinnvoll, wenn der Richtsatzsammlung selbst normativer Charakter zukommen soll. Die Verweisung ist deshalb rechtsatzmäßig. Sie bewirkt damit, daß die Reingewinnsätze der Richtsatzsammlung so gelten, als ob sie im einzelnen in der Fremdenverkehrsabgabensatzung aufgezählt würden.

Da die Richtsatzsammlung damit Teilinhalt der Fremdenverkehrsabgabensatzung mit unmittelbarer Geltungskraft wird, muß auch sie im vorgeschriebenen Rechtsetzungsverfahren nach der Gemeindeordnung erlassen und verkündet werden. Andernfalls sind diese Voraussetzungen nicht erfüllt.

c) Zu prüfen ist aber weiter, ob für diese Verkündung die Verweisung in der Fremdenverkehrsabgabensatzung ausreicht[14]. Nach den Überlegungen unter a) wird man keine Bedenken haben, wenn die Vorschrift, auf die verwiesen wird, bekannt gemacht ist; denn die verweisende Vorschrift könnte dann auch noch die amtliche Fundstelle angeben, so daß im Hinblick auf die Vorhersehbarkeit und Meßbarkeit belastender Eingriffe keine Bedenken bestünden. Allerdings treffen die genannten Voraussetzungen hier nicht zu. Die Richtsatzsammlung der OFD ist nicht veröffentlicht. Sie ist nach dem SV eine interne Arbeitsunterlage der Finanzbehörden und wird lediglich in einem privaten Verlag hergestellt und von diesem vertrieben. Aber selbst darauf enthält die Satzung keinen Hinweis. Denkbar wäre, die Richtsatzsammlung der Satzung als Anlage beizufügen. Dann könnten die Abgabenpflichtigen ohne Schwierigkeiten die sie treffende Abgabenschuld errechnen können. Auch daran fehlt es hier. Damit besteht für die Betroffenen keine zumutbare Möglichkeit, sich vom Inhalt der Satzung Kenntnis zu verschaffen und damit die Grundlage ihrer Besteuerung festzustellen[15].

Da die Verweisung in § 4 der Fremdenverkehrsabgabensatzung nicht den Anforderungen der einschlägigen Vorschriften der Gemeindeordnungen genügt, hat das VG die Vorschrift aus diesen Gründen für nichtig angesehen und den angefochtenen Bescheid mangels Rechtsgrundlage aufgehoben[16].

---

12 Siehe dazu ausführlich *Scholler/Broß*, Kommunalrecht, § 6 IV 2.

13 Sog. dynamische oder antizipierende Verweisung, siehe dazu etwa BVerfGE 8, 274, S. 302; 45, 297; 60, 135; 47, 285; BVerfG, DVBl. 1984, 36. S. in diesem Zusammenhang a. *Krebs*, VerwArch. 70 (1979), 259 ff.

14 Es wäre also unzutreffend, von der Nichtveröffentlichung sofort auf die Nichtigkeit zu schließen.

15 Vgl. dazu BVerfGE 8, 274, S. 325; BayVerfGH, VGHE n.F. 13, 127, S. 131. S. ferner die Nachw. in Fn. 13.

16 Siehe oben die Nachweise in Fn. 11.

2. Man könnte die Verweisungsvorschrift auch dahin auslegen, daß die Richtsatzsammlung nicht rechtssatzmäßige Geltung erhalten soll, sondern nur eine Verweisung auf rein finanztechnische Vorschriften beabsichtigt ist. Dann greifen die Vorschriften der Gemeindeordnungen über die Verkündung einer Satzung nicht[17]. Es genügt in diesen Fällen, wenn die Vorschrift, auf die verwiesen wird, hinreichend bestimmt und zugänglich ist. Außerdem muß sich die Vorschrift, auf die verwiesen wird, als erkennbarer Bestandteil der verweisenden Vorschrift darstellen. Dazu müßte jedoch die Fremdenverkehrsabgabensatzung wenigstens einen Fundstellennachweis für die Richtsatzsammlung der OFD enthalten. Das ist nicht der Fall, so daß auch bei dieser Auslegung von § 4 der Fremdenverkehrsabgabensatzung deren Nichtigkeit festzustellen wäre.

3. Man könnte in diesem Zusammenhang noch ein Problem unter einem ganz anderen Gesichtspunkt aufwerfen[18]. Wählt ein Normgeber, so wie hier die Gemeinde, die Verweisung als Mittel der Gesetzgebung, begibt er sich insoweit seiner Rechtsetzungsgewalt. Das könnte im Hinblick auf die Satzungshoheit der Gemeinde bedenklich sein; denn überspitzt formuliert könnte man sagen, sie übertrage damit einen Teil der Satzungsgewalt auf eine Stelle außerhalb der Gemeinde[19].

Man darf jedoch nicht übersehen, daß sich die Gemeinde ihrer Satzungsgewalt nicht in dem Sinne begibt, daß sie nicht mehr den maßgeblichen Einfluß auf den Inhalt hätte. Sie kann bei Änderungen der Richtsatzsammlung ihre Satzung anpassen. Sie ist also nicht abhängig vom jeweiligen Inhalt der Richtsatzsammlung und könnte die Verweisungsvorschrift insgesamt wieder ändern.

Schließlich spricht für die Verweisung als Mittel der Gesetzgebungstechnik, daß im Falle der dynamischen Verweisung vielfach Satzungsänderungen vermieden werden[20]. Da die Gemeinde ihre Entscheidungsbefugnis über den jeweiligen Inhalt der Satzung behält, sind Bedenken unter dem Gesichtspunkt der Satzungsgewalt nicht angezeigt.

4. Gegen die Entscheidung des VG ist kritisch nichts vorzutragen. Sie entspricht rechtsstaatlichen Grundsätzen. Bevor man nämlich den Vorwurf, der hier nahe liegt, erhebt, es vertrete eine formalistische Auffassung, sollte man bedenken, daß der Veröffentlichung von Normen im Hinblick auf die Rechtssicherheit und Vorhersehbarkeit belastender Eingriffe im Rechtsstaat eine wichtige Funktion zukommt. Nur so kann sich der Betroffene Klarheit über den Inhalt belastender Normen verschaffen. Im übrigen würde auch der Grundsatz der Gesetzmäßigkeit der Verwaltung tangiert; denn die Verwaltung hätte keine genau bestimmten Tatbestände mehr für den Gesetzesvollzug[21].

---

17 In diesem Falle soll die Richtsatzsammlung lediglich zur Vereinfachung der Berechnung der Fremdenverkehrsabgabe dienen.

18 Nach den Angaben im SV ist diese Problematik nur schwer zu erkennen. Fehlen Ausführungen dazu ganz, weil sie nicht gesehen wurde, ist das auf die Bewertung ohne Einfluß. Wird diese Problematik dagegen gesehen und richtig behandelt, wirkt sich das auf die Bewertung positiv aus.

19 Siehe zu dieser Problematik im staatlichen Bereich etwa BVerfGE 33, 125.

20 Bei der statischen Verweisung tritt dieses Problem nicht auf, da der Inhalt der Bestimmungen, auf die verwiesen wird, festliegt; hierzu z.B. Art. 140 GG.

21 Siehe dazu etwa BVerfGE 8, 274, S. 325.

B.

1. Bei der Frage, ob das VG selbst über die Nichtigkeit der Fremdenverkehrsabgabensatzung entscheiden konnte, ist von folgenden Gesichtspunkten auszugehen:

a) Das VG hat § 4 der Fremdenverkehrsabgabensatzung wegen Verstoßes gegen die einschlägige Vorschrift der Gemeindeordnung über die Verkündung von Satzungen für nichtig angesehen. Die in der Satzung getroffene Regelung verstößt nach seiner Auffassung gegen gesetzliche Vorschriften. Davon zu unterscheiden ist der hier nicht angesprochene Fall, daß eine Satzung oder ein Teil nicht ortsüblich bekanntgemacht ist und folglich nicht in Kraft tritt[22], weil das VG die verweisende Bestimmung für nichtig angesehen hat. Die Richtsatzsammlung der OFD ist davon unberührt.

b) Das VG hatte keine Verwerfungskompetenz, wenn die diesbezügliche Kompetenz eines anderen Gerichts ausschließlich eröffnet war. Dabei kommen nur das OVG (VGH)[23], das BVerfG oder ein Landesverfassungsgericht[24] in Betracht.

2. a) Eine Vorlage zum OVG (VGH) nach § 47 VwGO war nicht erforderlich; denn die Vorschrift des § 47 VwGO legt keine Vorlagepflicht fest. Darüber hinaus ist die Vorlageberechtigung von Gerichten ohnehin umstritten[25]. Gegen eine Vorlageberechtigung spricht neben anderen vor allem der Gesichtspunkt, daß jedes Gericht selbst inzident eine untergesetzliche Norm des Bundes- oder Landesrechts für ungültig erklären kann und deshalb das Rechtsschutzbedürfnis für einen Antrag nach § 47 VwGO fehlt.

b) Nicht so einfach ist die Frage einer Vorlage an das BVerfG nach Art. 100 Abs. 1 S. 1 GG im Wege der konkreten Normenkontrolle zu beantworten. Nach der Rspr. des BVerfG rechnen zu den „Gesetzen" im Sinne dieser Vorschrift nur formelle Gesetze[26]. Diese Auslegung des Art. 100 Abs. 1 S. 1 GG ergibt sich aus seinem Sinn und Zweck: es soll verhindert werden, daß sich jedes Gericht über die Autorität des nachkonstitutionellen Gesetzgebers hinwegsetzt. Dieser Gesichtspunkt kommt nicht zum Tragen bei vorkonstitutionellen Gesetzen, bei Verordnungen und Satzungen[27].

c) Eine Richtervorlage zum BayVerfGH gem. Art. 92 BV[28] kommt nur dann in Betracht, wenn die Fremdenverkehrsabgabensatzung verfassungswidrig war.

Im Gegensatz zu Art. 100 Abs. 1 S. 1 GG erfaßt Art. 92 BV nicht nur formelle Gesetze, sondern auch Gesetze im materiellen Sinn[29], also auch Satzungen und Verordnungen. Demnach hätte das VG nicht selbst über die Gültigkeit der Satzung entscheiden dürfen, sondern die Entscheidung des BayVerfGH herbeiführen müssen. Gegen diese

---

22 Siehe dazu z.B. BayVGH, BayVBl. 1973, 530, S. 531; *Scholler/Broß*, Kommunalrecht, a.a.O.

23 Siehe dazu § 184 VwGO.

24 Im folgenden wird die Bayer. Verfassung zugrunde gelegt.

25 Zum Meinungsstand *Eyermann/Fröhler*, § 47, Rdnr. 25; *Kopp*, Rdnr. 19 zu § 47.

26 So schon BVerfGE 1, 184, S. 201; seither std. Rspr.

27 Demgegenüber kommt § 80 Abs. 2 BVerfGG, der von „Rechtsvorschrift" spricht, keine entscheidende Bedeutung zu.

28 Art. 65 BV ist in diesem Zusammenhang nicht unbedingt zu zitieren, da der BayVerfGH auch über Popularklagen nach Art. 98 S. 4 BV entscheidet. Der Klammerzusatz in Art. 65 BV ist insoweit mißverständlich.

29 Std. Rspr. des BayVerfGH, vgl. z.B. VGH n.F. 32, 45; 34, 14. Das gilt auch nach der Neufassung des § 47 VwGO, BayVerfGH, NJW 1984, 226.

Vorlagepflicht würde der Umstand, daß Art. 3 BV[30] wegen der Schwierigkeit, seinen Inhalt zu bestimmen, kein Grundrecht verbürgt, nicht sprechen; denn Art. 92 BV hebt allgemein auf die Verfassungswidrigkeit ab und nicht, wie Art. 98 S. 4 BV[31], auf die Verletzung von Grundrechten der BV.

Die Vorlagepflicht entfällt aber deshalb, weil die Nichtigkeit von § 4 Fremdenverkehrsabgabensatzung schon wegen Verstoßes gegen die einschlägige Vorschrift der GO, hier Art. 26 Abs. 2 BayGO, festgestellt worden ist. Das VG hatte das Rechtsstaatsprinzip nicht selbständig geprüft, sondern zur Auslegung des Art. 26 Abs. 2 BayGO verwendet. Nach der Rspr. des BayVerfGH ist eine Vorlage jedoch schon dann unzulässig, wenn die Nichtigkeit der Vorschrift bereits wegen Verstoßes gegen eine unter dem Verfassungsrecht stehenden Norm bejaht wird[32]. Das gilt selbst dann, wenn dieser Verstoß zugleich mittelbar zur Verletzung eines Verfassungsgrundsatzes führt[33].

Teil 2:

Die Erfolgsaussichten einer Klage des Kratzeder hängen davon ab, ob der Fremdenverkehrsabgabenbescheid für 1982 der Gemeinde Bad Bergen eine Stütze in der Fremdenverkehrsabgabensatzung findet. Eine gewisse Schwierigkeit liegt für den Bearbeiter darin, daß er sich zuerst über die Festsetzung der Fremdenverkehrsabgabe klar werden muß.

Grundlage der Festsetzung ist zunächst der tatsächlich getätigte Umsatz des Abgabepflichtigen. Aus diesem errechnet sich der Reingewinn. Die Fremdenverkehrsabgabensatzung geht davon aus, daß besondere Vorteile nach den Mehreinnahmen berechnet werden können. Da hier nur an eine beispielhafte Aufzählung gedacht ist, „insbesondere", sind deshalb mögliche Abweichungen zwischen Reingewinn und Mehrreineinnahmen durch die Satzung gedeckt. Aus dem Umsatz errechnet sich der Reingewinn, aus dem dann im Wege der Schätzung die besonderen Vorteile aus dem Fremdenverkehr ermittelt werden. Die Fremdenverkehrsabgabe selbst beträgt schließlich 2 % des Meßbetrages.

---

30 Siehe dazu z.B. BayVerfGH, VGHE n.F. 4, 21, S. 26; 13, 109, S. 115; 32, 29; 34, 1 S. 6.

31 Diese Bestimmung regelt die Popularklage.

32 Siehe dazu z.B. BayVerfGH, VGH n.F. 8, 59, S. 66.

33 Die Beantwortung dieser Frage ist im letzten Teil sehr schwierig. Der Bearbeiter kann deshalb hier wertvolle Punkte sammeln. Sie hängt davon ab, ob die Nichtigkeit wegen eines Verstoßes gegen eine Bestimmung der Gemeindeordnung oder im Hinblick auf das Rechtsstaatsprinzip allein bejaht wurde. In jedem Falle hat die Nichtvorlage zur Folge, daß die Entscheidung des VG bezüglich der Nichtigkeitsfeststellung keine Allgemeinverbindlichkeit erhält. Sie bindet nur die Parteien dieses Prozesses — inter partes —, § 121 VwGO. Demgegenüber wirken die Entscheidungen des OVG (VGH) nach § 47 Abs. 6 S. 2 VwGO und des Landesverfassungsgerichts, Art. 45 BayVerfGHG, allgemeinverbindlich — inter omnes. Nach dem Bearbeitervermerk war die Problematik eines evtl. Verstoßes gegen die Vorlagepflicht nicht zu untersuchen. Auch ohne Kenntnis der Rspr. des BayVerfGH kann der letzte Teil dieser Frage selbständig beantwortet werden. Der Bearbeiter muß sich Klarheit über die Funktion der Verfassungsrechtsprechung und der Vorlagepflicht verschaffen. Das Entscheidungsmonopol des Verfassungsgerichts besteht aus Gründen der Rechtssicherheit und zur Wahrung der Autorität der Verfassung. Allerdings ist wie immer bei prozessualen Problemen der Grundsatz der Prozeßökonomie zu berücksichtigen, siehe dazu im einzelnen *Scholler/Broß*, Verfassungs- und Verwaltungsprozeßrecht, Rdnr. 638 ff. Dieser führt zu einer Beschränkung auf unmittelbare Verstöße gegen die Verfassung. Bei nur mittelbaren entfällt die Entscheidungserheblichkeit, ausführlich dazu BVerfGE 42, 42 ff.

Warum die Fremdenverkehrsabgabe nach einem solchen Verfahren ermittelt wird, liegt auf der Hand. Sie soll betragsmäßig möglichst gering sein, damit die finanzielle Belastung der Abgabepflichtigen nicht zu groß wird. Auf der anderen Seite kann nicht schlicht der Umsatz zugrunde gelegt werden (mit einem ‰-Satz daraus), weil sich dann die Problematik der Gleichartigkeit mit bundesgesetzlich geregelten Steuern (hier Umsatz- bzw. Mehrwertsteuer) stellt, Art. 105 Abs. 2a GG[34].

1. Kratzeder müßte eine Anfechtungsklage nach §§ 40, 42 Abs. 1, 2, 68 Abs. 1, 74 VwGO gerichtet auf Aufhebung des Fremdenverkehrsabgabenbescheides sowie des Widerspruchsbescheides vom 7. März 1983 erheben. Problematisch ist nach den Angaben im Sachverhalt allein die Zulässigkeit der vorgenommenen Schätzung. Anhaltspunkte für weitere Fragen, z.B. Berechnungsfehler, bestehen nach dem Sachverhalt nicht.

2. Für die Frage der Schätzung ist zunächst zu prüfen, ob die Fremdenverkehrsabgabe eine Gebühr, ein Beitrag oder eine Steuer ist[35]. Von dieser Einteilung hängt mit die Zulässigkeit der Schätzung ab.

Eine Gebühr beruht auf dem Grundsatz der Leistung und Gegenleistung. Daran fehlt es hier eindeutig. Die Abgabenpflichtigen benützen nicht eine von der Gemeinde Bad Bergen unterhaltene Einrichtung.

Keine eindeutige Abgrenzung ist dagegen zwischen Beitrag und (Zweck-)Steuer zu treffen. Steuern sind nach der üblichen Definition einmalig oder laufende Geldleistungen, die nicht eine Gegenleistung für eine besondere Leistung darstellen. Sie werden von einem öffentlich-rechtlichen Gemeinwesen allen, bei denen der gesetzliche Tatbestand erfüllt ist, zur Erzielung von Einkünften auferlegt[36]. Den Steuern fehlt also das Element der Gegenleistung völlig[37]. Anders verhält es sich bei der Fremdenverkehrsabgabe. Bei ihr tritt ein Element der Gegenleistung auf. Die Abgabenpflichtigen können Vorteile aus dem Fremdenverkehr ziehen. Das zeigt auch der vorliegende Fall. Der Geschäftsumfang des Kratzeder wäre geringer, wenn Bad Bergen kein Fremdenverkehrsort wäre. Bei der Fremdenverkehrsabgabe besteht also die abstrakte Möglichkeit einer Gegenleistung. Sie wird deshalb überwiegend als Beitrag angesehen[38].

---

34 Siehe im einzelnen dazu BVerfGE 40, 56; 44, 216; BVerfG, DVBl. 1984, 216.

35 Diese Ausführungen sind entbehrlich, wenn der Bearbeiter dazu schon Ausführungen in Teil 1 gemacht hat. Auf diese kann er dann verweisen.

36 Vgl. dazu z.B. § 3 Abs. 1 AO. S.a. *Gern*, NVwZ 1983, 451/456.

37 Vgl. hierzu z.B. OVGN-W, v. 17. 11. 1983 Nr. 2 B 2063/83; hessVGH, DVBl. 1983, 949; BayVGH v. 18. 1. 1984 Nr. 8 CS 83 A. 2895; s.a. BVerwG, DVBl. 1984, 192. Ausführl. BVerfG, DVBl. 1984, 216.

38 Siehe dazu z.B. BVerwG, DVBl. 72, 153; BayVerfGH, VGHE n.F. 13, 127, S. 130 f. Die ältere Auffassung in Bayern ging dahin, daß die Fremdenverkehrsabgabe eine Steuer sei, grundlegend BayVerfGH, VGHE n.F. 4, 181. Der Hauptgrund dürfte jedoch gewesen sein, daß die Fremdenverkehrsabgabensatzungen häufig auf Vorschriften der AO verweisen. Zum Problem der Prognose s. z.B. BVerwG, DVBl. 1983, 133. Die Kommunalabgabengesetze der Länder regeln meist ausdrücklich, daß die Fremdenverkehrsabgabe als Beitrag zu erheben ist, so z.B. Art. 6 des bayerischen Kommunalabgabengesetzes i.d.F.d. Bek. v. 4. 2. 1977 (GVBl. S. 82):
„Fremdenverkehrsbeitrag
(1) Gemeinden, in denen die Zahl der Fremdenübernachtungen im Jahr in der Regel das siebenfache der Einwohnerzahl übersteigt, können zur Deckung des gemeindlichen Aufwandes für die Fremdenverkehrsförderung von den selbständig tätigen, natürlichen und den juristischen Perso-

3. Kratzeder wendet sich dagegen, daß der Reingewinn geschätzt wird; er meint, dafür biete die Fremdenverkehrsabgabensatzung keine Anhaltspunkte. Es ist deshalb zu prüfen, ob diese eine solche Schätzung zuläßt.

Dabei ist davon auszugehen, daß die Fremdenverkehrsabgabensatzung ausdrücklich nur von einer Schätzung der besonderen Vorteile aus dem Fremdenverkehr spricht. Sie regelt dagegen nicht die Schätzung des Reingewinns. Somit fehlt für diese Schätzung in der Satzung ein Anhaltspunkt. Es ist aber weiter zu überlegen, ob diese Schätzung nicht deshalb zulässig ist, weil die Fremdenverkehrsabgabensatzung nichts über die Ermittlung des Reingewinns (bzw. der Mehreinnahmen) besagt, obwohl dieser als Hilfsgröße (neben dem Umsatz) zur Ermittlung der Fremdenverkehrsabgabe notwendig ist. Eine Auslegung der Satzung ist folglich erforderlich.

Wahrscheinlichkeits- anstelle von Wirklichkeitsmaßstäben werden allgemein (bei Steuern und Beiträgen) für zulässig erachtet, wenn die tatsächlichen Verhältnisse nur mit großem und unverhältnismäßigem Aufwand zu ermitteln sind[39]. Das ist hier hinsichtlich der besonderen Vorteile aus dem Fremdenverkehr zu bejahen. Bei der Ermittlung der besonderen Vorteile aus dem Fremdenverkehr müßte der Abgabenpflichtige bei Anlegung eines Wirklichkeitsmaßstabes[40] jeden Kunden danach fragen, ob er Fremder oder Ortsansässiger ist und bei Fremden zusätzlich nach dem Anlaß ihres Aufenthalts. Dieser muß ja nicht notwendig mit dem Fremdenverkehr zusammenhängen. Dieses Unterfangen wäre aussichtslos, da die Gemeinde selbst keine Möglichkeit hätte, die Richtigkeit der Angaben des Abgabenpflichtigen nachzuprüfen. Es müßten Kontrollen, umfangreiche Prüfungen u. ä. durchgeführt werden.

Aus diesen Gründen sieht die Satzung bezüglich der besonderen Vorteile des Abgabenpflichtigen aus dem Fremdenverkehr zutreffend eine Schätzung vor. Diese ist hier auch nicht willkürlich. Die Satzung knüpft die Schätzung an bestimmte Kriterien, die angemessen sind. Der Abgabenpflichtige hat also die Möglichkeit, die ihn treffende Abgabe in etwa zu berechnen. Die Belastung ist für ihn somit vorhersehbar[41].

4. Für die Schätzung des Reingewinns besteht dagegen im Hinblick auf die Ausführungen unter 3. kein Anlaß. Die Gemeinde geht vom tatsächlich erreichten Umsatz aus. Die Aufzeichnungen des Abgabenpflichtigen geben aber auch über den Reingewinn Aufschluß. Entgegen der Auffassung der Widerspruchsbehörde fällt deshalb für die Ermittlung des tatsächlich erzielten Reingewinns kein großer Verwaltungsaufwand an. Vielmehr lassen sich Umsatz und Reingewinn in einem Arbeitsgang feststellen.

---

nen, denen durch den Fremdenverkehr im Gemeindegebiet unmittelbar oder mittelbar wirtschaftliche Vorteile erwachsen, einen Fremdenverkehrsbeitrag erheben.
(2) Die Abgabe bemißt sich nach den besonderen wirtschaftlichen Vorteilen, die dem einzelnen Abgabepflichtigen aus dem Fremdenverkehr erwachsen."

39 Siehe im einzelnen dazu *Scholler/Broß*, Kommunalrecht, § 4 III, 10 II; BayVGH, BayVBl. 1981, 116.

40 Vgl. dazu BayVGH, VGHE n.F. 18, 23, S. 24; BayVGH, DVBl. 1982, 904 Nr. 288.

41 Siehe dazu BVerfGE 19, 253, S. 267;
In der Praxis gilt das aus einem anderen Grunde in noch stärkerem Maße, weil die Mehrzahl der Gemeinden in einer Anlage zur Fremdenverkehrsabgabensatzung die Vorteilssätze für die einzelnen Gruppen von Abgabepflichtigen mit Rahmensätzen feststellen. Soweit die Abgabenordnung anzuwenden ist, gilt für die Schätzung von Besteuerungsgrundlagen § 162 AO 1977.

Dagegen läßt sich das zweite Argument der Widerspruchsbehörde nicht ohne weiteres widerlegen. Sie vertritt offenbar die Auffassung, der Reingewinn sei bei allen Abgabenpflichtigen zu schätzen, damit unabhängig von individuellen Besonderheiten eine gleichmäßige (prozentuale und nicht betragsmäßige) Belastung der Abgabenpflichtigen erzielt wird. Diese Gleichmäßigkeit der Beitragsfestsetzung widerspricht jedoch Art. 3 Abs. 1 GG[42]. Anknüpfungspunkt für die Festsetzung der Fremdenverkehrsabgabe sind die konkreten Verhältnisse des Abgabenpflichtigen[43].

Hat der Bearbeiter die Fremdenverkehrsabgabe als Steuer eingestuft, dann ist noch mehr auf die konkreten Verhältnisse abzustellen und deshalb die Schätzung des Reingewinns in jedem Falle ausgeschlossen. Die hier vorgenommene Pauschalierung läßt die Auswirkungen eines unterschiedlichen Geschäftsumfanges oder einer besonderen Unternehmensstruktur auf den Gewinn völlig außer Betracht. Schließlich stehen bei der Pauschalierung die Vorteile nicht mehr in einem Abhängigkeitsverhältnis zu den tatsächlichen Verhältnissen des einzelnen Abgabenpflichtigen. Damit könnte man auch einen Verstoß gegen das Äquivalenzprinzip bejahen[44].

Die Klage des Kratzeder hätte also Aussicht auf Erfolg.

Teil 3:

Die Problematik der beiden Fälle ist insofern identisch, als es sich um eine rückwirkende Belastung handelt. Trotzdem können sie nicht zusammen erörtert werden. Es bestehen Unterschiede, die auf der verschiedenen Ausgangslage beruhen. In beiden Fällen ist die sog. echte Rückwirkung angesprochen. Der Veranlagungszeitraum 1982 ist mit dem 31. Dezember 1982 abgeschlossen[45].

1. Im Falle des *Lugginger* stellt sich die Frage nach der Rechtskraftwirkung des verwaltungsgerichtlichen Urteils, § 121 VwGO. Es ist also zu prüfen, ob die Gemeinde durch das Urteil des VG gehindert ist, einen neuen Abgabenbescheid gegen Lugginger zu erlassen. Auszugehen ist dabei von der Wirkung der Rechtskraft. Sie geht und bindet damit die Gemeinde nur insoweit, als das Gericht den Bescheid mißbilligt hat. Im vorliegenden Fall hat die Gemeinde mit ihrem neuen Bescheid dem Urteil des VG gerade in diesem Punkt Rechnung getragen. Dem Erlaß des Bescheides steht also nichts im Wege[46].

2. Die neue Fremdenverkehrsabgabensatzung wurde mit rückwirkender Kraft erlassen. Es stellt sich deshalb die Frage nach der Zulässigkeit einer Rückwirkung belastender Gesetze. Diese ist zulässig, wenn der Betroffene mit der Belastung rechnen mußte[47]. Hier liegen die Dinge allerdings etwas anders. Salvermoser hatte mit seinem Rechtsbehelf Erfolg. Er wird sich deshalb um diesen Erfolg gebracht sehen. Die Rechtsprechung mißt diesem Umstand gleichwohl keine Bedeutung bei. Sie verneint

42 Vgl. dazu BVerwG, DVBl. 1972, 153 in einem ähnlichen Fall.
43 Zu diesem Punkt könnte man auch die gegenteilige Auffassung vertreten.
44 Vgl. dazu z.B. HessVGH, DVBl. 1973, 956; BayVGH, BayVBl. 1971, 387; 1982, 594.
45 Vgl. dazu BVerwG, DVBl. 1970, 901; s.a. BVerfGE 62, 117; 60, 16; 57, 361; 51, 356. Ausführl. *v. Mutius*, VerwArch. 70 (1979), 73 ff. und BVerfGE 64, 208.
46 Siehe dazu *Eyermann/Fröhler*, § 121, Rdnr. 19 ff.; *Scholler/Broß*, Kommunalrecht, § 6 IV 3; *Scholler/Broß*, Verfassungs- und Verwaltungsprozeßrecht, Rdnr. 616 ff.
47 Siehe dazu BVerfGE 19, 187, S. 197; BVerwG, DVBl. 1976, 942; DÖV 1983, 941.

in diesen Fällen einen Vertrauensschutz. Der Abgabenpflichtige könne nicht damit rechnen, daß die Gemeinde nicht unter Vermeidung des gerügten Fehlers eine neue Satzung für den fraglichen Zeitraum erlasse. Ferner wird durch diese Satzung keine erhöhte finanzielle Belastung eingeführt und auch keine Abgabenbefreiung aufgehoben[48].

Die Bescheide gegen Lugginger und Salvermoser sind deshalb zu Recht ergangen.

48 Siehe im einzelnen dazu *Scholler/Broß*, Kommunalrecht, § 6 IV; BVerfGE 62, 117; 60, 16; 57, 361; 51, 356; 64, 208. Die Rspr. des BVerwG zum Erschließungsbeitragsrecht ist als zu weitgehend abzulehnen, z.B. DVBl. 1982, 544. Sie steht mit den dargelegten rechtsstaatlichen Grundsätzen nicht in Einklang. S.a. BVerwG, DÖV 1983, 940.

Fall 2 „Goldgräber“

Verfahrensrecht: Leistungsklage — Rechtsschutzbedürfnis — Feststellungsklage

Materielles Recht: Kommunalrecht — Zuständigkeit der Gemeindevertretung — Abgrenzung der verschiedenen Bereiche einer möglichen Tätigkeit der Gemeinde — Beamtenrecht — Schadensersatzanspruch gegen Bürgermeister — mitwirkendes Verschulden — Veräußerung von Gemeindevermögen

Entscheidungen: BVerwG, U. v. 24. 6. 1966, BVerwGE 24, 225; U. v. 28. 9. 1967, BVerwGE 28, 1; U. v. 25. 3. 1968, BVerwGE 29, 166; BGH, U. v. 30. 1. 1967, BGHZ 47, 30; U. v. 3. 3. 1977, NJW 1977, 1148;
OVG Rh.-Pf., U. v. 18. 9. 1979, DVBl. 1980, 767

I. Sachverhalt

Ein namhaftes Unternehmen der Petrochemie beabsichtigt, in C eine Ölraffinerie zu errichten. Um den Gemeindevertretern einen Eindruck von einem Raffineriebetrieb zu verschaffen, lud es einige Mitglieder der Gemeindevertretung zur Besichtigung einer bereits arbeitenden Raffinerie ein. Im Anschluß daran billigte die Gemeindevertretung einhellig die Ansiedlung der Raffinerie. Das Unternehmen (X) wollte das benötigte Land nicht selbst ankaufen, um ein Steigen der Grundstückspreise zu verhindern. Vielmehr sollte die Gemeinde C die Grundstücke beschaffen. Dazu schlossen X und C einen Vertrag, der u.a. bestimmte, daß die Grundstücke nur bis DM 4,50/qm kosten dürften und die Gemeinde für ihre Bemühungen DM 50000,— erhalten sollte. Der Gemeinde war ausdrücklich die Möglichkeit eröffnet, für die Landbeschaffung einen Makler einzuschalten. Sie machte davon Gebrauch und beauftragte den M durch Beschluß der Gemeindevertretung, die für die Ansiedlung der Raffinerie erforderlichen Grundstücke zu beschaffen. Die Gemeinde C erteilte dem M folgende „Amtsbescheinigung“:

„Hieramts wird bescheinigt, daß Herr M mit Beschluß der Gemeindevertretung vom ... zum Landankauf für die zu errichtende Ölraffinerie in C ermächtigt ist.“

Siegel gez. Z
1. Bürgermeister

Außerdem stellte die Gemeinde C dem M im Rathaus einen Raum für die notarielle Beurkundung der Grundstückskaufverträge zur Verfügung.

Am 30. Juni 1980 schlossen X und die Gemeinde C eine weitere Vereinbarung, nachdem Grundeigentümer auch direkt X Grundstücke zum Erwerb angeboten und dieses von den Angeboten Gebrauch gemacht hatte. Die Gemeinde C hatte X Grundstücke mit einer Fläche von 1000000 qm verschafft. Dazu wurden DM 4500000,— als Kaufpreis benötigt. Da sie bereits eine Abschlagszahlung in Höhe von DM 1500000,— erhalten hatte, überwies ihr X noch einen Restbetrag in Höhe von DM 3000000,—.

Sie überwies den Betrag auf ein von ihr zugunsten von C eingerichtetes Sonderkonto. Dessen Bezeichnung lautete:

X, Sonderkonto Gemeinde C.

verfügungsberechtigt ist allein Gemeinde C, vertreten durch den 1. Bürgermeister Z.

Die Handschriftenproben weisen als allein zeichnungsberechtigten den 1. Bürgermeister Z aus. Die Gemeindevertretung stimmte der Vereinbarung vom 30. Juni 1980 am selben Tag zu. Von der Eröffnung des Bankkontos hatte sie keine Kenntnis.

Auf Veranlassung der zuständigen Aufsichtsbehörde wurde in der Gemeinde C im Herbst 1980 eine Kassenprüfung durchgeführt, die sich bis zum Frühjahr 1981 hinzog. Dabei wurden gravierende Mängel in der Abrechnung und in der Kassenführung festgestellt. Es wurde ein Fehlbetrag entdeckt, dessen Höhe zunächst nicht genau zu beziffern war. Allmählich belief er sich auf DM 500000,—. Belege waren nur zum Teil vorhanden. Nach den Beobachtungen der Leute hatte Z in der fraglichen Zeit immer sehr große Barbeträge bei sich, um bei sich bietender Gelegenheit die Grundstücksgeschäfte sofort „fest zu machen". Darauf hatte er offenbar Anzahlungen ohne Quittung geleistet. Im übrigen wurde festgestellt, daß die Gemeinde C selbst Grundstücke, zum Teil direkt und zum Teil zum Tausch, in das Raffineriegeschäft mit eingebracht hatte. Dabei wurde eine Bestandsminderung der gemeindlichen Grundstücke um 800 qm festgestellt. Insgesamt hatte sie Flächen mit zusammen 19300 qm abgegeben und Flächen mit zusammen 18500 qm, die über das gesamte Gemeindegebiet zerstreut lagen, erhalten. Die Gemeindevertretung hatte den Grundstücksgeschäften jeweils zugestimmt.

Aufgrund dieser Feststellungen erhob die Gemeinde C im Herbst 1981 Klage gegen ihren 1. Bürgermeister und beantragte, ihn zur Zahlung von DM 500000,— nebst 4 % Zinsen hieraus seit Klagezustellung an die Klägerin zu verurteilen.

Sie trug vor, der Beklagte habe als 1. Bürgermeister die auf die Konten der Gemeinde gezogenen Schecks bzw. von diesen getätigten Überweisungen oder Barzahlungen selbst unterzeichnet oder angewiesen. Er habe über diese Konten zu Lasten der Klägerin verfügt und ihr dadurch Schaden zugefügt. Der Beklagte habe es unterlassen, sich jeweils darüber zu versichern, ob und gegebenenfalls in welcher Höhe überhaupt Auszahlungen der Klägerin in den einzelnen Fällen hätten erfolgen dürfen. Hätte er entsprechend der ihm obliegenden Verpflichtung die dabei erforderliche Mindestsorgfalt walten lassen, wäre es nicht zu den von der Klägerin ohne Rechtsgrund geleisteten Überzahlungen gekommen.

Die Prüfung hätte 25 Schecks über einen Gesamtbetrag von DM 500000,— festgestellt, die sich im Rahmen der Gesamtabrechnung der Landbeschaffung nicht hätten unterbringen lassen. Die Schecks hätten lediglich den Vermerk M getragen. Sie habe diesen Betrag zwar auch gegen M eingeklagt und in der genannten Höhe obsiegende Urteile erstritten. Allerdings habe sie von M bisher nichts erhalten und könnte nach dessen Einkommen — wenn überhaupt — nur monatliche Raten in Höhe von DM 200,— erwarten, so daß gar nicht abzusehen sei, bis wann der Fehlbetrag gedeckt sei.

Der Beklagte beantragte die Abweisung der Klage. Er hat Bedenken, ob es sich bei den Geldern auf dem genannten Konto um Gelder der Klägerin handele. Im übrigen verneinte er eine grobe Fahrlässigkeit. Man könne ihm allenfalls leichte Fahrlässigkeit zur Last legen. Die gesamten Vorgänge seien nur unter den besonderen Umständen der damaligen Zeit zu verstehen. Es habe „Goldgräberstimmung“ in C geherrscht; rechtliche Erwägungen seien dahinter zurückgetreten.

Das Verwaltungsgericht lud das Unternehmen X zum Verfahren bei.

Im Rahmen der Beweisaufnahme werden die Angaben der Gemeinde C über die Höhe des Defizits bestätigt.

Vermerk:

Teil 1:

Die Entscheidungsgründe des Urteils des VG sind zu entwerfen! Auf die Entscheidung über die Kosten und Vollstreckbarkeit ist nicht einzugehen!

Teil 2:

Wie ist die Sach- und Rechtslage zu beurteilen, wenn X den Betrag von DM 3 000 000,— nicht auf ein von X errichtetes Sonderkonto, sondern auf ein schon lange bestehendes Konto der Gemeinde C überwiesen hat?
Tenor und Entscheidungsgründe des Urteils des VG sind zu entwerfen!

II. Literatur zum Sachgebiet

Scholler/Broß, Grundzüge des Kommunalrechts in der Bundesrepublik Deutschland, 3. Aufl., 1984; *Schmidt-Jortzig*, Kommunalrecht, 1982; *Broß*, Haftung der Kommunen, Handbuch der kommunalen Wissenschaft und Praxis, Bd. 3, § 68, 1983; *Palandt*, Kommentar zum BGB, 43. Aufl., 1984.

III. Methodische Einführung

Nach dem Bearbeitervermerk ist für beide Teile der Aufgabe die Entscheidung des VG zu fertigen. Die Lösung muß also dem Urteilsstil folgen.

Im Teil 2 ist zusätzlich der Tenor zu entwerfen; der Bearbeiter muß deshalb genau lesen: er verliert zum einen wertvolle Zeit, wenn er Fragen beantwortet, die nicht gestellt sind, und zum anderen hebt es nicht das Vertrauen in die Sorgfalt seiner Arbeit. Von der Aufgabenstellung her liegt wegen des SV der seltene Fall vor, daß Teil 2 nicht nur eine Alternative zeigt, sondern beide Aufgabenteile trotz des engen thematischen Zusammenhangs zu völlig verschiedenen Lösungen führen. Es wäre deshalb verhängnisvoll, von der Lösung des einen Aufgabenteils auf die des anderen zu schließen, was in der Regel möglich ist. Es besteht hier nicht nur die Möglichkeit, sondern erleichtert das Finden der Lösung, wenn man bei der Vorüberlegung beide Aufgabenteile zusammen behandelt.

1. Die erste Grundfrage ergibt, daß die Entscheidung des VG nicht vollständig zu entwerfen ist. Zu Teil 1 sind Rubrum, Tenor, Tatbestand und die Nebenentscheidungen erlassen, zu Teil 2 sind nur die Entscheidungsgründe sowie der Tenor zu fertigen. Bei dem Umfang des Falles wäre es dem Bearbeiter nicht möglich, die Entscheidung vollständig zu entwerfen. Allerdings muß auch hier der Bearbeitervermerk genau gelesen werden; denn die Nebenentscheidungen über Kosten und Vollstreckbarkeit sind zu Teil 2 nicht erlassen. Hier schleichen sich erfahrungsgemäß Ungenauigkeiten ein. Auf der anderen Seite ist zu überlegen, warum bei der Lösung des Teils 2 auf diese Nebenentscheidungen Wert gelegt wird. Hätte die Klage vollen oder gar keinen Erfolg, wäre die Bearbeitung zumindest der Kosten ohne Reiz. Eine solche Fragestellung kann deshalb ein Indiz dafür sein, daß der Klage nur zum Teil zu entsprechen ist.

2. Die zweite Grundfrage nach den Interessen der Beteiligten bietet keine Schwierigkeiten. Die Gemeinde C möchte den Prozeß gewinnen, um möglichst das Defizit in ihrer Kasse voll abdecken zu können. Z dagegen möchte nichts oder möglichst wenig bezahlen. Ihm kann deshalb, was wegen der Beweislage erheblich ist, kaum daran liegen, den SV vollständig aufzuklären. Er wird deshalb wenig Angaben machen, so daß die Frage der Beweiswürdigung ein zentrales Problem ist. Der Bearbeiter hat es hier insoweit leichter, als der SV komplett mitgeteilt wird und eine weitere Aufklärung nicht möglich ist. Die Nichterweislichkeit in dem einen oder anderen Punkt ist deshalb nach den allgemeinen Beweislastregeln zu beurteilen[1].

3. Die dritte Grundfrage führt zu einigen schwierigen Problemen des Falles. Die Aufgabe hat allerdings insoweit den Vorzug, als eine ganz bestimmte Lösung nicht erwartet wird, da viele Wertungen zu treffen sind. Allerdings darf sich der Bearbeiter dadurch nicht verführen lassen und allgemeine oder rechtspolitische Überlegungen anstellen: zu entscheiden ist nur der vorliegende Fall.

Anhaltspunkte für die erheblichen Fragen ergeben sich vor allem aus der Klageschrift und der Erwiderung des Z. Folgende Punkte fallen auf:

1. Vertrag der Gemeinde C mit X
2. Einbringung eigener Grundstücke durch die Gemeinde C.
3. Einschaltung des M.; die besonderen Umstände, Amtsbescheinigung, Raum im Rathaus für Beurkundung.
4. Vereinbarung mit X über Restabfindung.
5. Einrichtung des Kontos durch X
6. Verstoß des Z gegen Vorschriften des Haushalts-, Kassen- und Rechnungswesens.
7. Grad des Verschuldens des Z und mitwirkendes Verschulden der Gemeinde C.

Für beide Teile der Aufgabe ist die Aktivlegitimation der klagenden Gemeinde C relevant. Waren es nicht ihre Gelder, die ohne Nachweis verschwunden sind, kann sie auch nicht geschädigt sein. Die Klage wäre dann als unbegründet abzuweisen (nicht als unzulässig!). Außerdem muß untersucht werden, ob der Fehlbetrag in der Gemeindekasse entstanden ist oder außerhalb; im letzteren Fall könnte nämlich ein

1 Siehe dazu *Scholler/Broß*, Verfassungs- und Verwaltungsprozeßrecht, Rdnr. 633.

Schaden der Gemeinde nur dann entstehen, wenn sie von X aufgrund des zwischen ihnen geschlossenen Vertrages in Anspruch genommen wird. X wollte mit der Schlußzahlung von DM 3000000,— ihre Verpflichtungen gegenüber der Gemeinde aus den Grundstücksgeschäften erfüllen, nicht dagegen die Gemeinde bereichern. Wenn also die Gesamtaufwendungen für die Grundstücksbeschaffung weniger betragen als der überwiesene Betrag, ist die Gemeinde C erst und nur dann geschädigt, wenn sie von X für den Fehlbetrag belangt wird.

Einen Hinweis erhält der Bearbeiter am Schluß des SV, der ihn auf diese Problematik aufmerksam macht. Das VG hat X zum Verfahren beigeladen. Diese Beiladung war deshalb erforderlich, weil die Frage, wer Inhaber des Kontos ist, geklärt werden muß, aber auch, ob X die Gemeinde C für einen etwa entstandenen Fehlbetrag in Anspruch nehmen wird[2].

Daß an Z etwas hängen bleiben wird, kann der Bearbeiter den Angaben über die Zusammenarbeit mit M und sein eigenes Verhalten entnehmen. Beide Angaben scheinen zunächst unabhängig voneinander zu sein. Sie sind aber nur dann sinnvoll, wenn der Gemeinde C ein Anspruch gegen Z zusteht, weil sonst die ganzen Hinweise auf ein Verschulden des Z überflüssig wären. Schließlich enthält der SV noch Hinweise für ein Mitverschulden der Gemeinde C; denn die Gemeindevertretung hat mehrere Beschlüsse gefaßt, die das Vorgehen des Z erleichtert haben.

Die zuletzt angeschnittenen Fragen spielen hauptsächlich in Teil 2 eine Rolle, weil dort das Geld auf ein Konto der Gemeinde C überwiesen wurde und deshalb die Frage der Aktivlegitimation in den Hintergrund tritt.

Damit liegt die Prüfungsreihenfolge fest:

1. Anspruchsgrundlage gegen Z.
a) Wer ist Inhaber des Bankkontos, auf das X das Geld überwiesen hat?
b) Ist C ein Schaden entstanden?

2. Minderung der Schadensforderung
a) nach dem Grad des Verschuldens des Z.
b) durch mitwirkendes Verschulden der Gemeinde durch entsprechende Beschlüsse ihrer Gemeindevertretung im Zusammenhang mit der Ansiedlung der Raffinerie.

2 Im Ausgangsfall hatte das Gericht tatsächlich den Eindruck, in C habe, wie auch Z ausführt, „Goldgräberstimmung" geherrscht. Aus diesem Grunde drängte sich die Beiladung von X geradezu auf, weil das Unternehmen einen nicht unerheblichen Beitrag zu dieser Situation geleistet hatte. Auf der anderen Seite wäre es unbillig gewesen, Z alleine auf einem etwa entstandenen Schaden sitzen zu lassen, da die Gemeindevertretung selbst erheblich für die Vorgänge mit verantwortlich war. Ein Vergleich wird deshalb der Problematik am ehesten gerecht. Im Ausgangsfall wurde ein Vergleich geschlossen.

IV. LÖSUNG

Teil 1:

Tatbestand

— erlassen —[3]

Entscheidungsgründe

I.

Die Klage ist als Leistungsklage gemäß §§ 40 Abs. 1, 43 Abs. 2 S. 1, 45, 52 Nr. 5, 81 und 82 VwGO zulässig[4].

Die Klägerin hat für die erhobene Leistungsklage ein Rechtsschutzbedürfnis, da sie aufgrund der bestehenden Sach- und Rechtslage nicht verpflichtet war, einen auf Art. 49 Abs. 1 des Gesetzes über kommunale Wahlbeamte (KWBG) gestützten Leistungsbescheid gegen den Beklagten zu erlassen[5]. Während überwiegend das Rechtsschutzbedürfnis des Dienstherrn für eine Leistungsklage gegen den Beamten z.B. zur Rückforderung überzahlter Dienstbezüge verneint wird, gilt die allgemeine Meinung, der Dienstherr könne einen durch eine Dienstpflichtverletzung seines Beamten entstandenen Schaden durch Leistungsbescheid geltend machen, nicht unangefochten.

Für diese Fälle wird zum Teil geltend gemacht, die Zuordnung des Schadensersatzanspruchs des Dienstherrn wegen Dienstpflichtverletzung des Beamten zum Über-Unterordnungsverhältnis, auf dem das Beamtenverhältnis beruhe, sei noch nicht überzeugend begründet[6]. In Fällen wie dem hier zu entscheidenden ist ein Rechtsschutzbedürfnis des Dienstherrn für die Erhebung einer Leistungsklage für die von ihm geltend gemachten Ansprüche im Hinblick auf die neuere Rechtsprechung des BVerwG[7] schon allein deshalb zu bejahen, weil der Beklagte innerhalb und außerhalb des Prozesses deutlich zu erkennen gegeben hatte, daß er eine Dienstpflichtverletzung

3 Ist ein Tatbestand zu fertigen, empfiehlt es sich wegen des besseren Verständnisses für den Leser, diesen etwa mit folgendem Satz zu beginnen: Die Klägerin macht gegen den Beklagten einen Schadensersatzanspruch nach Art. 49 KWBG geltend, weil er im Zusammenhang mit der Landbeschaffung für die X-Raffinerie schuldhaft ihm obliegende Pflichten verletzt und ihr dadurch einen Schaden zugefügt habe. Im folgenden wird Art. 49 des bayerischen Gesetzes über kommunale Wahlbeamte (KWBG) in der Fassung der Bekanntmachung vom 19. November 1970 (GVBl. S. 616, ber. 1971, S. 93) zugrunde gelegt. Vergleichbare Vorschriften enthalten die entsprechenden Gesetze aller Länder.
Art. 49 Abs. 1 KWBG lautet:
„Haftung bei Amtspflichtverletzung
(1) Verletzt ein Beamter schuldhaft die ihm obliegenden Pflichten, so hat er dem Dienstherrn, dessen Aufgaben er wahrgenommen hat, den daraus entstandenen Schaden zu ersetzen. Hat der Beamte seine Amtspflicht in Ausübung eines ihm anvertrauten öffentlichen Amtes verletzt, so hat er dem Dienstherrn den Schaden nur insoweit zu ersetzen, als ihm Vorsatz oder grobe Fahrlässigkeit zur Last fällt ..."

4 Da hinsichtlich der Klagemöglichkeit in diesen Fällen Streit herrscht, ist es angezeigt, die Klageart in einem einleitenden Satz zu umschreiben.

5 Das Rechtsschutzbedürfnis ist für eine solche Klage nicht allgemein anerkannt. Aus diesem Grunde sind eingehende Ausführungen erforderlich, vgl. dazu Fn. 6 und 7. Da der Sachverhalt zu den übrigen Zulässigkeitsvoraussetzungen keine wesentlichen Angaben enthält und sie offensichtlich unproblematisch sind — Form und Frist —, sind sie nicht zu erörtern.

6 Vgl. z.B. *Bachof*, JZ 1966, 60; BVerwGE 24, 225, S. 228.

7 BVerwGE 28, 1, S. 4 und 9.

nicht zugebe und deshalb auch keinen Schadensersatz leisten werde. Aus den genannten Gründen hat die Klägerin ein berechtigtes Interesse daran, im Wege der Leistungsklage die Sach- und Rechtslage umfassend klären zu lassen und ein von vornherein aussichtsloses Verwaltungsverfahren, eingeleitet durch einen Leistungsbescheid gegen den Beklagten, zu vermeiden[8].

II.

Die Klage ist jedoch unbegründet, weil der Beklagte der Klägerin keinen Schaden zugefügt hat, der einen Schadensersatzanspruch der Klägerin nach Art. 49 Abs. 1 KWBG hätte entstehen lassen können. Die Klägerin war nicht Gläubigerin der sich aus dem Konto ergebenden Forderungen. Ein Schadensersatzanspruch der Kontoinhaberin X ist aber unter allen rechtlichen Gesichtspunkten ausgeschlossen[9].

1.[10] Die Klägerin war nicht Gläubigerin der sich aus dem als „Sonderkonto" bezeichneten Konto ergebenden Forderungen. Dieses Konto wurde von der Beigeladenen eröffnet und für eigene Rechnung unterhalten.

Es handelte sich dabei vor allem nicht um ein Treuhandkonto, weil X dieses Konto nicht im Rahmen eines rechtsgeschäftlich begründeten Treuhandverhältnisses eröffnet hat. Ein auf dieser Grundlage tätig werdender Treuhänder handelt im fremden Interesse, aber im eigenen Namen. Er nimmt den Vermögensgegenstand in seine Obhut und übt daran in zweckgebundener Weise eine Verwaltungs- und Verfügungsbefugnis aus. Ihm ist das Treugut zu vollem Recht übertragen. Er wird bei Sachen deren Eigentümer und bei Forderungen und Rechten deren Inhaber. Allerdings gehört wirtschaftlich das Treugut zum Vermögen des Treugebers. Das würde vorliegend die rechtliche Beurteilung nicht beeinflussen; denn dieses wirtschaftliche Eigentum hat vor allem Bedeutung im Konkurs und bei der Zwangsvollstreckung gegen den Treuhänder.

Voraussetzung für die Begründung eines Treuhandverhältnisses ist aber nach h.M., daß eine entsprechende Vereinbarung über das Treuhandverhältnis getroffen wird[11]. Eine „aufgedrängte" Treuhand gibt es also nicht.

Diese Voraussetzungen für die Begründung eines Treuhandverhältnisses sind hier nicht erfüllt. Kann schon fraglich sein, ob X den Willen hatte, mit der Klägerin ein Treuhandverhältnis für dieses Konto zu begründen, so fehlen jedenfalls auf ihrer Seite alle Anhaltspunkte für einen solchen Willen. Die Eröffnung des genannten Kontos ist im Zusammenhang mit der Vereinbarung vom 30. Juni 1980 zu sehen. In ihr kamen die Klägerin und die beigeladene X überein, daß X zur Abgeltung aller Kaufpreisforderungen aus den Grundstückskaufverträgen im Zusammenhang mit der Landbe-

---

8 Siehe dazu weiter BayVGH, BayVBl. 1973, 183, S. 184; BVerwGE 29, 166, S. 171; 44, 85; nach allg. M. steht dem Dienstherrn in solchen Fällen ein Wahlrecht zu, aus neuerer Zeit z.B. BayVGH v. 22. 12. 1982 Nr. 3 B 82 A 400. Die Frage wird in den einschlägigen Entscheidungen in der Regel nicht erörtert, BVerwG, DÖV 1983, 897 u. 898.

9 Vor allem bei umfangreichen Urteilen empfiehlt es sich, zu Beginn der Entscheidungsgründe die wesentlichen Gesichtspunkte zusammenzufassen. Das erleichtert dem Leser die Lektüre.

10 Eine Unterteilung der Entscheidungsgründe durch entsprechende Nummern ist bei langen Urteilen oder solchen mit Ansprüchen, Einwendungen etc. wichtig. Sie dient auch der Selbstkontrolle!

11 Siehe dazu z.B. *Erman/Westermann*, Handkommentar zum Bürgerlichen Gesetzbuch, Bd. 1, Vorbem. 3 vor § 164; *Palandt-Heinrichs*, Kommentar zum BGB, 43. Aufl., 1984, Einf. 3 vor § 164.

schaffung für die Raffinerie an die Klägerin noch DM 3000000,— zu bezahlen habe. Damit sollten alle noch etwa nicht erfüllten Forderungen der Klägerin gegen X abgegolten sein. Dementsprechend hatte die Gemeindevertretung von C der Vereinbarung noch in ihrer Sitzung am 30. Juni 1980 zugestimmt und bestätigt, daß alle Kaufpreisforderungen aus den Grundstückskaufverträgen mit der Überweisung des genannten Betrages erledigt seien und deshalb keine weiteren Forderungen an X gestellt würden.

Darin erschöpfte sich der Wille der Parteien. Weder der Vereinbarung noch dem dazu ergangenen Beschluß der Gemeindevertretung ist der Wille zu entnehmen, für den genannten Betrag ein Konto zu eröffnen, das allein der Auszahlung dieser Gelder dienen sollte. Es wäre im Gegenteil naheliegend gewesen, im Hinblick auf die Vereinbarung den Betrag auf die schon bestehenden Konten der Gemeinde zu überweisen[12].

Hinzu kommt, daß die Vereinbarung vom 30. Juni 1980 alle Merkmale eines Saldoanerkenntnisses erfüllt. Trotzdem war es der Klägerin nicht möglich, die über das Konto abgewickelten Geschäfte zu kontrollieren; denn X hatte als Errichtende die Verfügungsbefugnis über das Konto und damit über die dort durchlaufenden Gelder allein dem Beklagten eingeräumt. Die Klägerin konnte also in dieser Richtung überhaupt nichts unternehmen. Nach den einschlägigen kommunalrechtlichen Vorschriften[13] hätte deshalb X das Sonderkonto zugunsten der Gemeinde C eröffnen und es ihr im Innenverhältnis überlassen müssen, wer zeichnungsberechtigt ist.

Aufgrund der gewählten Konstruktion wurden die in den gesetzlichen Bestimmungen vorgesehenen Sicherungen gegen einen Mißbrauch umgangen[14]. Das Gericht geht deshalb davon aus, daß der Beklagte bei den dieses Konto betreffenden Geschäften nicht mehr als Organ der Klägerin, sondern als Beauftragter von X gehandelt hat. Er ist im Zusammenhang mit diesen Geschäften nicht nur in die Einflußsphäre von X geraten, sondern gleichsam in ihren Betrieb integriert worden. Er hat Geschäfte getätigt, die in diesem Umfang und ihrer wirtschaftlichen Bedeutung nach üblicherweise von eigenen Arbeitnehmern wahrgenommen werden[15].

---

12 Der Bearbeiter muß hier anhand des Sachverhalts eine Beweiswürdigung vornehmen. Das erfordert Übersicht und eine praxisnahe Denkweise. S. dazu und zum folgenden VGH B-W, NVwZ 1983, 482 ff. Im übrigen kommt hier hinzu, daß hinsichtlich der Kassenführung und Errichtung von Konten der Gemeinden besondere Vorschriften bestehen, siehe dazu unten.

13 Über das Verhältnis von Gemeindevertretung zur Gemeindeverwaltung siehe *Scholler/Broß*, Kommunalrecht, § 7 III und IV. S. hierzu a. BGH, NJW 1984, 606.

14 Hierzu im einzelnen *Scholler/Broß*, Kommunalrecht, § 9 IV. Sie bestimmen u.a., daß den Bürgermeistern — der Verwaltungsspitze — die Führung gemeindlicher Kassen untersagt ist. Sie dürfen auch nicht vorübergehend eine gemeindliche Kasse verwalten oder anstelle des Kassenverwalters Kassengeschäfte vornehmen. Außerdem dürfen nach diesen Vorschriften der Kassenverwalter, sein Stellvertreter und die sonstigen Bediensteten der Gemeindekasse, die an der Ausführung der Kassenanordnungen beteiligt sind, keine Anordnungsgeschäfte wahrnehmen. Hier hatte der Beklagte aber infolge der Ausgestaltung der Verfügungsbefugnis Anordnungs- und Kassengeschäfte in einer Person wahrnehmen können. Er allein konnte die Schecks zeichnen und entsprechende Anweisungen vornehmen, während die Klägerin und ihre sonst berufenen Organe und die für Kassengeschäfte bestimmten Bediensteten von jeder Einwirkung ausgeschlossen waren.

15 Im Ausgangsfall wurde diese Annahme noch durch einen zwischen X und Z geschlossenen weiteren Vertrag bestätigt. In ihm hatte es der Bürgermeister übernommen, noch zusätzlich von X benötigtes Land zu beschaffen. Nach dieser Vertragsgestaltung wurde er deutlich erkennbar als Privatperson im Auftrag und im Interesse von X tätig. Außerdem wurden auch die diesbezüglichen Geldgeschäfte, die mit der Gemeinde C nichts mehr zu tun hatten, über das oben genannte Konto abgewickelt.

Da die Klägerin nicht Inhaberin des Kontos war, konnte sie auch keine Forderung gegen das Bankinstitut erwerben. Der Beklagte konnte ihr deshalb hinsichtlich dieser Geschäfte keinen Schaden zufügen[16].

2. Im übrigen wäre selbst dann kein Schadensersatzanspruch von X gegen die Klägerin, der allein zu einem Schaden für sie führen könnte, denkbar, wenn man annehmen wollte, das Konto sei ihr Konto und sie deshalb Gläubigerin der sich hieraus ergebenden Forderungen[17].

a) Der Vertrag zwischen X und der Gemeinde C über die Beschaffung von Land für die Ansiedlung einer Raffinerie in C ist wirksam. Obwohl die Klägerin in diesem Vertrag die Verpflichtung übernommen hatte, für die Landbeschaffung auch eigene Grundstücke einzubringen, liegt eine Vergabung von Gemeindevermögen im Sinne der Verfassung[18] nicht vor. Ihrem Sinn und Zweck nach möchte diese Verfassungsbestimmung verhindern, daß die Gemeinden Vermögen unter Wert veräußern, also verschenken. Im Hinblick darauf ist die Verpflichtung, Grundstücke der Gemeinde für den Preis von maximal DM 4,50/qm wegzugeben, nicht unbedenklich; denn der objektive Wert solcher Grundstücke könnte rein theoretisch ohne weiteres darüber liegen. Aus diesem Grunde hätte deshalb der Vertrag den Verkehrswert der Grundstükke als Verkaufswert bestimmen müssen. Allerdings stehen diese Grundstücksgeschäfte im Zusammenhang mit der Ansiedlung eines bedeutenden Industrieunternehmens, das viele Arbeitsplätze schafft und direkt über die Gewerbesteuer und indirekt über Steuerumlagen und Umsatzgeschäfte für die Gemeinde zu erheblichen vermögenswerten Vorteilen führt. Zudem ist eine allmähliche Wertsteigerung des von der Gemeinde als Ersatzland übernommenen Grundes durch Sanierungsmaßnahmen u.ä. nicht auszuschließen. Der Vertrag ist deshalb als gültig zu behandeln, da ein flächenmäßiger Verlust von 800 qm im Vergleich zu den erzielten Vorteilen nicht ins Gewicht fällt[19].

b) Ein Anspruch der Klägerin gegen den Beklagten, der — unterstellt — wegen einer etwaigen Ersatzleistung an die X gemäß Art. 49 Abs. 1 S. 2 KWBG möglich wäre, scheidet hier aus, weil der Beklagte bei Verfügung über das Konto nicht in Ausübung eines öffentlichen Amtes gehandelt hätte, sondern nur bei Gelegenheit.

Aber selbst wenn man einen solchen Anspruch bejahen wollte, z.B. im Hinblick darauf, daß man die Ansiedlung einer Raffinerie, die auch Arbeitsplätze für Gemeindeeinwohner bietet, besonders in strukturbenachteiligten Gebieten, als öffentliche Angelegenheit betrachtet und dementsprechend alle damit im Zusammenhang stehenden

---

16 Es kann in diesem Zusammenhang offen bleiben, ob der klagenden Gemeinde C gegen X noch Erfüllungsansprüche aus der Vereinbarung vom 30. Juni 1980 zustehen. Es liegt nahe, eine Erfüllung der X obliegenden Pflichten nach der Vereinbarung in der Errichtung dieses Sonderkontos nicht zu sehen.

17 Wegen der schwierigen tatsächlichen und rechtlichen Verhältnisse empfiehlt es sich, abweichend von der Regel, eine solche Alternativbegründung im Urteil selbst zu geben. Unterläßt der Bearbeiter dies, sollten die folgenden Überlegungen wenigstens in einem Hilfsgutachten erscheinen.

18 Z.B. Art. 12 Abs. 2 S. 2 BV. Die Vorschrift lautet: „Das Vermögen der Gemeinden und Gemeindeverbände kann unter keinen Umständen zum Staatsvermögen gezogen werden. Die Vergabung solchen Vermögens ist unzulässig."

19 Siehe dazu BGHZ 47, 30; OVG N-W, DÖV 1983, 520 Nr. 106; OVG Rh.-Pf., DVBl. 1980, 767. S.a. BayObLG, DÖV 1984, 27.

Handlungen als von den Pflichten nach § 839 BGB i.V.m. Art. 34 GG mitumfaßt sieht, wäre ein Schadensersatzanspruch der X wegen ihres kollusiven Zusammenwirkens mit dem Beklagten gemäß § 254 Abs. 1 BGB ausgeschlossen; denn sie hat durch die Ausgestaltung des Kontos ein so überwiegendes Verschulden an einem etwa entstandenen Schaden, daß jeder Schadensersatzanspruch gegen die Klägerin zu verneinen ist. Erst durch die unübliche Konstruktion und die damit verbundene Umgehung sämtlicher rechtlicher Kontrollen und Kontrollmöglichkeiten konnte der Schaden überhaupt entstehen.

Teil 2:

Das VG . . . erläßt aufgrund der mündlichen Verhandlung vom . . . folgendes

Urteil:

I. Der Beklagte wird verurteilt, an die Klägerin DM 400000,— nebst 4 % Zinsen hieraus seit . . . (Zeitpunkt der Klagezustellung) zu bezahlen.

Im übrigen wird die Klage abgewiesen.

II. Der Beklagte hat 4/5, die Klägerin 1/5 der Kosten des Rechtsstreits zu tragen.

III. Das Urteil ist für die Klägerin gegen Sicherheitsleistung in Höhe von DM 420000,—, für den Beklagten in Höhe von DM 5000,— vorläufig vollstreckbar.

Tatbestand:

— erlassen —

Entscheidungsgründe:

I.

Zur Zulässigkeit der Klage der Gemeinde C vgl. Teil 1.

II.

Die Klage ist in Höhe von DM 400000,— gemäß Art. 49 Abs. 1 S. 1 KWBG begründet, da der Beklagte schuldhaft ihm obliegende Pflichten verletzt hat und deshalb der Klägerin den daraus entstandenen Schaden ersetzen muß. Dem mit der Klage geltend gemachten Anspruch war nicht in voller Höhe stattzugeben, weil die Klägerin den Schaden zum Teil mitverursacht hat.

1. Der Klägerin steht in Höhe von DM 400000,— ein Anspruch gegen den Beklagten zu. Das Konto, über das die Überweisung des Unternehmens X abgewickelt und von dem aus der Beklagte die Zahlungen im Rahmen der Landbeschaffung für die Raffinerie getätigt hat, ist ein Konto der Klägerin. Sie war deshalb Gläubigerin aller sich aus diesem Konto ergebenden Forderungen. Da sich ein Defizit von DM 500000,— errechnet und der Beklagte insgesamt 25 Schecks gezeichnet hat, für die sich ein Nachweis nicht feststellen läßt, ist der Klägerin in dieser Höhe auch ein Schaden entstanden; denn sie muß jetzt für die Landbeschaffung DM 500000,— mehr aufwenden, als sie von X erhält. Es ist also nicht so, daß ihr ein Schaden erst dann entsteht, wenn sie von X für diesen Fehlbetrag belangt wird. Der Schaden besteht schon jetzt, weil nach der Vereinbarung vom 30. Juni 1980 die Kaufpreisforderungen insgesamt festgestellt

waren. Damit wurde tatsächlich die Schlußabrechnung zwischen X und C vorweggenommen. Es handelt sich folglich nicht um eine weitere Abschlagszahlung, die später abzurechnen wäre.

2. Zur Überzeugung des Gerichts steht auch fest, daß der Beklagte den Schaden in Höhe des festgestellten Defizits verursacht hat.

Nach den dem Gericht vorliegenden Aufzeichnungen der Klägerin über die Gesamtabrechnung der Landbeschaffung für die Raffinerie lassen sich für die vom Beklagten an den M begebenen Schecks keine Kaufvorgänge in Zusammenhang bringen. Da nach Abstimmung aller Vorgänge ein Defizit in der genannten Höhe verbleibt, kann es nur dadurch entstanden sein, daß Zahlungen ohne Rechtsgrund vorgenommen wurden[20].

Der Beklagte hat diesen Schaden auch rechtswidrig verursacht, da er nicht berechtigt war, in eigener Person Anordnungs- und Kassengeschäfte wahrzunehmen. Selbst wenn die Klägerin durch ihre Gemeindevertretung einen entsprechenden Beschluß gefaßt hätte, hätte der Beklagte diesen aufgrund der gesetzlichen Vorschriften beanstanden müssen[21].

Der Beklagte hat auch schuldhaft ihm obliegende Pflichten verletzt. In den Fällen des Art. 49 KWBG kommt es nicht auf den Grad des Verschuldens an. Vorliegend ist aber Vorsatz des Beklagten zu bejahen; denn er hat bewußt und gewollt gegen die bestehenden gesetzlichen Vorschriften über die Kassenführung verstoßen. Er hat dadurch, daß er selbst Schecks zeichnete und zum größten Teil selbst dazu die Anordnungen erstellte, Geschäfte wahrgenommen, die ihm kraft Gesetzes untersagt waren. Danach durfte er als Verwaltungsspitze der Gemeinde nur die Anordnungen treffen. Eine etwa in C herrschende „Goldgräberstimmung“ entschuldigt ihn nicht.

3. Der festgestellte Schaden in Höhe von DM 500000,— ist infolge Mitverschuldens der Klägerin bei seiner Entstehung gemäß § 254 Abs. 1 BGB um 1/5 zu kürzen, so daß der Beklagte nur in Höhe von 4/5 verpflichtet ist, den der Klägerin entstandenen Schaden zu ersetzen. Der Grundsatz, daß das Mitverschulden des Geschädigten bei der Ermittlung der Schadenshöhe mitzuberücksichtigen ist, ist eine besondere Ausprägung des Grundsatzes von Treu und Glauben und gilt unbestritten auch im Bereich des öffentlichen Rechts.

Das Mitverschulden der Klägerin besteht darin, daß sie bei der Bestellung des Maklers M mitgewirkt und das Vertragsverhältnis zu diesem so ausgestaltet hat, daß M in eine Rolle hineingewachsen ist, die über die eines sonst üblichen Auftragsverhältnisses nach §§ 662 ff. BGB hinausgeht. Ihm wurde eine „Amtsbescheinigung“ erteilt und ein Raum für Beurkundungen im Rathaus zur Verfügung gestellt. Das ist eine auch in Anbetracht des Umfangs des Geschäfts unübliche Konstruktion, die für die Entstehung des Schadens mitursächlich war, weil der Beklagte dadurch nicht mehr die Kontrolle über M wahrnehmen konnte, sondern letzterer schon als Vertreter der Gemeinde C erschien. Der Beklagte war also mehr Gehilfe des M., der für die Gemeinde C die Landbeschaffung in eigener Regie durchführte.

---

20 Hierzu OVG Hamburg, NVwZ 1983, 564.
21 Einzelheiten bei *Scholler/Broß*, Kommunalrecht, § 7 III, IV.

Ein weiterer Grund für ein Mitverschulden der Klägerin liegt darin, daß ihre Gemeindevertretung ihre Überwachungsfunktion gegenüber dem Beklagten und M nicht umfassend wahrgenommen hat[22]. Sie war nicht gehindert, für die Landbeschaffung einen besonderen Ausschuß einzusetzen, der sich nur mit den Geschäften in Verbindung mit der Landbeschaffung für die Raffinerie befaßte.

4. Die Klägerin hat ihre Schadensminderungspflicht gemäß § 254 Abs. 1 S. 2 BGB nicht verletzt. Sie hat wegen der hier umstrittenen Überzahlungen den Makler M in Anspruch genommen und obsiegende Urteile erstritten. Sie hat damit alles Zumutbare getan, um den Schaden zu mindern. Zahlungen des M verringern entsprechend die hier festgestellten Zahlungsverpflichtungen des Beklagten.

5. Die Klägerin hat auch das ihr im Rahmen des Art. 49 Abs. 1 KWBG eingeräumte Ermessen für die Geltendmachung eines Schadensersatzanspruchs gegenüber dem Beklagten rechtsfehlerfrei ausgeübt. Die genannte Vorschrift verpflichtet den Dienstherrn nicht, einen entstandenen Schaden gegenüber dem betreffenden Beamten geltend zu machen. Erwägungen im Rahmen des Ermessens können sein die Höhe des Schadens, die Leistungsfähigkeit des Beamten, die Art und die Umstände, die bei der Entstehung des Schadens mitgewirkt haben. Solche Ermessensgründe lassen sich der Klageschrift entnehmen, da auf das besondere Maß der Pflichtwidrigkeit, das die Klägerin in dem damaligen Verhalten des Beklagten sehe, hingewiesen wird.

Zudem ist zu berücksichtigen, daß im Falle des Vorsatzes die Rückforderung des vollen Betrages die Regel sein muß. Gründe, von dieser Regelung abzuweichen, sind hier nicht ersichtlich, da eine Minderung der Verpflichtung des Beklagten bereits durch die Quotelung im Hinblick auf ein Mitverschulden der Klägerin hinreichend berücksichtigt ist.

Der Ausspruch über die Kosten beruht auf § 155 Abs. 1 VwGO.

Die Entscheidung über die vorläufige Vollstreckbarkeit stützt sich auf § 167 Abs. 1 und Abs. 2 VwGO i.V.m. §§ 708, 709 S. 1 ZPO.

— 3 Unterschriften —

22 Siehe in diesem Zusammenhang z.B. BGHZ, NJW 1977, 1148.

Fall 3 „Schweinemäster“

Verfahrensrecht: Widerspruchsverfahren — Nachholen der Rechtsbehelfsbelehrung — Widerspruchsbefugnis
Materielles Recht: Bundesbaugesetz — Bauordnungsrecht — Nachbarschutz im Baurecht — Verbandsklagerecht — Naturschutz

Entscheidungen: BVerwG, U. v. 25. 2. 1977, BVerwGE 52, 122; BVerwG, U. v. 29. 7. 1977, BVerwGE 54, 211; BVerwG, U. v. 26. 5. 1978, BVerwGE 55, 369; BVerwG, U. v. 13. 3. 1981, DVBl. 1981, 928; BVerwG, U. v. 10. 12. 1982, NJW 1983, 2460

I. Sachverhalt

Im Außenbereich der kreisfreien Stadt A-Burg betreibt die Firma Tiermastgesellschaft mbH seit mehreren Jahrzehnten eine Schweinemästerei. In der Betriebseinheit A, die ohne Baugenehmigung errichtet worden war, werden 200 Mastschweine gehalten, in der Betriebseinheit B mästet die Gesellschaft 150 Tiere.

Das Betriebsgrundstück der Schweinemästerei liegt etwa einen halben Kilometer südlich des Dorfkerns der Stadt A-Burg. Zwischen diesem Dorfkern, für den ein Bebauungsplan besteht und der Schweinemästerei befindet sich ein Gebiet, das im Flächennutzungsplan als allgemeines Wohngebiet ausgewiesen ist; ein Bebauungsplan wurde noch nicht aufgestellt. Das Gebiet ist zum Teil bereits bebaut, unter anderem mit einzelnen Einfamilienhäusern, einer Gärtnerei, kleineren landwirtschaftlichen Betrieben und mehreren landwirtschaftlichen Nebenerwerbsstellen, sowie Ställen für Haltung von Kleintieren.

Ein Bewohner dieses Gebietes, B, dessen vor einigen Jahren errichtetes Einfamilienhaus etwa 200 Meter von der Schweinemästerei entfernt liegt, wendet sich an die Stadtverwaltung der Stadt A-Burg und beantragt mit Schreiben vom 10. Mai 1983, der Firma Tiermastgesellschaft mbH aufzugeben, die Betriebseinheit A (Schwarzbau) und die Betriebseinheit B zu beseitigen. Zur Begründung gibt er an, daß von dem Betrieb der Schweinemästerei so starke Geruchsbelästigungen und Gefahren für die Gesundheit durch Ratten und anderes Ungeziefer ausgehen, sodaß nicht nur er, sondern alle in der Nachbarschaft wohnenden in unerträglicher Weise geschädigt seien.

Mit am 22. Juli 1983 zugestellten Bescheid lehnt die Stadt A-Burg dies ab. Eine Rechtsbehelfsbelehrung war dem Bescheid nicht beigefügt, wurde aber dem B, als die Verwaltung das Versehen merkte, am 29. Juli 1983 nachträglich zugestellt.

Mit Schreiben vom 29. August 1983 an die Stadt A-Burg teilte B der Stadt mit, daß er mit der Entscheidung vom 22. Juli 1983 keinesfalls zufrieden sei und daß er dagegen „Einspruch“ einlege.

Ein weiterer Grundstückseigentümer in dem oben genannten Gebiet, C, möchte ein Zweifamilienhaus mit Terrasse und Swimmingpool auf seinem Grundstück errichten. Das Grundstück des C liegt am Rande des im Flächennutzungsplan als allgemeines Wohngebiet ausgewiesenen Gebiets, etwa 50 Meter von dem Betriebsgrundstück der Schweinemästerei entfernt.

C beauftragt einen Architekten und beantragt gleichzeitig, einen Vorbescheid über die grundsätzliche Zulässigkeit seines Vorhabens zu erlassen.

Mit Bescheid vom 1. Oktober 1983 teilt die Stadt C mit, daß gegen sein Vorhaben keine planungsrechtlichen Bedenken bestünden, eine Verwirklichung seines Vorhabens sei grundsätzlich möglich.

Der Geschäftsführer der Firma Tiermastgesellschaft mbH erfährt von dem Vorbescheid nach einigen Wochen und legt am 1. Februar 1984 Widerspruch gegen den Bescheid ein. Er befürchtet, daß der Neubau des C der geplanten Erweiterung des Betriebes seiner Firma um eine Betriebseinheit C entgegenstehen könnte und möglicherweise deswegen Schwierigkeiten im Genehmigungsverfahren auftreten könnten.

Von dem geplanten Erweiterungsbau der Schweinemästerei erfährt auch D, der 1. Vorsitzende des A-Burger Vereins „Schützt die Erholungsgebiete e. V.". D, der durch das Vorhaben der Schweinemästerei eine Beeinträchtigung der in der Umgebung der Stadt gelegenen Erholungsgebiete befürchtet, erinnert sich an die satzungsmäßigen Ziele seines Vereins und kommt sofort auf den Gedanken, daß hier ein Betätigungsfeld für seinen Verein liegen könnte. Er beauftragt daher das Vereinsmitglied R, einen in allen Rechtsgebieten begabten Jurastudenten, sich schon jetzt zu überlegen, was der Verein unternehmen könne, wenn die Tiermastgesellschaft mbH eine Baugenehmigung für die weitere Betriebseinheit erhalten sollte.

Vermerk:

Überprüfen Sie gutachtlich die Erfolgsaussichten des Einspruchs des B sowie des Widerspruchs der Tiermastgesellschaft mbH und fertigen Sie das Gutachten des R an.

II. Literatur zum Sachgebiet

(zugleich auch für Fall 4)

Ernst/Zinkahn/Bielenberg, Kommentar zum Bundesbaugesetz; *Simon*, Kommentar zur Bayerischen Bauordnung; *Scholler/Broß*, Polizeirecht; *Broß*, DÖV 1978, 283 ff.; *Schlichter*, NVwZ 1983, 641; *Breuer*, DVBl. 1982, 1065 und 1983, 431; *Scholler/Broß*, Verfassungs- und Verwaltungsprozeßrecht.

III. Methodische Einführung

Der Sachverhalt weist drei Problemkreise auf. Der erste Problemkreis ist der „Einspruch" des B gegen die bestehenden Anlagen der Tiermastgesellschaft mbH[1], der zweite bezieht sich auf den Einspruch der Tiermastgesellschaft mbH gegen den geplanten Neubau des Nachbarn C und der dritte auf die Möglichkeiten des Vereins zum Schutz der Erholungsgebiete e. V. Die beiden ersten Problemkreise befinden sich

1 Vgl. hierzu die verwandte Problematik bei *Scholler/Broß*, Polizeirecht, S. 221 f.

im Stadium eines Widerspruchsverfahrens, beim dritten Problemkreis ist ein Gutachten gefragt.

Für die Lösung ist demzufolge eine Dreiteilung einzuhalten, wobei die beiden Widersprüche getrennt voneinander behandelt werden müssen. Innerhalb der Behandlung der Widerspruchsverfahren ist nach Zulässigkeit und Begründetheit zu trennen. Welches der beiden Widerspruchsverfahren als erstes behandelt wird, ist dem Bearbeiter freigestellt. Für die Reihenfolge der einzelnen Teile gibt es keine zwingende Regel. Es würde sich allerdings anbieten, nach der Chronologie der Sachverhaltsschilderung vorzugehen und mit dem Einspruch des B zu beginnen und das Gutachten des Rechtsreferendars an das Ende zu stellen.

Der Vermerk ist bereits so formuliert, daß dem Bearbeiter die einzelnen Topoi[2] der Lösung vorgegeben sind. Weitere Ausführungen, insbesondere allgemeine Ausführungen zum Bauen im Außenbereich oder ähnliches sollten vom Bearbeiter nicht gemacht werden, allenfalls kann bei der Lösung der einzelnen Fälle an den entsprechenden Stellen etwas ausführlicher die komplexe Einzelproblematik behandelt werden. Es wäre auch falsch, wenn der Bearbeiter einen allgemeinen Abschnitt über Bauen im Außenbereich, Nachbarschutz oder ähnliches voranstellen würde.

Beim Aufbau der Lösung für die beiden Widerspruchsverfahren ist der Katalog für die Prüfung des Widerspruchsverfahrens[3] zu beachten. Dabei ist von den Bearbeitern Wert darauf zu legen, daß die einzelnen Punkte im Aufbau entsprechend ihrer Bedeutung gewichtet werden. Es wäre zum Beispiel falsch, wenn bei der Behandlung der Zulässigkeit der Widersprüche die völlig unproblematische Zulässigkeitsvoraussetzung „Partei- und Prozeßfähigkeit“ mit zu langen Ausführungen behandelt würde. Mehr als ein Hinweis darauf, daß diese Voraussetzung zweifelsfrei vorliegen und der Bearbeiter dies erkannt hat, ist nicht angebracht.

IV. LÖSUNG

A. Die Erfolgsaussichten des „Einspruchs“ des B

I. Auslegung der Erklärung des B

1. B hat mit seinem Schreiben vom 29. 8. 1983 „Einspruch“ gegen den Bescheid der Stadt A-Burg eingelegt. Aus dem Inhalt des Schreibens ergibt sich, daß er sich durch den Bescheid der Stadt beschwert fühlt und daß er eine Überprüfung anstrebt[4]. Die falsche Bezeichnung als „Einspruch“ ist daher unschädlich, das Schreiben des B ist als Widerspruch zu werten[5].

2. Der Widerspruch des B wendet sich gegen die Ablehnung der Beseitigung der Betriebseinheit A (Schwarzbau) und der Betriebseinheit B. Damit sind zwei Anträge ge-

---

2 Vgl. SV.
3 Vgl. Teil 1 II.
4 Vgl. BVerwG, NJW 1978, 1871 m.w.N.
5 *Kopp*, VwGO, Anm. 5 zu § 70; *Eyermann/Fröhler*, Anm. 1 zu § 70.

stellt, die zulässigerweise zusammengefaßt wurden und auch von der Stadt A-Burg zusammen behandelt wurden (entsprechend § 44 VwGO).

II. Zulässigkeit des Widerspruchs

1. Die Voraussetzungen des § 40 VwGO liegen vor, da es sich auf jeden Fall um eine öffentlich-rechtliche Streitigkeit handelt. B wendet sich gegen die Nichtbeseitigung der Betriebseinheiten A und B der Schweinemästerei. Dieses Begehren des B kann nur aufgrund der Vorschriften des Baugenehmigungsrechts, also des öffentlichen Rechts, beurteilt werden.

2. Da B ein Tätigwerden der Verwaltungsbehörde verlangt, das einen Verwaltungsakt im Sinne von § 35 VwVfG[6] darstellt,liegt ein Verpflichtungswiderspruch vor, und zwar wendet sich B gegen die Ablehnung eines Tätigwerdens durch die Verwaltung[7].

3. Der Widerspruch ist aber nur zulässig, wenn B widerspruchsbefugt ist.

Diese Widerspruchsbefugnis entspricht der Klagebefugnis nach § 42 Abs. 2 VwGO; es ist notwendig, daß der Widerspruchsführer B sich auf eigene Rechte beruft, die möglicherweise verletzt sind[8].

a) In der hier vorliegenden Situation könnte ein Nachbarschutz[9] aus § 35 Abs. 1 BBauG in Frage kommen. § 35 Abs. 1 BBauG, unter dessen Anwendungsbereich die hier bestehende Anlage fällt, kann im Einzelfall durchaus nachbarschützend sein[10]. Allerdings kommt ein Nachbarschutz aus § 35 Abs. 1 BBauG nur dem Eigentümer eines privilegiert genützten Grundstücks zugute. Dieser kann sich gegen Vorhaben in der Nachbarschaft zur Wehr setzen, wenn dadurch die weitere Ausnützung der Privilegierung beeinträchtigt würde[11].

Hier kann sich also B auf keinen Fall auf § 35 Abs. 1 BBauG berufen, da er ja gerade nicht privilegiert im Außenbereich gebaut hat.

b) Die Rechtsprechung des Bundesverwaltungsgerichts[12] hat allerdings auch dem Art. 14 Abs. 1 GG nachbarschützenden Charakter zugesprochen und einen Abwehranspruch des Nachbarn zugelassen, wenn die Grundstückssituation nachhaltig geändert wird und der Eingriff schwer und unerträglich ist.

---

6 Grundsätzlich kommt in diesem Fall das jeweilige Landesverfahrensrecht zur Anwendung. Da in allen Ländern dem § 35 VwVfG des Bundes inhaltsgleiche Regelungen gelten, wird im folgenden immer die Vorschrift des Bundesverwaltungsverfahrensgesetzes zitiert. In einer Klausurlösung wäre die jeweilige Vorschrift des Landesverwaltungsverfahrensgesetzes anzuführen.

7 Vergleiche den Begriff der Verpflichtungsklage in der Form einer Weigerungsgegenklage; *Kopp*, VwGO, Anm. 4 zu § 42; *Eyermann/Fröhler*, Anm. 9 zu § 42.

8 Zum Nachbarschutz allgemein siehe *Steinberg*, NJW 1984, 457; *Schlichter*, NVwZ 1983, 641 und *Breuer*, DVBl. 1983, 431.

9 Vergleiche dazu *Kopp*, VwGO, Anm. 6 zu § 69; *Eyermann/Fröhler*, Anm. 6 zu § 68.

10 BVerwG, DVBl. 1969, 263; *Ernst/Zinkahn/Bielenberg*, Anm. 132 zu § 35, Anm. 133 zu § 31; § 35 II BBauG ist dagegen niemals nachbarschützend, *Ernst/Zinkahn/Bielenberg*, Anm. 133 zu § 35 m.w.N.

11 *Ernst/Zinkahn/Bielenberg*, Anm. 133 zu § 31.

12 BVerwG, DVBl. 1970, 57; BVerwG, BRS 25, 21; BVerwG, DVBl. 1969, 213; BVerwGE 52, 122 mit Anm. *Schrödter*, DVBl. 1977, 726, Anm. *Müller*, DVBl. 1978, 80.

c) Ebenfalls nachbarschützend ist nach der Rechtsprechung des Bundesverwaltungsgerichts[13] das Gebot der Rücksichtnahme. Nach diesem Grundsatz können Vorhaben deshalb nicht genehmigungsfähig sein, weil auf die Interessen anderer nicht genügend Rücksicht genommen worden ist[14]. Letztlich ist bei der Anwendung des Gebots der Rücksichtnahme eine Interessenabwägung zwischen den Beteiligten durchzuführen.

d) B hat hier behauptet, daß durch die Emmissionen sehr starke Beeinträchtigungen auf seinem Grundstück auftreten. Es erscheint demnach nicht ausgeschlossen, daß eine Verletzung der Rechte des B aus Art. 14 Abs. 1 GG und eine Verletzung des Gebots der Rücksichtnahme vorliegt. Somit ist B widerspruchsbefugt.

4. Ebenfalls liegt das für das Widerspruchsverfahren erforderliche Rechtsschutzbedürfnis vor. B kann nicht auf eine zivilrechtliche Klage aus § 1004 BGB gegen die Tiermastgesellschaft mbH verwiesen werden. Mit seinem Widerspruch wendet er sich nämlich gegen die vermeintliche Beeinträchtigung seiner Rechte durch die Bauaufsichtsbehörde. Mit einer zivilrechtlichen Klage gegen seinen Nachbarn würde sich B gegen ein Verhalten der Tiermastgesellschaft mbH wenden[15].

5. Der Widerspruch wurde von B am 29. 8. 1983 eingelegt und wäre somit verfristet (§§ 70, 57 Abs. 2 VwGO i.V.m. § 222 Abs. 1 ZPO, § 188 BGB), da die Monatsfrist bereits abgelaufen war.

Allerdings enthielt der Bescheid keine Rechtsbehelfsbelehrung, somit hatte die Monatsfrist noch nicht zu laufen begonnen (§§ 70, 58 Abs. 2 VwGO). Mit Nachholung[16] der Rechtsbehelfsbelehrung am 29. 7. 1983 begann allerdings die Monatsfrist zu laufen. Da B am 29. 8. 1983 den Widerspruch eingelegt hat, ist er fristgerecht.

Der Widerspruch des B ist also zulässig.

III. Begründetheit des Widerspruchs

Der Widerspruch des B ist nur dann begründet, wenn die Ablehnung des Einschreitens durch die Behörde rechtswidrig war und dadurch B in seinen Rechten verletzt wurde (entsprechend § 113 VwGO), also B einen Anspruch auf Einschreiten der Behörde gehabt hätte.

1. Rechtslage hinsichtlich der Betriebseinheit A

Für die Betriebseinheit A ist laut Sachverhalt davon auszugehen, daß sie ohne eine Baugenehmigung[17] errichtet wurde.

13 BVerwGE 52, 122; BVerwG, DVBl. 1981, 928; BVerwG, NJW 1983, 2460; NVwZ 1983, 609. Krit. hierzu *Breuer,* DVBl. 1982, 1065 ff.
14 *Ernst/Zinkahn/Bielenberg,* Anm. 134 f. zu § 31.
15 Siehe dazu auch den Kaser-Fall (Fall 4).
16 Vergleiche *Kopp,* VwGO, Anm. 6, 8 zu § 58; *Eyermann/Fröhler,* Anm. 16 zu § 58.
17 Eine Genehmigung nach dem Bundesimmissionsschutzgesetz ist gemäß § 4 Abs. 1 BImSchG i.V.m. § 2 Nr. 45 4. BImSchVO nicht notwendig.

Der Behörde müßte eine gesetzliche Grundlage für die Anordnung der Beseitigung zur Verfügung stehen. Hier kommt z.B. Art. 82 BayBO in Frage[18].

Art. 82 BayBO lautet: „Werden Anlagen im Widerspruch zu öffentlich-rechtlichen Vorschriften errichtet oder geändert, so kann die Bauaufsichtsbehörde die teilweise oder vollständige Beseitigung der Anlage anordnen, wenn nicht auf andere Weise rechtmäßige Zustände hergestellt werden können. Werden Anlagen im Widerspruch zu öffentlich-rechtlichen Vorschriften benutzt, so kann diese Benutzung untersagt werden. Beseitigungsanordnungen gelten auch gegenüber den Rechtsnachfolgern. Die Bauaufsichtsbehörde kann verlangen, daß ein Bauantrag gestellt wird."

(Bitte vergleichen Sie die entsprechende Regelung Ihres Landes mit der Regelung in Bayern.)

a) Die Voraussetzungen des Art. 82 BayBO sind allerdings nicht gegeben. Zwar wurde die Betriebseinheit A ohne eine Baugenehmigung errichtet und ist demzufolge formell illegal, dies reicht jedoch nicht für eine Abbruchsverfügung aus. Eine Abbruchsverfügung durch die Behörde ist regelmäßig so lange unzulässig, bis über die Erteilung oder Versagung einer Bauerlaubnis endgültige Klarheit geschaffen ist[19]. Um die Prüfung der materiellen Illegalität vornehmen zu können, ist die Stadt A-Burg als Bauaufsichtsbehörde befugt, von der Tiermastgesellschaft mbH als Bauherrn die nachträgliche Einreichung der Bauunterlagen zu verlangen und diese nötigenfalls im Wege des Verwaltungszwanges durchzusetzen. Nach Art. 82 Satz 4 BayBO kann die Bauaufsichtsbehörde auch verlangen, daß ein Bauantrag gestellt wird. Da die Baugenehmigung ein mitwirkungsbedürftiger Verwaltungsakt ist[20], kann im Weigerungsfall mit Verwaltungszwang vorgegangen werden und erst, wenn auch dies nicht zum Erfolg führt, ist das Bauvorhaben als nicht genehmigungsfähig anzusehen[21]. (Bitte vergleichen Sie die Regelungen über den Zwangsvollzug in Ihrem Land und stellen Sie Vergleiche zu der Regelung nach dem VwZVG in Bayern an.)

Die Notwendigkeit, vor Erlaß der Abbruchsverfügung zu versuchen, nachträglich rechtmäßige Zustände herzustellen, ergibt sich aus dem Grundsatz der Verhältnismäßigkeit[22]. Ein so erheblicher Eingriff wie der Abriß darf nur als letztes der möglichen Mittel angewandt werden, wenn sich herausstellen sollte, daß auf andere Weise, z.B. durch nachträgliche Einreichung der Bauunterlagen, sich die rechtswidrigen Zustände nicht beseitigen lassen.

Als Zwischenergebnis ist festzuhalten, daß, so lange die materielle Illegalität nicht endgültig feststeht, eine Beseitigungsanordnung nicht in Frage kommt.

b) Selbst wenn sich herausstellen sollte, daß materielle Illegalität vorliegt[23], ist immer noch die Frage zu entscheiden, ob B einen Anspruch gegen die Behörde auf Erlaß einer Beseitigungsanordnung hat.

18 In den Bauordnungen der anderen Länder finden sich entsprechende Vorschriften, z.B. für Baden-Württemberg, § 101 LBO, für Rheinland-Pfalz, § 113 LBO oder hambBO § 106.

19 *Simon*, Anm. 24, 63 zu Art. 82.

20 *Simon*, Anm. 63 zu Art. 82.

21 *Simon*, Anm. 24, 63 zu Art. 82.

22 *Simon*, Anm. 22 zu Art. 82.

23 Für die Beurteilung der materiellen Illegalität kommt es auf den für den Bauherrn günstigsten Zeitpunkt an, „Meistbegünstigung", vgl. BVerwG 3, 351.

Grundsätzlich steht der Erlaß einer Beseitigungsanordnung nach Art. 82 BayBO im Ermessen der Behörde[24]. Zwar kann aufgrund nachbarschützender Vorschriften ein subjektives öffentliches Recht des Nachbarn vorliegen, das nicht nur als Abwehranspruch ausgeprägt ist, sondern sich auch auf ein positives Einschreiten der Bauaufsichtsbehörde gegen den störenden Dritten richtet[25]. Hieraus mag sich eine Einschränkung des Handlungsspielraums der Behörde ergeben, dem aber kein allgemeiner Anspruch des Nachbarn gegen die Behörde[26] auf Abriß entspricht. Der Nachbar hat lediglich einen Anspruch gegen die Behörde auf fehlerfreie Ausübung des Ermessens[27], selbst wenn nachbarschützende Rechte verletzt sein sollten.

Allerdings ist die Behörde verpflichtet, ihr Ermessen tatsächlich auszuüben, da ansonsten eine Verletzung des Rechts auf fehlerfreien Ermessensgebrauch vorliegt[28]. Im Einzelfall kann als einzig ermessensgerechte Entscheidung wegen einer Ermessensreduzierung auf Null nur die Beseitigungsanordnung verbleiben[29]. Ein solcher Anspruch würde beispielsweise im Rahmen einer Folgenbeseitigung vorliegen, wenn eine Baugenehmigung auf Rechtsbehelf des Nachbarn hin aufgehoben wird, und das Bauvorhaben zuvor etwa aufgrund des bereits angeordneten sofortigen Vollzugs ausgeführt ist[30].

c) Im vorliegenden Falle ist sicherlich keine Ermessensreduktion auf Null gegeben. Falls tatsächlich baurechtswidrige Zustände vorliegen, ließe sich auch ohne Abriß eine Änderung dieses Zustandes herbeiführen. Die oben erwähnte Möglichkeit, daß das Ermessen im Rahmen eines Folgenbeseitigungsanspruches auf Null reduziert ist, liegt hier nicht vor.

2. Rechtslage hinsichtlich der Betriebseinheit B

a) Die Betriebseinheit B ist sowohl formell als auch materiell legal, da nach dem Sachverhalt von einer Genehmigung der Betriebseinheit B auszugehen ist. Bei formeller Legalität bleibt eine eventuell vorliegende materielle Illegalität so lange ohne Folgen, wie das Bauvorhaben durch eine wirksame — wenn auch möglicherweise rechtswidrige — Baugenehmigung gedeckt ist[31].

b) Die Aufhebung einer Baugenehmigung richtet sich nach den allgemeinen Vorschriften des Verwaltungsverfahrensgesetzes (§§ 48, 49 VwVfG). Ob tatsächlich die Voraussetzungen für die Rücknahme oder den Widerruf vorliegen, ist hier nicht entscheidend, da, selbst bei Vorliegen der tatbestandlichen Voraussetzungen der oben genannten Vorschriften, ein Dritter, also auch der Nachbar B, keinen Anspruch gegen-

24 *Simon*, Anm. 7 zu Art. 82.
25 BVerwG, DVBl. 1961, 128 (130); *Simon*, Anm. 20 zu Art. 63.
26 *Simon*, Anm. 20 zu Art. 63, Anm. 7 zu Art. 82.
27 *Simon*, Anm. 7 zu Art. 82; vgl. auch *Eyermann/Fröhler*, Anm. 27 zu § 114; *Kopp*, VwGO, Anm. 5 zu § 114.
28 *Eyermann/Fröhler*, Anm. 6 zu § 114; *Kopp*, VwGO, Anm. 14 zu § 114; OVG Bremen, BauR 1973, 306.
29 BVerwGE 31, 32; *Simon*, Anm. 6 zu Art. 82.
30 BayVGH, BayVBl. 1980, 117; *Simon*, Anm. 6, 7 zu Art. 82.
31 *Bartlsperger*, DVBl. 1971, 723; *Simon*, Anm. 80 zu Art. 74, Anm. 20 zu Art. 82.

über der Behörde hätte, daß diese nach §§ 48, 49 VwVfG vorgeht[32]. Insofern gelten die gleichen Grundsätze wie für den Erlaß einer Beseitigungsanordnung[33].

Der Widerspruch des B ist im Ergebnis damit zulässig, aber unbegründet.

B. Der Widerspruch der Tiermastgesellschaft mbH

I. Zulässigkeit des Widerspruchs

1. Die Tiermastgesellschaft mbH möchte sich gegen die Erteilung des Vorbescheides[34] an C vom 1. 10. 1983 wenden. Der Vorbescheid erging z.B. aufgrund der Vorschrift des Art. 75 der Bayerischen Bauordnung[35], nach der „vor Einreichung des Bauantrages auf schriftlichen Antrag des Bauherrn zu einzelnen in der Baugenehmigung zu entscheidenden Fragen vorweg ein schriftlicher Bescheid erteilt werden kann". Es wurde aufgrund der Vorschrift des öffentlichen Rechts gehandelt, somit liegt eine öffentlich-rechtliche Streitigkeit im Sinne von § 40 VwGO vor.

2. Die Partei- und Prozeßfähigkeit, §§ 61, 62 VwGO, sind ebenfalls gegeben. Die Tiermastgesellschaft mbH als juristische Person des Privatrechts ist gemäß § 61 Nr. 1 VwGO parteifähig und wird durch den Geschäftsführer gesetzlich vertreten[36].

3. Die Tiermastgesellschaft wendet sich gegen den Vorbescheid, der eine verbindliche hoheitliche Klärung darstellt[37]. Es liegt somit ein Verwaltungsakt im Sinne von § 35 VwVfG vor, gegen den sich die Tiermastgesellschaft mit einem sogenannten Anfechtungswiderspruch wendet.

4. Der Widerspruch ist nur dann zulässig, wenn die Tiermastgesellschaft widerspruchsbefugt ist, also geltend machen kann, daß eigene Rechte der Gesellschaft möglicherweise verletzt sind.

a) Es könnte in der hier vorliegenden Situation ein geschütztes Recht aus § 35 Abs. 1 BBauG in Frage kommen. Die Tiermastgesellschaft betreibt im Außenbereich ein privilegiertes Vorhaben und kann daher möglicherweise durch die Errichtung des Zweifamilienhauses in der weiteren Ausnützung ihrer privilegierten Stellung beeinträchtigt werden[38].

b) Weiter könnte ein Recht der Tiermastgesellschaft mbH auch daraus folgen, daß das Gebot der Rücksichtnahme verletzt ist[39]. Das Gebot der Rücksichtnahme ist auch im Verhältnis zwischen einer privilegierten Anlage im Außenbereich und einem zu errichtenden Bauwerk im unbeplanten Innenbereich anwendbar[40], so daß eine Rechtsverletzung als möglich erscheint.

---

32 *Simon*, Anm. 1e zu Art. 74.
33 Oben 1b.
34 Vgl. allgemein zum Vorbescheid die Kommentierungen zu den einzelnen Landesbauordnungen.
35 Für die Bauordnungen in anderen Ländern gelten entsprechende Vorschriften, so z.B. für Nordrhein-Westfalen, § 84 LBO, für Baden-Württemberg, § 91 LBO.
36 § 35 Abs. 1 GmbHG.
37 *Simon*, Anm. 1 zu Art. 75.
38 Vgl. BVerwG, DVBl. 1969, 263, DVBl. 1971, 746; *Ernst/Zinkahn/Bielenberg*, Anm. 133 zu § 31.
39 BVerwGE 52, 122; BVerwG, DVBl. 1981, 928, BVerwG, NJW 1983, 2460.
40 BVerwG, NJW 1983, 2460.

5. Das für das Widerspruchsverfahren ebenfalls erforderliche Rechtsschutzbedürfnis liegt vor. Mit dem Widerspruch wendet sie sich gegen die Beeinträchtigung ihrer Rechte durch den Vorbescheid, also gegen ein Verhalten der Behörde und nicht gegen ein Verhalten des Nachbarn C.

6. Der Zulässigkeit des Widerspruchs stehen auch keine Fristvorschriften entgegen. Da der Vorbescheid der Tiermastgesellschaft mbH nicht zugestellt worden war[41], beginnt weder die Monatsfrist noch auch die Jahresfrist nach § 58 Abs. 2 VwGO zu laufen[42]. Eine Verwirkung[43] des Widerspruchsrechts durch die Tiermastgesellschaft ist im vorliegenden Fall auch nicht gegeben, da dies voraussetzen würde, daß nach der sicheren Kenntnis von dem Verwaltungsakt die Frist nach § 70 Abs. 2 i.V.m. § 58 Abs. 2 VwGO — also ein Jahr — abgelaufen ist. Selbst wenn die Tiermastgesellschaft mbH im Oktober von dem Baubescheid die Kenntnis erlangt hätte, wäre ihr Widerspruch noch rechtzeitig.

Der Widerspruch der Tiermastgesellschaft mbH ist demzufolge zulässig.

II. Die Begründetheit des Widerspruchs

Der Widerspruch der Tiermastgesellschaft mbH ist begründet, wenn der Vorbescheid unter Verstoß gegen nachbarschützende Vorschriften oder ermessensfehlerhaft erteilt und die Gesellschaft dadurch in ihren Rechten verletzt wurde (entsprechend § 113 VwGO).

1. Der Vorbescheid, den C beantragt und erhalten hat, müßte rechtswidrig sein. Soweit der Sachverhalt zu dem Vorhaben des C Angaben enthält, ist davon auszugehen, daß Vorschriften der (bayerischen) Bauordnung nicht verletzt sind. In Frage kommt lediglich ein Verstoß gegen die bauplanungsrechtlichen Vorschriften des BBauG. Die Genehmigungsfähigkeit des Vorhabens des C richtet sich nach § 34 BBauG, weil das Baugrundstück nicht im Bereich eines qualifizierten Bebauungsplanes liegt[44], aber auch noch nicht im Außenbereich[45], sondern innerhalb der im Zusammenhang bebauten Ortsteile der Stadt A-Burg. Grundsätzlich sind nach § 34 BBauG Vorhaben in einem solchen Gebiet zulässig, wenn sich das Vorhaben — neben anderen Voraussetzungen — in die Eigenart der näheren Umgebung einfügt.

Ein solches Einfügen in die vorhandene Innenbereichsbebauung liegt dann nicht vor, wenn es „an der gebotenen Rücksichtnahme auf die sonstige, d.h. vor allem: auf die in seiner unmittelbaren Nähe vorhandene Bebauung fehlt“[46]. Insofern ist das Gebot der Rücksichtnahme bereits Bestandteil des § 34 Abs. 1 BBauG und in dem Begriff des

41 Eine Zustellung wäre allerdings der Behörde anzuraten gewesen, da sich nur so die Unsicherheit über die Verbindlichkeit des Vorbescheides beseitigen läßt; vgl. *Simon*, Anm. 4 zu Art. 75.
42 *Eyermann/Fröhler*, Anm. 7 zu § 70; *Kopp*, VwGO, Anm. 8 zu § 70; vgl. auch *Kopp*, VwGO, Anm. 13 zu § 56.
43 *Eyermann/Fröhler*, Anm. 7 zu § 70; BVerwGE 44, 294 ff.
44 Dann würde § 30 BBauG Anwendung finden.
45 Dann würde § 35 BBauG Anwendung finden.
46 BVerwGE 55, 369/386.

„Einfügen" enthalten[47]. In diesem Rahmen kann demzufolge auch § 34 Abs. 1 BBauG nachbarschützend sein[48].

2. Laut Sachverhalt befindet sich das Baugrundstück des C im Geltungsbereich eines Flächennutzungsplanes. Dieses Gebiet ist teilweise mit kleineren landwirtschaftlichen Betrieben, landwirtschaftlichen Nebenerwerbsstellen sowie Ställen für die Haltung von Kleintieren bebaut. Ob in dieser Bebauung bereits ein Versagungsgrund für den Vorbescheid zu sehen ist, braucht hier nicht entschieden werden; denn das Betriebsgrundstück der Tiermastgesellschaft mbH befindet sich nicht innerhalb dieses Innenbereiches und damit kann sich die Tiermastgesellschaft mbH auch nicht auf die eventuell nachbarschützende Wirkung des § 34 Abs. 1 BBauG im obigen Sinne berufen.

Unabhängig von dem Begriff des „Einfügen" in § 34 Abs. 1 BBauG gilt aber das Gebot der Rücksichtnahme auch für das grenzüberschreitende Verhältnis zwischen einer Bebauung im Innen- und im Außenbereich[49]. Während das Gebot der Rücksichtnahme innerhalb der Innenbereichsbebauung im Begriff des „Einfügen" in § 34 Abs. 1 BBauG aufgeht, ist es hier als „öffentlicher Belang" zu berücksichtigen. Maßgeblich für die Entscheidung ist dabei eine Abwägung zwischen den Interessen des Bauwerbers im Innenbereich und den Interessen der Eigentümer der Anlagen, die im Außenbereich liegen. Für den Bauwerber im Innenbereich ist dabei zu berücksichtigen, daß grundsätzlich Grundstücke in einer Innenbereichslage bebauungsfähig sind, andererseits aber auch, daß möglicherweise bereits eine Immissionsvorbelastung besteht und sich der Bauwerber dieser bereits vorhandenen Belastung aussetzen will. Für die im Außenbereich gelegene Anlage ist zu berücksichtigen, daß sie aufgrund der Privilegierung durch § 35 BBauG eine besondere Stellung hat; der Gesetzgeber hat landwirtschaftliche Betriebe in den Außenbereich verwiesen, für sie dort „generell geplant"[50].

Ausgehend von diesen Grundsätzen ergibt sich, daß einerseits ein im Außenbereich gelegenes, privilegiertes Vorhaben, nämlich die Betriebsanlage der Tiermastgesellschaft mbH besteht, andererseits die Bebauung in der Innenbereichslage durch die kleineren landwirtschaftlichen Betriebe und die landwirtschaftlichen Nebenerwerbsstellen sowie die Ställe für die Kleintierhaltung immissionsvorbelastet ist. Das von C geplante Vorhaben eines Zweifamilienhauses mit Terrasse und Swimmingpool fügt sich nicht in die bereits vorhandene Bebauung in der Innenbereichslage ein und steht in krassem Gegensatz zu der Betriebsanlage der Tiermastgesellschaft mbH.

Bei Abwägung der Interessen des C mit denen der Tiermastgesellschaft mbH ergibt sich, daß eine Bebauung des Grundstückes des C mit dem geplanten und im Vorbescheid behandelten Vorhaben gegen das Gebot der Rücksichtnahme verstoßen würde.

Daraus folgt, daß der Vorbescheid, der die Unbedenklichkeit des Vorhabens in dieser Hinsicht bejaht hat, rechtswidrig ist.

Da das Gebot der Rücksichtnahme, wie bereits ausgeführt, auch im Verhältnis zwischen einer Außen- und Innenbereichsbebauung nachbarschützenden Charakter hat,

---

47 BVerwG, DVBl. 1981, 928.
48 BVerwG, DVBl. 1981, 928; vgl. auch BVerwGE 52, 122.
49 BVerwG, NJW 1983, 2460.
50 BVerwG, NJW 1983, 2460; OVG N—W, BauR 1983, 151; OVG Rh-Pf, NVwZ 1983, 683.

kann sich die Tiermastgesellschaft mbH mit Erfolg auf die Rechtswidrigkeit des Vorbescheides berufen.

Der Widerspruch der Tiermastgesellschaft mbH ist somit zulässig und begründet.

C. Das Gutachten des Rechtsreferendars R

Laut dem Bearbeitervermerk soll geprüft werden, welche Möglichkeiten der Verein „Schützt die Erholungsgebiete e. V." hat, wenn der Tiermastgesellschaft mbH eine Baugenehmigung erteilt werden sollte.

I. Widerspruch gegen die Baugenehmigung

1. Zulässigkeit des Widerspruchs

a) Der Verein möchte sich gegen die Erteilung der Baugenehmigung wenden. Die Baugenehmigung stellt ein Verwaltungshandeln aufgrund öffentlicher Vorschriften, hauptsächlich des Bundesbaugesetzes und der entsprechenden Bauordnung dar. Somit liegen die Voraussetzungen des § 40 Abs. 1 VwGO vor.

b) Die Partei- und Prozeßfähigkeit, §§ 61, 62 VwGO, sind ebenfalls gegeben. Der Verein als juristische Person des Privatrechts[51] ist gemäß § 61 Nr. 1 VwGO parteifähig und wird durch den satzungsmäßigen Vorstand D im Prozeß vertreten[52].

c) Da sich der Verein gegen die Erteilung der Baugenehmigung an die Tiermastgesellschaft mbH wendet, liegt ein sog. Anfechtungswiderspruch vor. Es handelt sich bei der angegriffenen Maßnahme, der Erteilung der Baugenehmigung, zweifelsfrei um einen Verwaltungsakt im Sinne von § 35 VwVfG.

d) Bei der Einlegung des Widerspruchs wäre die Frist des § 70 VwGO zu beachten[53].

e) Der Widerspruch wäre aber nur zulässig, wenn der Verein widerspruchsbefugt wäre. Dazu müßte er sich auf eigene Rechte, die möglicherweise verletzt sind, berufen können[54] (siehe dazu die Ausführungen oben).

aa) Ein solches Recht kann hier nicht aus den nachbarschützenden Vorschriften wie z.B. § 35 Abs. 1 BBauG, den entsprechenden Landesbaugesetzen und auch nicht aus Art. 14 Abs. 1 GG hergeleitet werden, da der Verein keinesfalls „Nachbar" im Sinne der oben genannten Rechtsvorschriften ist[55].

---

51 Vergleiche § 21 BGB und dazu *Palandt/Heinrichs*, Vorbemerkung vor § 21, 4.

52 § 26 BGB.

53 Da nicht anzunehmen ist, daß eine Zustellung an den Verein erfolgen wird, würden weder die Monatsfrist nach § 70 Abs. 1 VwGO, noch auch die Jahresfrist nach § 58 Abs. 2 VwGO zu laufen beginnen; allerdings unter Umständen Verwirkung, vergleiche dazu *Eyermann/Fröhler*, Anm. 7 zu § 70.

54 Vergleiche dazu *Kopp*, VwGO, Anm. 6 zu § 69; *Eyermann/Fröhler*, Anm. 6 zu § 68.

55 Anders wäre es, wenn der Verein ein Grundstück in der Nachbarschaft der fraglichen Anlage erworben hätte, um auch die nachbarschützenden Vorschriften in Anspruch nehmen zu können („Sperrgrundstück").

bb) Ein allgemeines „Umweltgrundrecht“, das letztendlich aus Art. 2 Abs. 1 GG als Auffanggrundrecht herzuleiten wäre, ist von der Rechtsprechung nicht anerkannt[56]. Soweit bestimmte andere Grundrechte möglicherweise ein geschütztes Rechtsgut enthalten, auf das sich der Verein berufen könnte, ist, wie oben bereits ausgeführt, die notwendige „Nachbarstellung“ nicht gegeben.

cc) Nach bayerischem Landesrecht kommt noch die Berufung auf eine mögliche Verletzung von Art. 141 Bayerische Verfassung[57] in Frage.

Nach der ständigen Rechtsprechung des Bayerischen Verfassungsgerichtshofes[58] stellen die Art. 141 Abs. 1 und 2 BV nur Programmsätze dar, aus denen demzufolge kein unmittelbares Recht hergeleitet werden kann.

Art. 141 Abs. 3 Satz 1 BV ist dagegen ein Grundrecht. Nach dem Wortlaut von Art. 141 Abs. 3 Satz 1 BV beinhaltet dieses Grundrecht das Recht auf den Genuß der Naturschönheiten und auf Erholung in der freien Natur, insbesondere durch ein Betreten von Wald und Bergweide in umfassendem Sinn. Das Grundrecht steht jedermann zu, also nicht nur den in der Nähe des betreffenden Erholungsgebietes wohnenden Bürgern[59].

Fraglich ist allerdings, ob sich der Verein „Schützt die Erholungsgebiete e. V.“ auf dieses Grundrecht berufen kann. Dazu müßte der Verein, eine juristische Person des Privatrechts[60], möglicher Träger des Grundrechts sein. Anders als im Grundgesetz, das in Art. 19 Abs. 3 GG einzelne Grundrechte unter Umständen auch für juristische Personen für anwendbar erklärt, enthält die Bayerische Verfassung keine entsprechende Vorschrift. Nach der ständigen Rechtsprechung des Bayerischen Verfassungsgerichtshofs können sich jedoch auch juristische Personen auf die Verletzung von Grundrechten berufen, sofern das entsprechende Grundrecht seinem Wesen nach auch auf juristische Personen anwendbar ist[61].

---

56 BVerwG, BayVBl. 1977, 736; BayVGH, BayVBl. 1976, 83; *Simon*, Anm. 15 Nr. 8 zu Art. 73.

57 Art. 141 BV lautet:
(1) Die Denkmäler der Kunst, der Geschichte und der Natur, sowie Landschaft genießen öffentlichen Schutz und die Pflege des Staates, der Gemeinden und der Körperschaften des öffentlichen Rechts. Herabgewürdigte Denkmäler der Kunst und der Geschichte sind möglichst ihrer früheren Bestimmung wieder zuzuführen. Die Abwanderung deutschen Kunstbesitzes ins Ausland ist zu verhüten.
(2) Der deutsche Wald, kennzeichnende Orts- und Landschaftsbilder und die einheimischen Tier- und Pflanzenarten sind möglichst zu schonen und zu erhalten.
(3) Der Genuß der Naturschönheiten, die Erholung in der freien Natur, insbesondere das Betreten von Wald und Bergweiden, das Befahren der Gewässer und die Aneignung wild wachsender Waldfrüchte in ortsüblichem Umfang ist jedermann gestattet. Staat und Gemeinde sind berechtigt und verpflichtet, der Allgemeinheit die Zugänge zu Bergen, Seen, Flüssen und sonstigen landschaftlichen Schönheiten freizuhalten und allenfalls durch Einschränkungen des Eigentumsrechts freizumachen, sowie Wanderwege und Erholungsparks anzulegen.
In diesem Zusammenhang ist auch auf den Volksentscheid in Bayern am 17. Juni 1984 über die verfassungsrechtliche Verankerung des Umweltschutzes hinzuweisen.

58 BayVerfGHE 28, 107, (122), 21, 197 (201), 19, 97 (98) jeweils m.w.N.; BayVerfGH, BayVBl. 1977, 208.

59 BayVerfGH, BayVBl. 1977, 208.

60 *Palandt/Heinrichs*, Vorbemerkung vor § 21, 4. Eingehend zu dieser Problematik *Broß*, RiA 1980, 5 ff.

61 BayVerfGH 27, 14 (20), 23, 155 (159) jeweils m.w.N.

Der Genuß der Naturschönheiten und die Erholung in der freien Natur sind als solche nur natürlichen Personen zugängig. Einer juristischen Person, sei es des Privatrechts oder des öffentlichen Rechts, ist demzufolge die Inanspruchnahme des Grundrechts bzw. die Ausübung des Grundrechts nicht möglich. Hieraus ergibt sich, daß sich die juristische Person auch nicht auf dieses Grundrecht als Abwehrrecht berufen kann[62]. Demzufolge ist Art. 141 Abs. 3 Satz 1 BV seinem Wesen nach nicht auf juristische Personen anwendbar.

Eine Berufung hierauf ist auch nicht über den Umweg möglich, daß der Verein durch seine Satzung Träger der individuellen Grundrechte seiner Mitglieder werden kann[63]. Die Grundrechte sind als solche personalisiert und nicht durch Satzung auf eine juristische Person übertragbar.

Abgesehen davon, daß der Verein gar nicht Träger des Grundrechts sein kann, wäre auch aus Art. 141 Abs. 3 Satz 1 BV keine mögliche Rechtsverletzung des einzelnen herzuleiten. Diese Vorschrift beinhaltet kein Abwehrrecht gegen rechtswidrige Veränderungen[64]. Entscheidend hierfür ist, daß Art. 141 Abs. 3 Satz 1 BV dahingehend ausgelegt wird, daß er den Genuß der vorhandenen Naturschönheit und die Erholung in der vorhandenen freien Natur gestattet und nicht ein Recht auf Erhaltung der vorhandenen Naturschönheiten und der vorhandenen freien Natur einräumt[65].

2. Damit steht fest, daß dem Verein „Schützt die Erholungsgebiete e. V." kein Recht zusteht, das möglicherweise verletzt sein und auf das er sich erfolgreich berufen könnte. Der Widerspruch des Vereins wäre demzufolge unzulässig.

II. Andere Rechtsbehelfe

Neben dem formellen Rechtsbehelf des Widerspruchs könnte der Verein noch formlose Rechtsbehelfe in Anspruch nehmen. So wäre daran zu denken, daß der Verein bei der Genehmigungsbehörde vorstellig wird und dort die Gesichtspunkte vorträgt, die nach seiner Ansicht gegen eine Erweiterung der Tiermästerei sprechen. Weiter wäre daran zu denken, daß der Verein bei der nächsthöheren Behörde seine Bedenken vorträgt und diese um eine Prüfung des Vorgangs ersucht.

Allerdings hat der Verein lediglich einen Anspruch darauf, daß seine Eingabe behandelt wird; ein Anspruch auf ein Eingreifen der Aufsichtsbehörde ist nicht gegeben[66].

---

62 BayVerfGH, BayVBl. 1977, 208 (209).
63 BayVGH, BayVBl. 1975, 420.
64 BayVGH, BayVBl. 1975, 419; BayVBl. 1976, 83.
65 S.a. *Hess* VGH, DÖV 1976, 393 zu § 2 Hessisches Landschaftspflegegesetz; *Bettermann*, DVBl. 1975, 548.
66 *Eyermann/Fröhler*, Anm. 16, 34, 54 zu § 42; *Scholler/Broß*, Polizeirecht, S. 92 ff.

Fall 4 „Kaser“

Verfahrensrecht: Anfechtungs- und Verpflichtungsklage — Widerspruchsverfahren — Klage- und Widerspruchsbefugnis

Materielles Recht: Bundesbaugesetz — Planungsrecht — Bauordnungsrecht — Zusage — Nebenbestimmungen zum Verwaltungsakt — öffentlich-rechtlicher Vertrag — Widerruf von Verwaltungsakten — Nachbarschutz im Baurecht

Entscheidungen: BVerwG, U. v. 28. 6. 1956, BVerwGE 3, 351; BVerwG, U. v. 14. 11. 1957, BVerwGE 5, 351; BVerwG, U. v. 19. 10. 1966, BVerwGE 25, 161

I. Sachverhalt

Auf der Wuhrsteinalm steht seit über 100 Jahren ein alter Kaser (Almhütte). Der Bergbauer Erasmus H beantragte im Januar 1983 bei dem zuständigen Landratsamt die Baugenehmigung für die Aufstellung eines zweiten Kasers. Das Landratsamt zeigte sich diesem Vorhaben abgeneigt, da die Wuhrsteinalm kein Baugebiet sei und in solchen Außenbereichen grundsätzlich nicht gebaut werden dürfe. Erasmus H suchte am 15. 3. 1983 einen ihm bekannten Notar auf und erklärte in einer Urkunde, daß er mit der Beseitigung des alten Kasers einverstanden sei, wenn er den neuen Kaser erbaut habe. Diese Urkunde sandte der Notar im Auftrag von Erasmus H an das Landratsamt. Nunmehr erteilte ihm das Landratsamt am 20. 3. 1983 für einen neuen Kaser die Baugenehmigung. In dieser Genehmigung wurde in Nummer 7 ausgeführt: „Dem Bauwerber Erasmus H wird gleichzeitig mit der Erteilung der Baugenehmigung zum neuen Kaser zur Bedingung gemacht, daß bei Fertigstellung desselben der alte Kaser zu beseitigen ist.“

Nach Errichtung des neuen Kasers wandte sich Erasmus H an das Landratsamt mit der Bitte, den alten Kaser noch 20 Jahre stehen zu lassen. Mit Bescheid vom 1. 7. 1983 verzichtete das Landratsamt auf die Erfüllung der Nummer 7 der Baugenehmigung, allerdings wurde in dem Bescheid ausgeführt, daß dies jederzeit widerruflich geschehe.

Dem Regierungsrat Z am Landratsamt ging im Sommer 1983 die Mitteilung zu, daß im alten Kaser des Erasmus H ein lustiges Treiben zu beobachten sei und allerlei munteres Volk dort absteige. Daraufhin verlangte das Landratsamt mit Bescheid vom 16. 8. 1983 die Erfüllung der Nummer 7 des Baubescheides von Erasmus H. Das Verlangen wurde damit begründet, daß sich der Bergbauer durch öffentlich-rechtlichen Vertrag der Beseitigung unterworfen habe.

Erasmus H legte gegen den ihm am 18. 8. 1983 zugestellten Bescheid, der eine ordnungsgemäße Rechtsbehelfsbelehrung enthielt, am 22. 9. 1983 bei der zuständigen Regierung von O Widerspruch ein. Diesen Widerspruch wies die Regierung zurück. In den Gründen wurden als Grundlage für die Beseitigungsverfügung die landesrechtliche Rechtsgrundlage für Beseitigungsanordnungen im Bauordnungsrecht, die Auflage in Nr. 7 der Baugenehmigung und der öffentlich-rechtliche Vertrag angegeben.

Erasmus H erhob nun fristgerecht Klage beim örtlich zuständigen Verwaltungsgericht München gegen das Landratsamt mit dem Antrag, die Beseitigungsanordnung vom 16. 8. 1983 aufzuheben. Eine Beseitigung sei unzulässig, weil nicht er, sondern eine bäuerliche Gemeinschaft Eigentümer des Grundes sei, auf welchem der alte Kaser stehe. Außerdem hätten andere auf der Wuhrsteinalm ebenfalls Baugenehmigungen erhalten, wie z.B. der Hotelier Xaver S für die Vergrößerung seines Hotels; der Hüttenbesitzer Sebastian N habe ebenfalls seine Hütte erweitern dürfen. Der öffentlich-rechtliche Vertrag sei außerdem keine Grundlage für eine Beseitigungsanordnung, da die Behörde im Bereiche obrigkeitlicher Verwaltung keine Verträge schließen könne. Auch könne das Landratsamt nicht aufgrund der Nummer 7 der Baugenehmigung vorgehen, weil es auf die Beseitigung verzichtet habe.

Der Hotelier Xaver S hatte gegen die Genehmigung des Kasers im Bescheid vom 20. 3. 1983 beim Landratsamt Widerspruch eingelegt mit dem Antrag, die Genehmigung aufzuheben, weil die Vorschriften des BBauG für das Bauen im Außenbereich verletzt seien. Durch den neuen Kaser, der sich nicht an die üblichen Vorschriften über Dachaufbauten halte, sei das Landschaftsbild verunstaltet, wodurch er, der Hotelier, Verluste in seinem Hotelbetrieb befürchte. Der Abstand des neuen Kasers zu seinem Grundstück sei zu gering, außerdem habe der neue Kaser an der zum Hotel gelegenen Seite einen Aufenthaltsraum mit einem so kleinen Fenster, daß auch tagsüber eine Beleuchtung mit elektrischem Licht notwendig sei. Auch habe die Gemeinde das erforderliche Einvernehmen mit der Baugenehmigung nicht ausgesprochen.

Der Nachbar Sebastian N erhob beim Verwaltungsgericht gegen das Landratsamt Klage auf Beseitigung des alten Kasers. Zur Begründung trug er vor, daß die Behörde zu Unrecht dem Erasmus H die Zusage vom 1. 7. 1983 gegeben habe, den alten Kaser stehen zu lassen. Diese rechtswidrige Zusage habe ihn in seinen Rechten beeinträchtigt und er verlange die Durchführung der Beseitigung. Erasmus H sei aufgrund des Baugenehmigungsbescheides für den neuen Kaser verpflichtet, den alten beseitigen zu lassen. Komme er dieser Pflicht nicht nach, so liege ein rechtswidriger Zustand vor, der die Behörde zum Einschreiten verpflichte. Ein solches Einschreiten könne die Behörde nicht unter Hinweis auf das Opportunitätsprinzip ablehnen.

Vermerk:

Wie ist die Rechtslage?
Die Klage des Erasmus H ist gutachtlich zu würdigen; weiter sind die abschließende behördliche Verfügung im Widerspruchsverfahren des Xaver S und die Entscheidung des Verwaltungsgerichts in der Verwaltungsstreitsache des Nachbarn Sebastian N zu entwerfen! Dabei ist davon auszugehen, daß sich bei der Prüfung der Einwendungen des Xaver S herausstellt, daß der Abstand des Kasers zu dem Grundstück des Xaver S genau den gesetzlichen Vorschriften entspricht.

II. Methodische Einführung

1. Der Sachverhalt weist drei Problemkreise auf. Der erste bezieht sich auf die Beseitigung des alten Kasers, der zweite auf die Einwendungen des benachbarten Hoteliers

Xaver S und der dritte auf die Rechtsstellung des anderen Nachbarn, Sebastian N. Die Problemkreise eins und drei befinden sich bereits im Stadium der Klage, während Problemkreis zwei sich noch vor der Verwaltungsbehörde im Widerspruchsverfahren befindet. Demzufolge bietet sich eine Dreiteilung auch bei der Lösung an, indem die beiden Klagen (Erasmus H und Sebastian N) getrennt voneinander — eventuell aufeinander folgend — nach Zulässigkeit und Begründetheit zu behandeln sind. Das Widerspruchsverfahren des Xaver S kann am Ende als dritter, selbständiger Teil untersucht werden, oder, der Chronologie des Sachverhalts folgend, als Problemkreis zwei zwischen die beiden Klagen gestellt werden. Für die eine oder andere Lösung gibt es keine zwingende Regel. Auch das Widerspruchsverfahren ist nach Zulässigkeit und Begründetheit zu trennen.

Unrichtig wäre es, die Klagen von Erasmus H und Sebastian N in der Zulässigkeits- und in der Begründetheitsstation zusammen zu behandeln. Dies nicht nur deshalb, weil es sich um verschiedene Klagearten handelt (Erasmus H erhebt eine Anfechtungsklage, Sebastian N dagegen eine Verpflichtungsklage), sondern vor allem, weil Bauwerber und Nachbar verschiedene Rechtspositionen im Baurecht einnehmen.

2. Die Interessenlage der Kläger und des Widerspruchsführers ist verschieden. Ihnen gegenüber steht das öffentliche Interesse der Behörde, das nur scheinbar mit dem privaten Interesse des Klägers Sebastian N identisch ist. Das Baurecht ist eine Mischung rein öffentlich-rechtlicher Normen, die keinen nachbarschützenden Charakter haben, mit solchen nachbarschützenden Charakters. Rein privatrechtliche Ansprüche bleiben in der Regel von baurechtlichen Genehmigungen unberührt und müssen von den Beteiligten vor den Zivilgerichten ausgetragen werden. Im vorliegenden Falle stehen aber privatrechtliche Ansprüche nicht zur Diskussion. Auch der Vertrag[1] zwischen Erasmus H und der Behörde ist keine privatrechtliche Vereinbarung.

3. Im Baurecht allgemein wie auch speziell im vorliegenden Falle spielt das allgemeine Verwaltungsrecht eine besondere Rolle. Zusage und Widerruf, Bedingung und Auflage sind häufige Gestaltungsformen baurechtlicher Bescheide. Hier tritt noch eine vertragliche Vereinbarung hinzu, die im Baurecht als öffentlich- oder privatrechtlicher Vertrag eine immer größere Rolle spielt. Die Fragen des allgemeinen Verwaltungsrechts sind nur dort zu erörtern, wo sie im Rahmen der Begründetheitsstation relevant werden. So wären vorweggezogene Ausführungen über den öffentlich-rechtlichen Vertrag, die Zusage oder den Widerruf, fehl am Platze.

Soweit Vorschriften des Landesrechts zur Lösung heranzuziehen waren, wurde der Fall auf der Grundlage des bayerischen Landesrechts gelöst. Auf die entsprechenden Vorschriften in anderen Ländern wurde exemplarisch verwiesen. Es ist dem Bearbeiter zu empfehlen, die entsprechenden landesrechtlichen Vorschriften in seinem Land herauszusuchen und zur Lösung heranzuziehen, insbesondere bei den baurechtlichen Abstandsregelungen und der Beseitigungsverfügung.

4. Der Vermerk verlangt ein Gutachten mit der Frage: Wie ist die Rechtslage? Da aber auch nach der abschließenden Behandlung durch die Widerspruchsbehörde und des Verwaltungsgerichts gefragt ist, sind diesbezüglich Entscheidungen im Urteilsstil zu

1 Zum öffentlich-rechtlichen Vertrag s. allgemein *Scholler/Broß*, BayVBl. 1977, 225; *Schenke*, JuS 1977, 281, sowie *Kopp*, VwVfG, § 54, Schrifttum m.w.N.

verfassen. Insofern ist es im Examen ratsam, nur ein Gutachten für die Rechtslage hinsichtlich Erasmus H anzufertigen und die Untersuchung von Rechtsbehelf (Widerspruch) und Rechtsmittel (Klage) sofort im Urteilsstil mit den notwendigen Förmlichkeiten zu entwerfen. Aus Übungsgründen ist in der Fallösung sowohl hinsichtlich des Widerspruchsverfahrens als auch bezüglich der von Sebastian N erhobenen Klage eine gutachterliche Würdigung und die behördliche bzw. gerichtliche Entscheidung ausgearbeitet worden. Der Unterschied im Urteils- und Gutachtenstil ist zu beachten. Auch der Widerspruchsbescheid ist im Urteilsstil abzufassen und folgt den in der Mustersammlung hierzu gegebenen Grundsätzen. Wenn vom Bearbeiter hier der Entwurf eines Widerspruchsbescheides und des Urteils des Verwaltungsgerichts verlangt wird, so wendet sich dieser Teil des Prüfungsvermerks an den Referendar, der solche Entwürfe fertigen muß. Dennoch ist die Arbeit auch und gerade für den Studenten gefertigt, der sich auf das 1. Staatsexamen vorbereitet. Sie ist zugegebenermaßen umfangreich und nicht besonders einfach, da eine Fülle von Fragen des allgemeinen Verwaltungsrechts mit hineinspielen. Für den Studenten sind deshalb die gutachterlichen Ausarbeitungen von größerer Bedeutung und er wird im Urteilsstil geschriebene Entwürfe überschlagen können. Entscheidendes enthalten diese Entwürfe nicht; denn die wichtigen Fragen sind alle in den Gutachten abgehandelt.

III. LÖSUNG

A. Die Klage des Erasmus H.

I. Zulässigkeit der Klage

1. Der Rechtsweg

Die Zulässigkeit der Klage setzt zunächst voraus, daß der allgemeine Verwaltungsrechtsweg eröffnet ist. Dies ist nach § 40 Abs. 1 VwGO dann der Fall, wenn es sich um eine öffentlich-rechtliche Streitigkeit nichtverfassungsrechtlicher Art handelt und wenn nicht eine ausdrückliche Zuweisung an einen anderen Gerichtszweig eingreift.

a) Für den öffentlich-rechtlichen Rechtscharakter der Streitigkeit ist die wahre (rechtliche) Natur des Rechtsverhältnisses maßgebend, aus dem der Kläger die geltend gemachte Rechtsfolge herleitet[2]. Es ist also in tatsächlicher Hinsicht vom Vortrag des Klägers auszugehen und dieser als richtig zu unterstellen.

Hier handelt es sich um eine baurechtliche Beseitigungsanordnung des Landratsamtes. Das Landratsamt wird aufgrund des landesrechtlichen Bauordnungsrechtes, also öffentlich-rechtlich tätig, und bedient sich zur Erfüllung seiner hoheitlichen Aufgaben auch obrigkeitlicher Mittel. Somit liegt schon nach der sog. Subordinationstheorie eine öffentlich-rechtliche Streitigkeit i.S.v. § 40 Abs. 1 VwGO vor.

b) Diese öffentlich-rechtliche Streitigkeit ist auch nichtverfassungsrechtlicher Art, da es sich nicht um eine Streitigkeit zwischen „Stellen“ handelt, die am Verfassungsleben

2 Vgl. *Scholler/Broß*, Verfassungs- und Verwaltungsprozeßrecht, Rdnr. 402 ff.; BGHZ 41, 265; *Eyermann/Fröhler*, § 40 Anm. 1; *Redeker/v. Oertzen*, § 40, Anm. 6; vgl. *Kopp*, VwGO, Anm. 6 zu § 40.

unmittelbar teilnehmen[3]. Die Auslegung und Anwendung von Verfassungsrecht wäre hier auch nicht Hauptfrage des Streites, sondern nur Vorfrage[4], zudem ist eine solche „Stelle" nicht beteiligt.

c) Auch eine ausdrückliche Zuweisung (z.B. § 40 Abs. 2 VwGO) an einen anderen Gerichtszweig liegt nicht vor[5].

Der Rechtsweg zu den allgemeinen Verwaltungsgerichten ist also eröffnet.

2. Klageart[6]

Als mögliche Klageart kommt die Anfechtungsklage in Betracht, da hier die Aufhebung eines Verwaltungsaktes begehrt wird. Es muß also objektiv eine Verfügung, Entscheidung oder andere hoheitliche Maßnahme vorliegen, die eine Behörde zur Regelung eines Einzelfalles auf dem Gebiet des öffentlichen Rechts trifft und die auf unmittelbare Rechtswirkung nach außen gerichtet ist[7].

Die Beseitigungsanordnung des Landratsamtes vom 16. 8. 1983 könnte ein solcher Verwaltungsakt sein.

a) Bedenken gegen den Verwaltungsakt-Charakter der Beseitigungsanordnung vom 16. 8. 1983 ergeben sich allerdings dann, wenn man in diesem Bescheid die bloße Wiederholung der Nr. 7 der Baugenehmigung vom 20. 3. 1983 sieht[8]. Aber auch wenn die neue Entscheidung genauso ausfällt wie die frühere, so liegt doch ein erneuter Verwaltungsakt vor, wenn die Behörde ihre Entscheidung nach erneuter Sachprüfung trifft. Eine solche erneute Sachprüfung hat das Landratsamt angestellt. Hier kommt noch hinzu, daß in dem Bescheid vom 16. 8. 1983 der Widerruf des Verzichtes vom 1. 7. 1983 enthalten ist, so daß es sich bei dem Beseitigungsverlangen vom 16. 8. 1983 auf jeden Fall um eine neue Regelung und damit um einen erneuten Verwaltungsakt und keine wiederholende Verfügung handelt.

b) Auch der Umstand, daß das Landratsamt seinen Bescheid auf einen öffentlich-rechtlichen Vertrag stützt, läßt den Rechtscharakter dieser hoheitlichen Willensäußerung unberührt. Denn die Frage, ob die Behörde aus einem öffentlich-rechtlichen Vertrag mittels Verwaltungsakt vorgehen kann[9] oder ob sie erst vor dem Verwaltungsgericht einen vollstreckbaren Titel gegen den Bürger erstreiten muß[10], ist eine Frage

3 Einzelheiten bei *Scholler/Broß,* a.a.O., Rdnr.183 ff.; *Kopp,* VwGO, Anm. 31 ff. zu § 40.

4 Vgl. Fall 6 IV Alt.

5 Vgl. *Kopp,* VwGO, Anm. 48 ff. zu § 40.

6 Seit der Entscheidung des BVerwG (DVBl. 1966, 269) vom 15. 10. 1965 ist auch geklärt, daß die richtige Klageart in derartigen Fällen die Anfechtungsklage ist. Ist die Genehmigung noch nicht erteilt, so kann auch eine vorbeugende Unterlassungsklage zulässig sein; BVerwG, DVBl. 1971, 746; zum ähnlichen Fall der vorbeugenden Feststellungsklage s. BVerwGE 26, 23. Allgemein *Ule,* Verw-Arch. 65 (1974), 291.

7 Nach h.M. muß in Wahrheit ein Verwaltungsakt vorliegen, Teil 1 IV 4; *Kopp,* VwGO, Anm. 32 zu § 42; die Behauptung, es läge ein Verwaltungsakt vor, genügt nicht; a.A. *Eyermann/Fröhler,* Anm. 11, 11a zu § 42.

8 Sog. wiederholende Verfügung, BVerwGE 13, 99 f.; *Menger,* VerwArch. 53, 281.

9 So OVG N-W., OVGE 16, 18 und DÖV 1971, 500.

10 Seit BVerwG, NJW 1974, 2247, 2250, ist eine Begrenzung von öffentlich-rechtlichen Erstattungsansprüchen durch Treu und Glauben anerkannt. BVerwG, NJW 1976, 1516, schließt den öffentlich-rechtlichen Vertrag auch als Ermächtigungsgrundlage zum Erlaß von Verwaltungsakten aus, zumindest soweit er ausschließliche Grundlage ist.

der Rechtmäßigkeit dieses Aktes und deshalb erst im Rahmen der Begründetheit zu prüfen. Hier ist allein die wahre Natur der Willensäußerung des Landratsamtes entscheidend, die als Verwaltungsakt ergangen ist.

Es liegt also ein Verwaltungsakt vor; die Anfechtungsklage ist somit die statthafte Klageart.

3. Klagebefugnis

Anfechtungsklage kann nur erheben, wer geltend macht, durch den Verwaltungsakt in seinen Rechten verletzt zu sein, § 42 Abs. 2 VwGO. Dabei bedeutet der Begriff „geltend machen" keine „Schlüssigkeitsprüfung" wie man sie vom Zivilprozeß her kennt; eine bloße Behauptung der Rechtsverletzung ohne Substantiierung reicht jedoch auch nicht aus.

Um Popularklagen zu verhindern, ist es erforderlich, aber auch ausreichend, daß sich der Kläger auf eigene Rechte beruft, die möglicherweise verletzt sind (sog. Möglichkeitstheorie)[11].

Eine solche mögliche Rechtsbeeinträchtigung ist hier in jedem Fall gegeben, weil dem Kläger durch den Bescheid vom 16. 8. 1983 eine Verbindlichkeit auferlegt wird[12].

Die Klagebefugnis ist also gegeben.

4. Vorverfahren nach §§ 68 f. VwGO

Da keine der in § 68 Abs. 1 Satz 2 VwGO vorgesehenen Ausnahmen eingreift, ist weitere Sachurteilsvoraussetzung für eine Anfechtungsklage ein erfolglos durchgeführtes Vorverfahren. Hier wurde dieses Vorverfahren zwar erfolglos durchgeführt, es wurde jedoch nicht fristgerecht eingeleitet, §§ 70, 57 Abs. 2 VwGO i.V.m. § 222 Abs. 1 ZPO, § 188 BGB, es sei denn, die Beseitigungsanordnung enthielte keine Rechtsbehelfsbelehrung, §§ 70 Abs. 2, 58 VwGO, was aber lt. Sachverhalt nicht vorliegt. Auch sind Umstände für eine Wiedereinsetzung in den vorigen Stand (§§ 70 II, 60 VwGO) nicht ersichtlich.

Bei dieser Fallgestaltung kommt es also entscheidend darauf an, ob zum erfolglosen Vorverfahren als Sachurteilsvoraussetzung auch die rechtzeitige Einlegung des Widerspruchs gehört.

a) Der Zweite Senat des BVerwG[13] und der BayVGH[14] sind der Auffassung, daß § 70 VwGO über seine verwaltungsverfahrensrechtliche Bedeutung hinaus auch verwaltungsprozessuale Bedeutung habe, daß nämlich die Rechtzeitigkeit des Widerspruchs Klagevoraussetzung sei. Für diese Meinung spricht vor allem die Gesetzgebungskompetenz. Der Bund konnte nämlich nur aufgrund des Art. 74 Nr. 1 GG das Verfahren vor Landesbehörden regeln und auch nur insoweit es die Voraussetzung für die nachfolgende verwaltungsgerichtliche Klage darstellt[15].

---

11 Einzelheiten bei *Scholler/Broß, a.a.O., Rdnr. 573 ff.; Kopp*, VwGO, Anm. 98 zu § 42.
12 *Scholler/Broß*, a.a.O.; *Eyermann/Fröhler*, § 42 Anm. 94; *Redeker/v. Oertzen*, § 42 Anm. 15.
13 DVBl. 1967, 237.
14 DVBl. 1965, 89; *Kopp*, VwGO, Anm. 6 zu § 70, Vorbem., § 68 VwGO, Anm. 7.
15 *Scholler*, DÖV 1966, 232 ff.; *ders.*, DÖV 1968, 756 ff.; a.A. *Broß*, in: v. Münch, GG-Kommentar, Rdnr. 11 zu Art. 84; Einzelheiten bei *Scholler/Broß*, Verfassungs- und Verwaltungsprozeßrecht, Rdnr. 592 ff.

b) Demgegenüber vertritt der Achte Senat des BVerwG[16] die Meinung, daß die Versäumung der Widerspruchsfrist die Anfechtungsklage nicht unzulässig mache. Begründet wird dies mit dem Eintritt der Unanfechtbarkeit des Verwaltungsaktes. § 70 VwGO habe nur verwaltungsverfahrensrechtliche Bedeutung, so daß die Klage wegen der herbeigeführten Präklusion unbegründet sei. Diese Meinung dürfte wohl die richtige sein; denn grundsätzlich werden Verfahrensfragen eines Vorverfahrens nicht bei der Zulässigkeit, sondern bei der Begründetheit geprüft.

c) Die Problematik spitzt sich jedoch zu, wenn die Widerspruchsbehörde, wie im vorliegenden Fall, trotz verspäteten Widerspruchs im Widerspruchsverfahren zur Sache entscheidet. Das kann sie nämlich nur, wenn sie trotz der Unanfechtbarkeit des Verwaltungsakts noch die Sachherrschaft hat. Aus der verfahrensrechtlichen Unanfechtbarkeit folgt aber keine sachliche Unabänderbarkeit[17]; denn die Möglichkeit der Anfechtung ist dem Bürger zu seinem Rechtsschutz eingeräumt, während die Rücknahme in erster Linie aus öffentlichen Interessen erfolgen wird, wobei die Anfechtbarkeit keine Rolle spielt. Wenn Ausgangs- und Widerspruchsbehörde identisch sind, bedeutet die Unanfechtbarkeit also keinen Verlust der Sachherrschaft; denn die Behörde wäre nicht gehindert, einen neuen, gleichlautenden Bescheid zu erlassen, der dann noch gerichtlich nachgeprüft werden könnte.

Hier handelt es sich jedoch um zwei verschiedene Behörden ein und desselben Rechtsträgers (Staat). Bei dieser Gestaltung könnte man einwenden, daß die Regierung als nächsthöhere Behörde i.S.v. § 73 Abs. 1 Nr. 2 VwGO gar nicht befugt sei, die Aufgaben des Landratsamtes wahrzunehmen. Das trifft jedoch im konkreten Fall nicht zu. Durch die Einlegung des Widerspruchs und die Nichtabhilfe des Landratsamtes, verbunden mit der Vorlage an die Regierung, erhält diese die Sachherrschaft (Devolutiveffekt). Diese Sachherrschaft ist auch nicht auflösend bedingt durch das Ergehen des Widerspruchsbescheides, soweit und so lange ein gerichtliches Verfahren anhängig ist. Da hier auch nicht Rechte Dritter (z.B. des Selbstverwaltungsrechts der Gemeinden[18]) betroffen sein können, schadet die Versäumung der Widerspruchsfrist des § 70 VwGO der Zulässigkeit der Anfechtungsklage nicht.

5. Klagefrist

Die Klagefrist des § 74 VwGO ist eingehalten.

6. Sonstige Zulässigkeitsvoraussetzungen

Die weiteren Zulässigkeitsvoraussetzungen[19] können als gegeben unterstellt werden.

Die Anfechtungsklage des Erasmus H ist also zulässig.

---

16 DVBl. 1965, 89.
17 Z.B. *Bullinger*, JZ 1963, 466; *Kopp*, VwGO, Anm. 9 zu § 70.
18 Vgl. dazu *Scholler*, DÖV 1966, 232. Zum Streitstand s. ausführlich *Eyermann/Fröhler*, § 70 Anm. 5; *Schunck/De Clerck*, §§ 69, 70, Anm. 7; *Kopp*, VwGO, Anm. 9, 10 zu § 70.
19 Vgl. Teil 1 IV A; *Kopp*, VwGO, Vorbem. 17 zu § 40.

II. Begründetheit

Die Anfechtungsklage des Erasmus H ist begründet, wenn die Klage gegen den richtigen Beklagten gerichtet ist — Passivlegitimation[20] —, wenn die Beseitigungsanordnung vom 16. 8. 1983 rechtswidrig und Erasmus H dadurch in seinen Rechten verletzt ist, § 113 Abs. 1 VwGO.

1. Richtiger Beklagter

Gem. § 78 Abs. 1 Nrn. 1, 2 VwGO ist die Klage gegen die Körperschaft zu richten, deren Behörde den Verwaltungsakt erlassen hat bzw. soweit Landesrecht dies bestimmt, gegen die Behörde selbst[21]. Es genügt aber gem. § 78 Abs. 1 Nr. 1 a.E. VwGO, auf jeden Fall die handelnde Behörde anzugeben, wer Rechtsträger ist, braucht vom Kläger nicht ermittelt zu werden. Erasmus H hat mit seiner Klage gegen das Landratsamt zumindest die Behörde richtig bezeichnet, so daß der Bestimmung des § 78 VwGO Genüge getan ist[22].

2. Rechtswidrigkeit des Verwaltungsakts

Die Beseitigungsanordnung als belastender Verwaltungsakt ist dann rechtswidrig, wenn eine ausreichende Ermächtigungsgrundlage fehlt (Vorbehalt des Gesetzes).

Als Ermächtigungsgrundlagen kommen in Frage:

a) Vollstreckungsbefugnisse[23] nach Landesrecht, z.B. Art. 29 ff. BayVwZVG, §§ 68 ff. hessVwVfG oder §§ 18 ff. LVwVG für Baden-Württemberg. Im folgenden werden die Art. 29 ff. VwZVG des bayerischen Landesrechts zugrunde gelegt.

b) Widerrufsvorbehalt im Bescheid vom 1. 7. 1983

c) Bauordnungsrechtliche Beseitigungsgrundlage des Landesrechts

d) Ein öffentlich-rechtlicher Subordinationsvertrag

e) Die Auflage der Baugenehmigung vom 20. 3. 1983

Selbstverständlich ist es auch möglich, die Rechtsgrundlagen in einer anderen Prüfungsreihenfolge zu untersuchen.

Zu a)

Die Beseitigungsanordnung vom 16. 8. 1983 könnte nur dann auf Art. 29 ff. VwZVG[24] gestützt werden, wenn es sich hierbei um den Vollzugsakt bzw. die Voll-

---

20 Vgl. *Kopp*, VwGO, Vorbem. 18, 28 zu § 40.

21 Vgl. § 7 Abs. 1 ndsAGVwGO, § 17 saarlAGVwGO, § 6 schl-hAGVwGO und § 5 Abs. 1 n-wAGVwGO.

22 In Bayern wäre das Landratsamt als Bauaufsichtsbehörde tätig geworden (Art. 62 BayBO), so daß der richtige Beklagte der Freistaat Bayern ist.

23 Im Verhältnis zum Verfahren nach dem VwVfG ist das Vollstreckungsverfahren ein besonderes anschließendes Verwaltungsverfahren. S.a. die hier nicht anzuwendende bundesrechtliche Regelung in § 6 Abs. 1 und § 9 VwVG vom 27. 4. 1953 (Sartorius Nr. 112).

24 Im folgenden wird das bayerische Recht zugrunde gelegt. Vergleichbare Regelungen haben auch die anderen Länder.

zugsandrohung eines schon ergangenen Verwaltungsaktes handeln würde. Als Anordnungsgrundlage kommt hier Nr. 7 der Baugenehmigung vom 20. 3. 1983 in Frage, da es sich insoweit um einen Verwaltungsakt handelt, der selbständig vollzogen werden kann. Die Beseitigungsanordnung vom 16. 8. 1983 stellt aber noch nicht einmal die Androhung (Art. 36 VwZVG)[25] des Vollzugs dieser Auflage dar, sondern ist der „Widerruf" des Bescheides vom 1. 7. 1983, in dem auf die Erfüllung der Auflage jederzeit widerruflich verzichtet wurde. Für diesen Widerruf kann Art. 29 VwZVG somit keine Rechtsgrundlage sein.

Zu b)

Rechtsgrundlage könnte jedoch ein dem Verzicht vom 1. 7. 1983 beigefügter und inzwischen unanfechtbar gewordener Widerrufsvorbehalt sein. Die Beifügung eines ausdrücklichen Widerrufsvorbehaltes war auch zulässig; denn der Verzicht auf die Erfüllung der Auflage stand im Ermessen des Landratsamtes. Es hätte die Bitte des Erasmus H, den alten Kaser noch 20 Jahre stehen zu lassen, auch gänzlich ablehnen können. Da das Landratsamt den Widerruf, der in dem Bescheid vom 16. 8. 1983 zum Ausdruck kommt, auch nicht willkürlich (Der Verzicht auf die Beseitigung erfolgte aus landwirtschaftlichen Gründen. Das „lustige Treiben" beweist eine Zweckentfremdung, offenbar aus touristischen Motiven) und deswegen ermessensfehlerhaft ausgeübt hat, findet die „Beseitigungsanordnung" vom 16. 8. 1983, soweit sie den Widerruf des Verzichtes betrifft, ihre Rechtsgrundlage in dem Bescheid vom 1. 7. 1983. Das Beseitigungsverlangen kann darauf natürlich nicht gestützt werden.

Zu c)

Unabhängig davon, ob das Landratsamt nach rechtswirksamem Widerruf des Verzichtes sein Beseitigungsverlangen auf den angeblich abgeschlossenen Vertrag oder auf eine Auflage stützen kann, kann die Behörde immer dann hoheitlich vorgehen, wenn ihr eine gesetzliche Ermächtigungsgrundlage zur Seite steht. Durch eine vertragliche Bindung könnte allenfalls eine gewisse Ermessensbindung eintreten, soweit ein solches Ermessen eingeräumt ist. Hier kommt eine Beseitigungsanordnung nach Art. 82 Bayerische Bauordnung (BayBO) als Rechtsgrundlage in Betracht. Die Landesbauordnungen der anderen Länder kennen vergleichbare Regelungen, z.B. in Baden-Württemberg § 101 LBO, Rheinland Pfalz § 113 LBO oder hambBauO, § 106.

Art. 82 BayBO lautet: „Werden Anlagen im Widerspruch zu öffentlich-rechtlichen Vorschriften errichtet oder geändert, so kann die Bauaufsichtsbehörde die teilweise oder vollständige Beseitigung der Anlage anordnen, wenn nicht auf andere Weise rechtmäßige Zustände hergestellt werden können. Werden Anlagen im Widerspruch zu öffentlich-rechtlichen Vorschriften benutzt, so kann diese Benutzung untersagt werden. Beseitigungsanordnungen gelten auch gegenüber den Rechtsnachfolgern. Die Bauaufsichtsbehörde kann verlangen, daß ein Bauantrag gestellt wird."

Voraussetzung für Art. 82 BayBO ist demzufolge, daß der alte Kaser öffentlich-rechtlichen Vorschriften widerspricht, daß er also formell und materiell illegal ist.

25 Einzelheiten hierzu bei *Pietzner/Ronellenfitsch*, § 14.

aa) Aus dem Sachverhalt ist nicht ersichtlich, ob für den alten Kaser zu irgendeiner Zeit eine baurechtliche Genehmigung erteilt wurde. Da vor 100 Jahren keine Baugenehmigung erforderlich war, ist davon auszugehen, daß nie eine Baugenehmigung erteilt wurde. Es liegt daher formelle Illegalität vor. Diese formelle Illegalität kann auch nicht durch eine nachträgliche Genehmigung geheilt werden, da wegen § 35 BBauG im Außenbereich keine Genehmigung erteilt werden kann.

bb) Für die materielle Rechtmäßigkeit ist grundsätzlich die Rechtslage im Zeitpunkt der Errichtung maßgebend. Nachträgliche Verschärfungen der Baurechtsvorschriften müssen mit Rücksicht auf die Eigentumsgarantie des Art. 14 GG außer Betracht bleiben[26]. Dies gilt nicht für die Frage der Rechtmäßigkeit nach wasserrechtlichen Vorschriften. Eine nachträgliche Verbesserung der Rechtsstellung für den Betroffenen ist jedoch zu berücksichtigen[27]. Es sollen aufgrund überholter Rechtsvorschriften keine Bauwerke abgebrochen werden, die im Zeitpunkt der gerichtlichen Entscheidung wegen der neuen Rechtsvorschriften genehmigt werden müßten. Es ist also immer die für den Betroffenen günstigste Regelung zu berücksichtigen[28]. Das wäre hier der Zeitpunkt der Errichtung. Denn vor 100 Jahren war die Errichtung des Kasers mangels entgegenstehenden Vorschriften materiell legal.

cc) Im übrigen spricht für bauliche Anlagen, die seit unvordenklichen Zeiten unter den Augen der Behörden bestanden haben und von diesen fortdauernd als zu Recht bestehend behandelt worden sind, die Vermutung der Baurechtmäßigkeit[29].

dd) Ein Verstoß gegen öffentlich-rechtliche Vorschriften ist auch nicht darin zu erblikken, daß Erasmus H die Auflage zu der Baugenehmigung nicht erfüllt hat. Denn dadurch würde nur der Neubau rechtswidrig, weil Erasmus H nur den Neubau als eine dem Bauordnungsrecht unterworfene Bauanlage errichtet hat[30]. Auf Art. 82 BayBO kann das Beseitigungsverlangen des Landratsamtes also nicht gestützt werden.

Zu d)

Das Landratsamt stützt seine Beseitigungsanordnung vom 16. 8. 1983 auf eine vertragliche Beseitigungsverpflichtung des Erasmus H. Es will also Ansprüche aus einem Vertrag mit Erasmus H geltend machen, wobei es sich nur um einen öffentlich-rechtlichen Vertrag[31] handeln kann, durch den öffentlich-rechtliche Pflichten unmittelbar begründet werden[32].

aa) Erste Voraussetzung dafür ist, daß das Landratsamt hier überhaupt einen solchen Vertrag abschließen durfte.

§ 54 S. 2 VwVfG läßt auch im subordinationsrechtlichen Verhältnis[33] einen Austauschvertrag zu (§ 56 Abs. 1 VwVfG). Voraussetzung ist hierfür, daß Rechtsvor-

---

26 BVerwGE 3, 351.
27 BVerwGE 5, 351.
28 *Därr*, DÖV 1976, 111; Grundsatz der Meistbegünstigung.
29 OVG N-W, DÖV 1965, 539 — Leitsatz.
30 BayObLGSt. a.F. 7, 358; 15, 73.
31 § 54 VwVfG; Einzelheiten hierzu bei *Kopp*, VwVfG, Anm. zu § 54; *Scholler/Broß*, BayVBl. 1977, 225.
32 Vgl. hierzu die Nachw. bei *Kopp*, a.a.O.,
33 Hierzu Teil 1 IV.

schriften nicht entgegenstehen (§ 54 S. 1 VwVfG) und daß die Gegenleistung der Behörde zur Erfüllung ihrer öffentlichen Aufgaben dient. Als weitere Voraussetzung müssen Angemessenheit und sachlicher Konnex der Gegenleistung hinzutreten[34]. Die baurechtlichen Vorschriften der Länder über die Beseitigung formell und materiell illegaler Bauwerke (z.B. Art. 82 BayBO, § 101 LBO für Baden-Württemberg oder § 113 LBO für Rheinland Pfalz) räumen den zuständigen Behörden einen Ermessensspielraum ein, der sie berechtigt, i.S.v. § 54 S. 1 VwVfG im Rahmen eines öffentlich-rechtlichen Vertrages über die Beseitigungspflicht Vereinbarungen zu treffen.

Dieses der Behörde eingeräumte Ermessen bezieht sich nämlich nach richtiger Ansicht nicht nur auf den sachlichen Inhalt der zu treffenden Entscheidung, sondern auch auf die Gestaltungsform (Verwaltungsakt oder Vertrag)[35].

Nach diesen Grundsätzen ist hier ein Vertrag zulässig, da Art. 82 BayBO der Behörde Ermessen einräumt.

bb) Zwischen Erasmus H und dem Landratsamt kam auch ein Vertrag zustande. Ein entsprechendes Vertragsangebot ist in der Urkunde des Erasmus H vom 15. 3. 1983 zu sehen. Die Annahme wurde vom Landratsamt zwar nicht ausdrücklich erklärt, sie ist jedoch konkludent mit der Baugenehmigung abgegeben worden, §§ 145, 151 BGB.

cc) Auch liegt keine Sittenwidrigkeit des Vertrages vor, die ihn aus dem Gedanken des § 138 BGB nichtig machen könnte. Die Verpflichtung des Erasmus H, den alten Kaser abzureißen, ist vom Landratsamt nicht durch verwerflichen Druck erzwungen worden.

dd) Der Vertrag ist auch nicht etwa nach § 306 BGB analog nichtig. Zwar konnte sich Erasmus H nicht wirksam für die anderen Miteigentümer verpflichten, weil die Voraussetzungen der §§ 164 f. BGB nicht gegeben sein dürften. Da jedoch nur anfängliches Unvermögen des Erasmus H vorliegt, ist § 306 BGB, der auf objektive Unmöglichkeit abstellt, nicht analog anwendbar. Für sein anfängliches Leistungsvermögen hat jeder Schuldner schlechthin einzustehen. Der Vertrag ist also gültig.

ee) Der Vertrag verstößt auch nicht gegen den sog. Vorbehalt des Gesetzes. Zwar besteht im Außenbereich sogar bezüglich unqualifizierter Bauvorhaben ein Rechtsanspruch auf Erteilung einer Baugenehmigung, falls die Voraussetzungen des § 35 Abs. 2 BBauG vorliegen[36]. Hier dürfte jedoch, obwohl es sich um ein qualifiziertes Vorhaben nach § 35 Abs. 1 Nr. 1 BBauG handelt, § 35 Abs. 3 BBauG entgegenstehen. Denn auch durch die Vergrößerung einer Splittersiedlung werden öffentliche Belange beeinträchtigt[37].

ff) Zweifelhaft ist hier aber, ob das Landratsamt die nachträgliche Verpflichtung des Erasmus H durch Verwaltungsakt erzwingen konnte. Nach Meinung des OVG N—W[38] ist dies möglich. Diese Meinung verkennt jedoch das Wesen des Vertrages, das in der Gleichordnung der Vertragspartner besteht. Danach müßte sich das Land-

34 Allg. M., vgl. etwa *Scholler/Broß*, a.a.O.; *Schenke*, JuS 1977, 282.
35 Vgl. z.B. OVG N-W, OVGE 16, 12.
36 So schon OVG N-W, DÖV 1964, 753; BVerwG, BayVBl. 1964, 258.
37 BVerwGE 18, 242 (244); 25, 161; 24, 1 (2); BVerwG, DVBl. 1977, 198.
38 OVGE 16, 12 und OVG N-W, DÖV 1971, 500.

ratsamt also erst durch Klage einen Vollstreckungstitel beschaffen[39] und könnte nicht durch Verwaltungsakt vorgehen[40].

gg) Unabhängig von der Form des Vorgehens des Landratsamtes kann der Vertrag jedoch keine Grundlage für die Beseitigung des alten Kasers gegen andere Miteigentümer sein. Denn diese sind aus dem Vertrag nicht verpflichtet, auch nicht zur Duldung. Der baurechtliche Grundsatz der Sachbezogenheit kann gerade bei einem Vertrag nicht zur Anwendung kommen. Auf den Vertrag kann das Landratsamt sein Beseitigungsverlangen also auch nicht stützen.

Zu e)

Das Beseitigungsverlangen kann aber seine Grundlage in Nummer 7 der Baugenehmigung vom 20. 3. 1983 finden. Bei dieser Nummer 7 handelt es sich um eine Nebenbestimmung der Baugenehmigung, die keine Bedingung, sondern eine Auflage darstellt[41]. Die Wirksamkeit der Baugenehmigung wird nämlich von dem Schicksal dieser Nummer 7 nicht berührt.

aa) Baugenehmigungen können generell unter Auflagen erteilt werden[42]. Dies bedeutet jedoch nicht, daß Auflagen ohne jede Rechtsgrundlage einer Baugenehmigung beigefügt werden können. Auflagen sind selbst Verwaltungsakte, bedürfen deshalb einer ausdrücklichen Rechtsgrundlage[43].

Als Rechtsgrundlage der vorliegenden Auflage kommt § 35 Abs. 1 BBauG in Betracht, der grundsätzlich Streusiedlungen verhindern will. Da auch die Verstärkung einer bereits bestehenden Splittersiedlung gegen öffentliche Belange verstößt[44], greift § 35 BBauG ein.

bb) In der Erteilung der Baugenehmigung unter der Auflage, den alten Kaser zu beseitigen, ist auch kein Verstoß gegen den Gleichheitssatz zu sehen. Bei den Baugenehmigungen für die Nachbarn handelt es sich nur um bauliche Veränderungen an den alten, bereits bestehenden Gebäuden. Die dem Erasmus H erteilte Genehmigung betrifft jedoch einen Neubau. Es liegt also ein ungleicher Sachverhalt vor, der verschiedenes Verhalten der Behörde zuläßt. Im übrigen würde die Berufung auf eine rechtswidrige Baugenehmigung unter Hinweis auf den Gleichheitssatz erfolglos sein, weil hier der Grundsatz gilt, daß kein Anspruch auf „gleiche Rechtswidrigkeit" besteht.

cc) Auch der Verzicht vom 1. 7. 1983 kann die Vollziehung der Auflage nicht hindern, da dieser Verzicht rechtswirksam widerrufen ist (vgl. oben zu b).

dd) Die Auflage könnte jedoch rechtswidrig sein, weil Erasmus H nicht Alleineigentümer des alten Kasers ist. Wegen der Sachbezogenheit der baurechtlichen Anordnungen hat die Auflage jedoch auch Gültigkeit für die Miteigentümer des alten Ka-

---

39 Vgl. dazu § 61 VwVfG, der die Unterwerfung unter die sofortige Vollstreckbarkeit vorsieht.
40 OVG N-W, NJW 1967, 2328; BVerwG, NJW 1974, 2247 (2250); zum Meinungsstand *Kopp*, VwVfG, Anm. 4 zu § 61.
41 Vgl. dazu § 36 VwVfG II, Nrn. 2, 4.
42 Da ein Rechtsanspruch auf Baugenehmigung besteht (BVerwGE 16, 116), z.B. zur Ausräumung eines Versagungsgrundes.
43 Vgl. dazu *Kopp*, VwVfG, Anm. 9 zu § 36.
44 BVerwG, DVBl. 1976, 217.

sers[45]. Es fehlt ihnen gegenüber aber an der Bekanntmachung und der Zustellung der Beseitigungsauflage. Dieser Mangel kann und muß noch durch eine notwendige Beiladung gem. § 65 Abs. 2 VwGO im verwaltungsgerichtlichen Verfahren geheilt werden[46]. Eine Bestätigung der Rechtmäßigkeit würde bewirken, daß die Beseitigungsauflage auch den Miteigentümern gegenüber Bestandskraft erlangt.

Das Beseitigungsverlangen kann also auf Nummer 7 der Baugenehmigung gestützt werden, so daß eine wirksame Rechtsgrundlage vorhanden ist.

Die Klage des Erasmus H ist somit unbegründet.

B. Der Widerspruch[47] des Xaver S.

I. Zulässigkeit

1. Der Widerspruch des Xaver S ist statthaft, weil es sich um eine öffentlich-rechtliche Streitigkeit gem. § 40 Abs. 1 VwGO handelt. Xaver S wendet sich dagegen, daß das Landratsamt dem Erasmus H eine Baugenehmigung erteilt hat und verlangt deren Aufhebung. Dieses Verlangen kann nur aufgrund öffentlich-rechtlicher Vorschriften beurteilt werden.

2. Da Xaver S Aufhebung eines Verwaltungsaktes begehrt, handelt es sich um einen sog. Anfechtungswiderspruch.

3. Der Widerspruch ist aber zulässig, wenn Xaver S „widerspruchsbefugt" ist.

Diese Widerspruchsbefugnis entspricht der Klagebefugnis nach § 42 Abs. 2 VwGO und setzt voraus, daß der Widerspruchsführer sich auf eigene Rechte beruft, die möglicherweise verletzt sind.

a) Das privatrechtliche Eigentum des Xaver S scheidet als mögliches verletztes eigenes Recht aus, weil die Baugenehmigung ausdrücklich „unbeschadet Rechte Dritter" ergeht, z.B. Art. 74 Abs. 6 BayBO[48]. Private Rechte können daher durch die Baugenehmigung nicht verletzt sein.

b) Vorschriften des öffentlichen Baurechts geben Xaver S als Nachbarn aber nur dann die Widerspruchsbefugnis, wenn diese Vorschriften zumindest auch den Schutz des Xaver S bezwecken. Es ist zu klären, ob das Baurecht dem Nachbarn subjektiv-öffent-

45 Vgl. z. B. Art. 74 Abs. 3 BayBO.

46 Streitig, vgl. *Bettermann*, DVBl. 1966, 793; *Proksch*, BayVBl. 70, 399; *Eyermann/Fröhler*, § 65, Anm. 6, 11, 17, 19. Beseitigungsanordnungen wirken auch gegen den Gesamtrechtsnachfolger, den Einzelrechtsnachfolger als neue Anordnungsadressaten. Sie wirken auch gegen den Erwerber der Zwangsversteigerung und gegen den Ehegatten als bloßen Mitbesitzer. VGH B-W, BauR 1979, 232 = DVBl. 1980, 606.

47 Allgemein zum Widerspruchsverfahren: *Weides*, Verwaltungsverfahren und Widerspruchsverfahren in der öffentlich-rechtlichen Arbeit; Zur Zulässigkeit der landesgesetzlichen Aufhebung des Widerspruchsverfahrens gem. § 68 Abs. 1 S. 2 VwGO s. BVerfGE 35, 65; *Ule*, DVBl. 1974, 639; *Kopp*, VwGO, Anm. 15 zu § 68; sowie z.B. Art. 10a BayAGVwGO.

48 Für andere Länder vgl. z.B. § 95 Abs. 3 LBO für Baden-Württemberg oder § 89 BauO für Nordrhein-Westfalen.

liche Rechte gewährt[49], oder ob ihm aus der Anwendung des Baurechtes nur Rechtsreflexe zuwachsen, die nicht klageweise durchsetzbar sind.

aa) Nach der sog. Adressatentheorie ist der Nachbar nicht klagebefugt, da nur der Bauwerber Adressat des Baugenehmigungsbescheides ist.

bb) Grundsätzlich haben die Vorschriften des Baurechts Gemeinwohlcharakter. Sie bezwecken eine geordnete Bebauung, gesunde Wohn- und günstige Verkehrsverhältnisse. Zahlreiche Vorschriften zielen jedoch auch auf den Schutz des Nachbarn hin. So z.B. die Bauzonenvorschriften, die Bestimmungen über den Feuer- und Gesundheitsschutz und vor allem die Vorschriften über den sog. Bauabstand.

cc) Entscheidendes Abgrenzungskriterium des zumindest rechtlich geschützten Interesses i.S.v. § 42 Abs. 2 VwGO vom reinen Rechts- oder Tatsachenreflex ist die Zweckbestimmung eines Rechtssatzes. Danach liegt ein Recht i.S.v. § 42 Abs. 2 VwGO nur vor, wenn ein Rechtssatz vorhanden ist, der den Dritten nicht nur objektiv begünstigt, sondern diese Begünstigung des Dritten — und nicht nur der Allgemeinheit — auch subjektiv bezweckt. Angesichts der Grundprinzipien der Verfassung besteht auch eine Vermutung für Rechte des einzelnen. Meist ist auch eine Verfahrensbeteiligung ein Indiz für ein subjektives Recht.

c) Hier sind von den von Xaver S vorgetragenen Rechten zumindest die Vorschriften über den Bauabstand (Art. 6 BayBO[50]) grundsätzlich Rechte mit nachbarschützendem Charakter. Andere Landesbauordnungen kennen vergleichbare Regelungen, z.B. für Nordrhein-Westfalen §§ 7 ff. BauO oder für Baden-Württemberg §§ 7 ff. LBO.

d) Da Xaver S Nachbar ist, gehört er zu dem geschützten Personenkreis. Xaver S beruft sich also auf eigene Rechte.

e) Eine Verletzung dieses Rechtes erscheint auch möglich, weil Xaver S behaupten möchte, daß Erasmus H erlaubt worden war, ohne einen erforderlichen Dispens von den Vorschriften über die Abstandsflächen zu bauen. Ein Verstoß gegen Art. 6, 7 BayBO bzw. die jeweiligen Regelungen in anderen Ländern erscheint hier somit als möglich.

4. Das auch für das Widerspruchsverfahren erforderliche Rechtsschutzbedürfnis ist ebenfalls gegeben. Man kann Xaver S nicht auf eine zivilrechtliche Klage aus § 1004 BGB gegen Erasmus H verweisen. Denn mit seinem Widerspruch wendet sich Xaver S gegen eine vermeintliche Beeinträchtigung seiner Rechte durch das Landratsamt. Mit einer zivilrechtlichen Klage gegen seinen Nachbarn würde Xaver S sich gegen ein Verhalten des Erasmus H wenden.

5. Weder die Monatsfrist des § 70 VwGO noch die Jahresfrist des § 58 Abs. 2 VwGO haben zu laufen begonnen, da die Baugenehmigung dem beschwerten Xaver S noch nicht bekannt gegeben worden war[51].

Der Widerspruch des Xaver S ist also zulässig.

---

49 Eine ausführliche Zusammenfassung der nachbarschützenden Vorschriften im Baurecht findet sich bei *Simon*, Rdnr. 14 ff. zu Art. 73 BayBO m.w.N.

50 *Simon*, Anm. 16 zu Art. 73 m.w.N.

51 Vgl. Teil l IV B; *Eyermann/Fröhler*, § 70 Anm. 7; *Kopp*, VwGO, Anm. 8 zu § 70; s. aber BVerwGE 44, 294; *Kopp*, VwGO Anm. 18 ff. zu § 74.

II. Begründetheit

Der Widerspruch des Xaver S ist begründet, wenn die Baugenehmigung unter Verstoß gegen nachbarschützende Bauvorschriften oder ermessensfehlerhaft erteilt wurde und Xaver S außerdem dadurch in seinen Rechten verletzt ist (entsprechend § 113 VwGO).

1. Rechtmäßigkeit

a) Das von § 35 BBauG geforderte Verbot des Bauens im Außenbereich dient überwiegend öffentlichen Interessen und bezweckt grundsätzlich nicht auch daneben noch den Schutz des Nachbarn[52]. Nach der neueren Rechtsprechung des Bundesverwaltungsgerichts zu §§ 34 und 35 BBauG, insbesondere die Entscheidung vom 21. 10. 1968[53] in Ergänzung von BVerwGE 28, 268, ist unter bestimmten Voraussetzungen der nachbarschützende Charakter auch von § 35 Abs. 1 BBauG zu bejahen[54]. Schon vorher hatte das Bundesverwaltungsgericht unter Berufung auf Art. 14 Abs. 1 GG die Vorschrift des § 35 Abs. 2 BBauG dahin ausgelegt, daß die Kann-Vorschrift des § 35 Abs. 2 BBauG die Rechtsnatur einer Mußvorschrift mit Rechtsanspruch durch Interpretation erhielt, wenn die Voraussetzungen auf der Tatbestandsseite erfüllt waren. Die gesamte Rechtsprechung neigt dazu, die öffentlich-rechtlichen Beschränkungen des Privateigentums durch eine Uminterpretation öffentlich-rechtlicher Normen i.S.v. Vorschriften mit nachbarschützendem Charakter auszugleichen. Hier liegen aber die von der Rechtsprechung aufgestellten Kriterien für die Bejahung des Nachbarschutzes aus § 35 Abs. 1 BBauG deshalb nicht vor, weil die Errichtung eines neuen Kasers — noch dazu unter der Auflage der Beseitigung des alten — die Rechtsposition des Xaver S im Außenbereich in keiner Weise beeinträchtigen kann. Im Grunde genommen liegt hier eine der Rechtsprechung zu § 35 BBauG nicht entsprechende Fallgestaltung vor, da ein Hotel im Außenbereich keinesfalls zu den privilegierten Vorhaben gehört.

b) Auch die Vorschriften zum Schutz gegen Verunstaltungen dienen ausschließlich dem allgemeinen Interesse[55], also kann Xaver S auch aus diesen keine Rechte herleiten. Im übrigen ist eine durch die Verunstaltung bedingte Beeinträchtigung seines Hotelbetriebes noch nicht eingetreten. Xaver S „befürchtet“ nur Einbußen.

c) Die Vorschriften über den Bauabstand sind grundsätzlich nachbarschützender Natur[56].

Das gilt auch für die Vorschriften über die Abstandsflächen vor notwendigen Fenstern, vgl. Art. 6 Abs. 3 Nr. 2 BayBO a.F. In Art. 6 BayBO n.F. ist dies entfallen. Allerdings ist der Vortrag des Xaver S, „der Abstand sei zu gering“, nicht genau genug, um daraus eine Verletzung des Art. 6 BayBO n.F. herzuleiten. Bei der Prüfung des

52 Vgl. *Simon*, BayVBl. 1967, 230; *Simon*, Anm. 17 zu Art. 73.
53 Mit Anm. von *Bartlsperger*, DVBl. 1969, 263, 265.
54 Im einzelnen hierzu die Nachw. bei Fall 4 und BVerwG, NJW 1978, 62; BGH, NJW 1981, 982. Vgl. auch *Schlichter*, NVwZ 1983, 641 (642 ff.).
55 *Friauf*, a.a.O., S. 489 Anm. 260.
56 *Simon*, BayVBl. 67, 230; OVG N-W, DVBl. 1973, 826 (Nr. 221).

Widerspruchs hat sich außerdem herausgestellt, daß der Einwand des zu geringen Abstands nicht zutrifft (vgl. Bearbeitervermerk).

Die Vorschriften über Aufenthaltsräume (Art. 45 BayBO bzw. vergleichbare Regelungen in anderen Ländern, so z.B. § 65 LBO für Baden-Württemberg oder § 62 hessBO) sind nicht nachbarschützend, sondern bezwecken nur, den zu errichtenden Gebäuden selbst die nötige Licht- und Luftzufuhr zu sichern. Die Vorschriften dienen also neben öffentlichen Interessen vor allem den Hausbewohnern des Bauwerbers und nicht dem Nachbarn. Soweit also gegen Art. 45 BayBO verstoßen wurde, kann Xaver S daraus keine Rechte herleiten, da es sich insoweit um keine nachbarschützende Vorschrift handelt[57].

d) Wegen des fehlenden Einvernehmens mit der Gemeinde nach § 36 Abs. 1 BBauG ist die Baugenehmigung zwar rechtswidrig, aber nur die Gemeinde, nicht Xaver S, in eigenen Rechten verletzt[58].

2. Ermessen

Einen Ermessensfehler konnte das Landratsamt hier nicht begehen, weil es keine echte Ermessensentscheidung zu treffen hatte. Wegen § 35 Abs. 1 BBauG hatte Erasmus H keinen Anspruch auf Erteilung einer Baugenehmigung. Wenn das Landratsamt trotzdem eine Genehmigung erteilen wollte, so konnte es gesetzmäßige Zustände nur durch Beifügung der Abrißauflage herbeiführen. Es handelt sich insoweit um eine unechte Ermessensbetätigung. Im übrigen wird nur Erasmus H und nicht Xaver S von der Auflage beschwert. Den Xaver S belastenden Verzicht auf den Vollzug der Auflage hat Xaver S nicht angegriffen.

Der Widerspruch des Xaver S ist also unbegründet, da die Baugenehmigung zwar rechtswidrig ist, aber Xaver S nicht in seinen Rechten verletzt.

C. Die Klage des Sebastian N.

I. Zulässigkeit

1. Rechtsweg

Die Klage des Sebastian N ist vor dem Verwaltungsgericht zulässig, wenn eine öffentlich-rechtliche Streitigkeit i.S.v. § 40 Abs. 1 VwGO vorliegt. Das ist hier, wo es um den Vollzug bauordnungsrechtlicher Anordnungen geht, zu bejahen, weil nur aufgrund öffentlich-rechtlicher Vorschriften beurteilt werden kann, ob das Landratsamt rechtmäßig gehandelt hat.

2. Klagehäufung und Klageart

Sebastian N wendet sich sowohl gegen den Kaser als auch gegen die Zusage vom 1. 7. 1983. Es liegen insoweit zwei Anträge und damit zwei Klagen vor, was aber nach § 44 VwGO möglich ist (objektive Klagehäufung)[59].

---

57 Vgl. hierzu *Simon,* Anm. 53 zu Art. 6, zu der früheren Regelung des Art. 63 Abs. 3 Nr. 2 BayBO a.F. und OVG Lüneburg, BauR 1977, 118.

58 BVerwGE 32, 173; 44, 244; BVerwG, DVBl. 1976, 220.

59 Vgl. dazu *Eyermann/Fröhler,* § 44 Anm. 1, 3, 4; *Kopp,* VwGO, Anm. 4 ff. zu § 44.

a) Als Klageart bezüglich des Beseitigungsverlangens kommt eine Verpflichtungsklage oder eine allgemeine Leistungsklage in Betracht. Die Verpflichtungsklage ist im Subordinationsverhältnis die einzige mögliche Klageart, wenn der Erlaß eines Verwaltungsakts begehrt wird. Hier liegt zwar ein Subordinationsverhältnis vor, es ist jedoch nicht zweifelsfrei, worauf das Klagebegehren des Sebastian N gerichtet ist. Wenn das Begehren den Erlaß einer Beseitigungsanordnung (Art. 82 BayBO) zum Ziel hat, so wird eindeutig ein Verwaltungsakt verlangt. Aber auch wenn nur der Vollzug der Auflage verlangt wird, wird der Erlaß eines Verwaltungsakts begehrt; denn auch die Vollstreckungsakte sind Verwaltungsakte[60]. Die richtige Klageart ist also die Verpflichtungsklage.

b) Soweit sich Sebastian N gegen den Verzicht vom 1. 7. 1983 wendet, kommt nur die Anfechtungsklage in Betracht, weil der Verzicht einen Verwaltungsakt darstellt.

3. Klagebefugnis[61]

a) Für das Verpflichtungsbegehren ist die Klagebefugnis abzulehnen. Sebastian N trägt keine Tatsachen vor, aus denen sich ein möglicher Anspruch auf Beseitigung ergeben könnte. Deshalb kann hier dahinstehen, ob das in Art. 82 BayBO der Behörde eingeräumte Ermessen auch im Interesse des Nachbarn verliehen wurde[62]. Nur dann wäre nämlich bei einer völligen Ermessensschrumpfung[63] das Entstehen eines materiellen Anspruchs des Sebastian N möglich. Auch aus der Auflage und dem öffentlichrechtlichen Vertrag können dem Sebastian N keine Rechte zustehen, da Sebstian N daraus nicht begünstigt werden sollte.

b) Bezüglich des Anfechtungsverlangens erscheint eine Rechtsbeeinträchtigung eher möglich. Dies ist jedoch nur dann der Fall, wenn man in der Zusage die nachträgliche Abänderung der Baugenehmigung sieht, die Sebastian N als Nachbarn belastet. Sebastian N trägt aber keine möglicherweise verletzten Rechte vor, die nachbarschützenden Charakter haben. Es fehlt also auch hier die Klagebefugnis.

4. Widerspruchsverfahren

Im übrigen ist für keine der beiden Klagen das erforderliche Vorverfahren durchgeführt.

Die Klagen des Sebastian N sind also unzulässig.

60 *Wolff/Bachof* III, § 160 II, S. 331.
61 Der Widerruf des Verzichts begründet die Klagebefugnis nach § 42 Abs. 2 VwGO.
62 Vgl. *Simon*, Anm. 4 ff. zu Art. 82.
63 Vgl. *Simon*, Anm. 7 zu Art. 82.

D. Der Widerspruchsbescheid

Regierung von . . . Ort und Datum

Az.:

Betr.: Bauvorhaben des Erasmus H in (Anschrift und genaue Bezeichnung des Grundstücks)

hier: Widerspruch des Hoteliers Xaver S in (Anschrift) gegen den Bescheid des Landratsamts . . . vom 20. 3. 1983

Die Regierung von . . . erläßt folgenden

Widerspruchsbescheid

I. Der Widerspruch des Hoteliers Xaver S. gegen den Bescheid des Landratsamts . . vom 20. 3.1983 — Az.: . . . — wird zurückgewiesen.

II. Der Widerspruchsführer Xaver S hat die Kosten des Widerspruchsverfahrens zu tragen.

III. Für diesen Bescheid wird eine Gebühr von 80,— DM festgesetzt.

Gründe

I. (Sachverhalt)

Gegen die dem Bergbauern Erasmus H vom Landratsamt . . . am 20. 3. 1983 für einen neuen Kaser erteilte Baugenehmigung hat der Widerspruchsführer mit Schreiben vom . . . (der Sachverhalt gibt keine Daten hierzu an) Widerspruch eingelegt mit dem Antrag, die Genehmigung aufzuheben. Zur Begründung führte der Widerspruchsführer aus, daß die Vorschriften des Bundesbaugesetzes verletzt seien. Der neue Kaser verunstalte das Landschaftsbild, so daß der Widerspruchsführer Verluste in seinem Hotelbetrieb befürchten müsse. Der Abstand des neuen Kasers zu seinem Grundstück sei zu gering, außerdem habe der neue Kaser an der zum Hotel gelegenen Seite einen Aufenthaltsraum mit einem so kleinen Fenster, daß eine Beleuchtung auch tagsüber mit elektrischem Licht notwendig sei. Außerdem habe die Gemeinde das erforderliche Einvernehmen mit der Baugenehmigung nicht ausgesprochen[64].

Das Landratsamt hat dem Widerspruch nicht abgeholfen, § 72 VwGO. Da der Genehmigungsbescheid keine Rechtsbehelfsbelehrung enthält, ist der Widerspruch in offener Frist eingelegt, §§ 70 Abs. 2, 58 Abs. 2 VwGO. Deshalb kann es dahingestellt bleiben, ob der Bescheid dem Xaver S bekanntgegeben wurde.

---

64 Ein Eingehen auf den übrigen Sachverhalt wäre falsch, da die Fragen außerhalb des Widerspruchsverfahrens von anderen Beteiligten aufgeworfen wurden. Soweit Ortsbesichtigungen durchgeführt oder Dritte angehört werden, ist darauf einzugehen, § 71 VwGO.

II. (Begründung)

Die Regierung ist zur Entscheidung über den formgerecht eingelegten Widerspruch zuständig, §§ 68 und 73 Abs. 1 S. 2 Nr. 1 VwGO.

1. Der Widerspruch des Xaver S ist zulässig, aber unbegründet.

a) Es handelt sich um einen Anfechtungswiderspruch, weil im Widerspruchsverfahren die Aufhebung einer Baugenehmigung verlangt wird, die einen Verwaltungsakt im Bauordnungsrecht darstellt, § 40 Abs. 1 VwGO i.V.m. dem landesrechtlichen Bauordnungsrecht.

b) Der Widerspruchsführer ist auch „widerspruchsbefugt", §§ 42 Abs. 2, 68 VwGO entsprechend. Der Widerspruchsführer kann sich zwar nicht auf privatrechtliche Befugnisse stützen, da die Baugenehmigung die privat-rechtlichen Verhältnisse nicht berührt. Sie ergeht unbeschadet Rechte Dritter[65]. Der Widerspruchsführer kann aber die Verletzung von Bauvorschriften vortragen, die nachbarschützenden Charakter haben. Hierzu gehören zwar nicht solche Vorschriften, die das Orts- oder Landschaftsbild schützen; denn sie schützen nur Landschafts- und Baucharakter im allgemeinen, nicht aber im Individualinteresse. Dahingestellt bleiben kann ferner, ob der Widerspruchsführer sich auf die Verletzung des Verbotes von Bauten im Außenbereich[66] stützen kann; denn er hat sich jedenfalls in einer, die Widerspruchsbefugnis begründenden Weise auf die Verletzung von Vorschriften, die den Bauabstand regeln, berufen. Die geltend gemachte Rechtsverletzung dieser nachbarschützenden Vorschriften erscheint auch möglich, weil das Vorliegen eines erforderlichen Dispenses nicht offenkundig ist.

c) Das Rechtsschutzbedürfnis für das Widerspruchsverfahren ist ebenfalls zu bejahen, da andere einfachere Möglichkeiten der Rechtsgeltendmachung, insbesondere eine Klage aus § 1004 BGB, nicht gegeben sind. Ein näheres Eingehen hierauf ist nicht erforderlich, weil der Widerspruchsführer Rechtsschutz gegen den bauordnungsrechtlichen Eingriff in die von ihm behauptete Rechtsposition begehrt.

2. Die mangelnde Begründetheit des Widerspruchs ergibt sich daraus, daß weder nachbarschützende Bauvorschriften verletzt noch ermessensfehlerhaft in die Rechte des Widerspruchsführers eingegriffen wurde[67].

---

65 *Friauf*, a.a.O., S. 499 Anm. 357.

66 Die Neufassung des § 35 BBauG mit Wirkung vom 1. 1. 1977 erleichtert das Bauen im Außenbereich, ohne Baufreiheit einzuführen.

67 Anders als im Gutachten beginnt man hier zweckmäßig mit den Vorschriften über den Bauabstand und nicht mit den bauplanungsrechtlichen Regelungen des Bauens im Außenbereich, § 35 Abs. 1 BBauG; denn in der Zulässigkeitsstation hat der Widerspruchsbescheid die Frage der Widerspruchsbefugnis hinsichtlich von § 35 BBauG offengelassen. Dieses ist aus Gründen der Praktikabilität zulässig. Dennoch muß in der Begründetheitsstation umfassend, also auch unter dem Gesichtspunkt des § 35 Abs. 1 BBauG, geprüft werden. Der einmal zulässige Widerspruch führt zu einer umfassenden Prüfung. Nur solche Normen, die bereits in der Zulässigkeitsstation ausgeschieden wurden (wie z.B. der Schutz des Landschafts- und Ortsbildes) dürfen in der Begründetheitsstation nicht mehr herangezogen werden. Zu beachten ist aber, daß zuerst mit der Norm in der Begründetheitsstation zu beginnen ist, für welche die Widerspruchsbefugnis bejaht wurde. Zur Verneinung eines subjektiven Rechts auf Denkmalschutz s. BayVerfGH, BayVBl. 1976, 652.

a) Grundsätzlich sind die Vorschriften über den Bauabstand nachbarschützend[68]. Allerdings ist hier, wie die Überprüfung ergeben hat, keine Verletzung der Abstandsfläche nach Art. 6 BayBO gegeben; die Berufung auf die mangelnde Lichtzufuhr für das Nachbargebäude greift nicht durch. Insofern liegt bei näherer Prüfung der Vorschrift keine Baurechtsnorm mit nachbarschützendem Charakter vor.

b) Das Verbot des Bauens im Außenbereich, § 35 Abs. 1 BBauG, gibt im vorliegenden Fall dem Widerspruchsführer keine geschützte Rechtsposition. Die Voraussetzungen, unter welchen die Rechtsprechung eine solche nachbarschützende Rechtsstellung bejaht, liegen nicht vor, da das Hotel des Widerspruchsführers nicht zu den privilegierten Bauwerken nach § 35 Abs. 1 BBauG zählt.

c) Das Fehlen des Einvernehmens der Gemeinde nach § 36 Abs. 1 BBauG begründet zwar die Rechtswidrigkeit der Baugenehmigung, führt aber nicht dazu, daß der Widerspruchsführer in eigenen Rechten verletzt ist oder eine solche Rechtsverletzung geltend machen kann, § 113 VwGO entsprechend. Nur die Gemeinde selbst könnte die Rechtsverletzung geltend machen.

d) Ein Ermessensfehler (Ermessensmißbrauch oder Ermessensüberschreitung) liegt ebenfalls nicht vor, weil § 35 Abs. 1 BBauG keinen Ermessenstatbestand enthält. Das gleiche gilt für die Regelung des § 35 Abs. 2 BBauG, der entgegen dem Wortlaut von der Rechtsprechung des Bundesverwaltungsgerichts dahingehend ausgelegt wird, daß die Baugenehmigungsbehörde hier über keinen Ermessensspielraum verfügt[69].

Soweit die erteilte Auflage sich als Ermessensbetätigung darstellt, ist nur Erasmus H, nicht aber der Widerspruchsführer Xaver S beschwert.

e) Die Nachprüfung der Zweckmäßigkeit der angegriffenen Baugenehmigung im Rahmen des § 68 VwGO ist ebenfalls aus den unter d) angegebenen Gründen nicht möglich. Der Baugenehmigungsbehörde war kein Handlungsermessen eingeräumt.

III. Kosten

Der Ausspruch über die Kosten des Widerspruchsverfahrens zu Lasten des unterlegenen Widerspruchsführers beruht auf (z.B.) Art. 80 BayVwVfG.

68 Vgl. z.B. Art. 6 Abs. 3 Satz 1 BayBO.
69 BVerwGE 18, 247; OVG N-W, DVBl. 1964, 542.

E. Das Urteil in der Verwaltungsstreitsache des Sebastian N[70]

Bayerisches Verwaltungsgericht München

Az.: . . .

Im Namen des Volkes!

In der Verwaltungsstreitsache

N, Sebastian — Anschrift

— Kläger —

Bevollmächtigter: — Name und Anschrift

gegen
den Freistaat Bayern, vertreten durch die Landesanwaltschaft beim Verwaltungsgericht München

— Beklagter —

beigeladen[71]: — Erasmus H, Anschrift

wegen Baugenehmigung
erläßt das Bayerische Verwaltungsgericht München, III. Kammer, unter Mitwirkung von
A, Vorsitzender Richter am VG
B und C Richter am VG
D und E, ehrenamtliche Richter am VG

aufgrund der mündlichen Verhandlung vom . . .
folgendes

Urteil:

I. Die Klagen werden (als unzulässig) abgewiesen.

II. Der Kläger hat die Kosten der Verfahren einschließlich der Aufwendungen des Beigeladenen zu tragen.

III. Das Urteil ist in Nr. 2 vorläufig vollstreckbar.

I. Tatbestand

Der Kläger möchte mit seiner Klage die Beseitigung eines alten Kasers erreichen.

Der Kläger, Sebastian N, hat mit Schriftsatz vom . . . Klage zum Verwaltungsgericht X., eingegangen am . . ., erhoben und den Antrag gestellt, den Verzicht auf die Beseitigung des alten Kasers vom 1. 7. 1983 gegenüber Erasmus H, einem benachbarten Bergbauern, aufzuheben und darüber hinaus beantragt, den alten Kaser zu beseitigen (es ist üblich, die Anträge aus dem Schriftsatz im Wortlaut zu bringen; das ist hier jedoch nicht möglich, da der Sachverhalt förmliche Anträge nicht aufweist).

70 *Böhme/Fleck/Bayerlein*, Formularsammlung für Rechtsprechung und Verwaltung, 5. Aufl., München 1979, S. 106; Teil 1 VI und Mustersammlung.

71 Dieser ist gem. § 65 VwGO beizuladen (notwendige Beiladung nach § 65 Abs. 2 VwGO.)

Der Kläger ist Nachbar des Erasmus H, dem das Landratsamt ... mit Bescheid vom 20. 3. 1983 die Genehmigung zur Erstellung eines Kasers erteilt hatte. Bestandteil dieser Baugenehmigung war eine Bedingung, nach der Erasmus H, der Bauwerber, nach Fertigstellung des neuen Kasers den bisherigen, seit über 100 Jahren bestehenden alten Kaser, abreißen mußte.

Nachdem Erasmus H den neuen Kaser errichtet hatte, wandte er sich an das Landratsamt mit der Bitte, den alten Kaser noch 20 Jahre stehen lassen zu dürfen. Das Landratsamt verzichtete dementsprechend mit Bescheid vom 1. 7. 1983 jederzeit widerruflich auf die Erfüllung dieser dem Genehmigungsbescheid als Nummer 7 beigefügten Bedingung. Keiner der beiden Bescheide wurde dem Kläger bekannt gemacht oder zugestellt.

Der Kläger begründet seine Klage damit, daß die Behörde die Zusage vom 1. 7. 1983 zu Unrecht dem Erasmus H erteilt habe. Dadurch sei er, der Kläger, in seinen Rechten verletzt und er verlange deshalb, daß der alte Kaser beseitigt werde. Erasmus H sei aufgrund des Baugenehmigungsbescheides für den neuen Kaser verpflichtet, den alten zu beseitigen. Es liege ein rechtswidriger Zustand vor, wenn er dieser Verpflichtung nicht nachkomme. Die Behörde könne ein Einschreiten mit Hinweis auf das Opportunitätsprinzip nicht ablehnen.

II. Entscheidungsgründe

Die Klagen sind unzulässig.

1. Der Kläger, Sebastian N, wendet sich mit seinen Klagen vom ... gegen den Bescheid vom 1. 7. 1983 und verlangt dessen Aufhebung sowie die Beseitigung des alten Kasers[72].

Die in objektiver Klagehäufung geltend gemachten Prozeßbegehren stellen sich als Anfechtungsklage i.V.m. einer Verpflichtungsklage dar, §§ 42 Abs. 1, 44 VwGO. Da hinsichtlich der Beseitigung eine Anordnung der Bauordnungsbehörde begehrt wird, ist das Ziel der Klage ein Verwaltungsakt und die Klage ihrer Art nach eine Verpflichtungsklage und nicht eine allgemeine Leistungsklage. Dies ist auch dann der Fall, wenn das Beseitigungsbegehren nur als Klage auf Vollzug der Auflage im Bescheid vom 1. 7. 1983 zu werten wäre[73].

2. Das Verwaltungsgericht ist für die Entscheidung örtlich und sachlich zuständig, §§ 45, 52 Nr. 1 VwGO.

72 Es ist üblich, zu Beginn der Entscheidungsgründe in wenigen Worten das Begehren und die Stellung des Klägers zu kennzeichnen.

73 Ob das eine oder andere begehrt wird, kann für die Frage der Klageart im Rahmen der Zulässigkeitsprüfung offenbleiben.

3. Die Klagebefugnis für das Anfechtungsbegehren wie für das Verpflichtungsbegehren ist jedoch zu verneinen[74].

a) Die Klagebefugnis für die Anfechtungsklage kann zwar nicht schon deshalb verneint werden, weil die Zusage als Verwaltungsakt nur Erasmus H als Bauwerber, nicht aber mit Doppelwirkung auch den Nachbarn betreffe. Denn die Zusage kann durchaus als nachträgliche Abänderung der Baugenehmigung und damit als Verwaltungsakt mit Doppelwirkung (begünstigend oder belastend) angesehen werden. Der Kläger hat aber nicht substantiiert vorgetragen, in welchen nachbarschützenden Rechten er verletzt sein könnte. Auch eine Rechtsstellung nach § 35 Abs. 1 BBauG als verletzte Rechtsposition ist nicht wahrscheinlich[75].

b) Für die Verpflichtungsklage fehlt ebenfalls die Klagebefugnis, § 42 Abs. 2 VwGO. Die Beseitigung eines rechtswidrigen Bauwerkes ist in das pflichtgemäße Ermessen der Bauordnungsbehörde gestellt, Art. 82 BayBO. Der Kläger hat keine Tatsachen vorgetragen, die eine völlige Einengung dieses Ermessensspielraumes ausweisen, so daß ein materiell-rechtlicher Anspruch auf Beseitigung entstehen könnte.

Auch aus dem öffentlich-rechtlichen Vertrag zwischen dem Bauwerber Erasmus H und der Bauordnungsbehörde können dem Sebastian N keine Rechte, insbesondere keine Rechte auf Beseitigung, zustehen.

4. Die Unzulässigkeit der beiden Klagen ergibt sich ferner daraus, daß das erforderliche Widerspruchsverfahren[76] nicht durchgeführt wurde.

III. Kostenentscheidung, vorläufige Vollstreckbarkeit

Als Unterlegener hat der Kläger die Kosten der beiden Klageverfahren zu tragen, § 154 Abs. 1 VwGO.

Der Ausspruch der vorläufigen Vollstreckbarkeit beruht auf § 167 Abs. 2 VwGO i.V.m. §§ 708 Nr. 11, 709 S. 1 ZPO.

IV. Rechtsmittelbelehrung

(s. Mustersammlung im Anhang).

74 In der Prüfungsreihenfolge im Rahmen der Zulässigkeitsstation hat die Anfechtungsklage nur einen praktischen, keinen zwingend logischen Vorrang. Es könnte also durchaus auch die Klagebefugnis der Verpflichtungsklage an erster Stelle geprüft werden. In der Regel empfiehlt es sich, bei zwei Klagen die gesamte Prüfung der Zulässigkeitsstationen zu trennen. Im Falle einer subjektiven Klagehäufung ist jedoch eine Zusammenfassung vor allem dann möglich, wenn keine umfangreiche Problematik vorliegt.

75 Das Gericht muß natürlich im Rahmen des § 86 Abs. 3 VwGO auf Substantiierung der Klage hinwirken. Nur wenn dennoch keine Substantiierung erfolgt und eine Rechtsverletzung deshalb nicht als möglich erscheint, kann die Klageabweisung als unzulässig erfolgen.

76 Da der Bescheid vom 1. 7. 1983, welcher die Zusage enthielt, keine Rechtsbehelfsbelehrung hatte und da dieser Bescheid dem Sebastian N auch nicht bekannt gegeben oder zugestellt wurde, läuft für das Widerspruchsverfahren die Jahresfrist, §§ 58 Abs. 2, 70 VwGO. Das Verwaltungsgericht wird im Rahmen des § 86 Abs. 3 VwGO auf die Nachholung des Widerspruchsverfahrens hinwirken und evtl. das Verfahren aussetzen.

Fall 5 „Ostermarsch“

Verfahrensrecht: Nachträgliche Feststellungsklage — Erledigung eines Verwaltungsaktes — Rechtsweg

Materielles Recht: Versammlungsrecht — Polizeirecht — Nebenbestimmungen zum Verwaltungsakt — Übermaßverbot

Entscheidungen: BVerfG, B. v. 15. 12. 1965, BVerfGE 19, 342; BVerfG, U. v. 5. 8. 1966, BVerfGE 20, 150; BVerfG, B. v. 7. 5. 1968, BVerfGE 23, 265; BVerwG, U. v. 31. 1. 1967, BVerwGE 26, 135; BVerwG, U. v. 9. 2. 1967, BVerwGE 26, 161; BVerwG, U. v. 15. 3. 1973, BVerwGE 42, 79

I. Sachverhalt

Zur Durchführung eines von Bürgerinitiativen veranstalteten Ostermarsches stellte der Versammlungsleiter (L) bei der Gemeinde G[1] einen Antrag, an Ostern 1983 einen Marsch zu bewilligen. Die Gemeinde gab den Antrag an die Polizei weiter mit der Weisung, dem L folgende Auflagen zu erteilen:

1. Bundes- und Staatsstraßen einschließlich deren Ortsdurchfahrten dürfen wegen des starken Osterverkehrs nicht benützt werden.
2. Der Marsch darf nicht an Kasernen der Bundeswehr vorbeiführen.
3. Der Marschleiter hat vor jedem Durchmarsch einer Gemeinde Fühlung mit der jeweiligen Polizeibehörde aufzunehmen.

L sieht sich durch diese Anordnungen in seinen Grundrechten verletzt und bestreitet, daß die Polizei ein Recht habe, die Versammlungsfreiheit zu beschränken. Daraufhin bestätigt der Oberbürgermeister die polizeiliche Anordnung im Namen der Gemeinde unter Hinweis auf das Versammlungsgesetz und Polizeirecht.

Während des Ostermarsches wurden von einem Berufsjournalisten (J) Aufnahmen vom Umzug gemacht. Da sich der Ostermarsch nicht an die Auflagen hielt, sah die Polizei eine verfassungsfeindliche Handlung und forderte J auf, den Platz zu verlassen. Als dieser sich weigerte, wurde er von der Polizei „festgenommen“, sein Fotoapparat wurde „beschlagnahmt“, ohne daß vorher die Gewaltanwendung angedroht wurde.

Nach Beendigung des Ostermarsches wollen L und J gerichtlichen Rechtsschutz anrufen. L erhebt ohne vorhergehendes Widerspruchsverfahren Anfechtungsklage, während J sich mit einer Feststellungsklage an das Verwaltungsgericht wendet.

L und J bezweifeln die Verfassungsmäßigkeit der einschlägigen Bestimmungen des Versammlungsrechts.

---

1 In den verschiedenen Ländern der Bundesrepublik sind auch die Termini verschieden: Bezeichnung in Baden-Württemberg: Stadtkreise gem. § 3 b-wGO; in Niedersachsen: kreisfreie Städte gem. § 10 ndsGO.

Vermerk:

Wie wird das Gericht entscheiden?

Die Rechtslage ist in formeller und materieller Hinsicht zu würdigen.

II. Literatur zum Sachgebiet

A. Nebenbestimmungen zum Verwaltungsakt

Erichsen/Martens, Allgemeines Verwaltungsrecht, 6. Aufl. 1983, § 14; *Forsthoff,* Lehrbuch des Verwaltungsrechts, Bd. I, 10. Aufl. 1973, § 11 Nr. 5; *Kopp,* VwVfG, 3. Aufl. 1983, Kommentierung zu § 36; *Laubinger,* VerwArch 1982, 345 f.; *Obermayer,* Kommentar zum VwVfG, 1983, Kommentierung zu § 36; *Schachel,* Nebenbestimmungen zu Verwaltungsakten, 1979; *ders.,* Jura, 1981, 449 f.; *Ule/Laubinger,* Verwaltungsverfahrensrecht, 2. Aufl. 1979, S. 245 f.

B. Versammlungsrecht

Kommentar zum Bonner Grundgesetz (Bonner Kommentar), Kommentierung zu Art. 8; *Dietel/Gintzel,* Demonstrations- und Versammlungsfreiheit, 7. Aufl. 1982; *Scholler/Broß,* Grundzüge des Polizei- und Ordnungsrechts in der Bundesrepublik Deutschland, 3. Aufl. 1982, S. 173 f.; *Drews/Wacke/Vogel/Martens,* Allgemeines Polizeirecht (Ordnungsrecht), Bd. I, 8. Aufl. 1975; *Maunz/Dürig/Herzog/Scholz,* Grundgesetz, 5. Aufl., Kommentierung zu Art. 8; *v. Münch,* Grundgesetzkommentar, Bd. I, 2. Aufl. 1981, Kommentierung zu Art. 8.

C. Übermaßverbot

Dietel/Gintzel, a.a.O., Anm. 87 f. zu § 1; *Drews/Wacke/Vogel/Martens,* Gefahrenabwehr, Bd. I, S. 154 f.; *Erichsen/Martens,* a.a.O., § 12 II 2 c; *Kopp,* VwVfG, Rdnr. 21 zu § 40; *Lerche,* Übermaß und Verfassungsrecht, 1961.

III. Methodische Einführung

In diesem Fall handelt es sich um ein Zusammenwirken der Polizei mit Organen der allgemeinen inneren Verwaltung (Gemeinde). Zum eingehenderen Verständnis der vorliegenden Problematik ist es unerläßlich, zunächst auf die verschiedenen Organisationsformen der Länder im Bereich des Polizei- und Ordnungsrechts einzugehen[2].

In den Ländern Baden-Württemberg, Bremen, Rheinland-Pfalz und Saarland ist die Gefahrenabwehr allgemein der Polizei zugewiesen (sog. Polizeibehördensystem, vgl. §§ 45, 47, 48 b-wPolG; §§ 1, 64 bremPolG; §§ 76, 77 rh-pfPVG; §§ 1 saarlPOG, 3, 14 PVG).

2 Vgl. *Scholler/Broß,* Polizeirecht, S. 19 f.

In den Ländern Bayern, Berlin, Hamburg, Hessen, Niedersachsen, Nordrhein-Westfalen und Schleswig-Holstein sind die Behörden der Polizei und der inneren Verwaltung (wegen der terminologischen Vielfalt in den Ländern, hier der Einfachheit halber Ordnungsbehörden genannt) getrennt (sog. Trennungssystem).

Für die Länder mit dem Trennungssystem ist jedoch weiter zu differenzieren:

Die Trennung in Bayern und Nordrhein-Westfalen ist eine institutionelle und funktionale, was bedeutet, daß ordnungsrechtliche Vorschriften nicht sowohl für die Polizei als auch für die innere Verwaltung (Sicherheits- bzw. Ordnungsbehörden) gelten, sondern für die Behörden der inneren Verwaltung im Landesstraf- und Verordnungsgesetz bzw. Ordnungsbehördengesetz gesonderte Rechtsvorschriften geschaffen wurden (vgl. Art. 6 BayLStVG, Art. 1 BayPAG; § 1 Abs. 1 n-wOBG, § 1 n-wPolG).

In Berlin, Hamburg, Hessen, Niedersachsen und Schleswig-Holstein ist die Trennung nur eine institutionelle, d. h. Polizei- und Ordnungsbehörden werden zur Gefahrenabwehr nach denselben Bestimmungen tätig (vgl. §§ 1 Abs. 1 und Abs. 4, 2, 4 berlASOG; §§ 1, 3 hambSOG; § 1 Abs. 1 und Abs. 3 hessSOG; §§ 1, 2 ndsSOG; § 164 schlhLVwG).

Um bei der Lösung des Falles nicht auf die Besonderheiten des Polizei- und Ordnungsrechts eines jeden Landes eingehen zu müssen, soll hier stellvertretend für die unterschiedlichen Organisationsformen auf die Rechtslage in Baden-Württemberg (Polizeibehördensystem), Bayern (institutionelles und funktionelles Trennungssystem) und Niedersachsen (institutionelles Trennungssystem) eingegangen werden.

Der historische Ablauf des Falles ist folgender:

Antrag des L — Weisung der inneren Verwaltung (Oberbürgermeister) an die Polizei — Maßnahmen der Polizei — Widerspruch des L (?) — Bestätigung der polizeilichen Anordnung durch die Gemeinde. Diese historische Reihenfolge kann der Prüfung nicht zugrunde gelegt werden, da z.B. die Weisung nicht von der polizeilichen Anordnung isoliert betrachtet werden kann und diese wiederum durch die Bestätigung der Gemeinde evtl. überholt ist. Für den richtigen Aufbau muß auch die „Bestätigung der Gemeinde“ von der Maßnahme der Polizei getrennt werden; denn es liegen offenbar zwei selbständige öffentlich-rechtliche Maßnahmen vor und nicht nur eine Maßnahme der Polizei mit Bestätigung der inneren Verwaltung. Anders wäre es dann, wenn es sich bei der „Bestätigung“ um eine innerdienstliche Mitwirkung handeln würde, wie z.B. im Falle der Zustimmung der Gemeinde nach §§ 31 und 36 BBauG oder der Zustimmung der obersten Landesstraßenbaubehörde nach § 9 Abs. 2 FStrG. Bei solchen innerdienstlichen Mitwirkungsakten nimmt die Rechtsprechung das Vorliegen reiner Interna an, gegen die kein selbständiges Rechtsschutzverfahren in Gang gebracht werden kann. Der von Art. 19 Abs. 4 GG geforderte Schutz wird nicht verweigert; denn der Betroffene kann sich gegen die erfolgte Rechtsbeeinträchtigung im Verfahren gegen den nach außen hin ergangenen Akt wehren. Dies ist in den Fällen der §§ 31, 36 BBauG und 9 Abs. 2 FStrG die nach außen hin ergehende Entscheidung der Baugenehmigungsbehörde. Die interne Mitwirkung der Gemeinde wird im Verfahren gegen die Ablehnung der Baugenehmigung überprüft. Ganz genau so liegt es im Sicherheitsrecht bei der Weisung der inneren Verwaltung gegenüber den Polizeikräften. Art. 9 Abs. 2 bayPOG räumt allen Sicherheitsbehörden (dazu gehören auch die Gemeinden, vgl. Art. 6 bayLStVG) ein Weisungsrecht gegenüber der Polizei ein; die Weisungsbefugnis bezieht sich auf den polizeilichen Aufgabenbereich mit Ausnahme der polizeilichen Mitwirkung bei der Vollzugshilfe, weil die Regelungen der Art. 29 bis 31 bayPAG der Weisungsbefugnis des Art. 9 Abs. 2 bayPOG vorgehen[3]. Diese Weisung hat innerdienstliche Wirkung und stellt einen Organisationsakt dar, der nicht selbständig angefochten werden kann und deshalb nur der Mitprüfung im Verfahren gegen die angewiesene Maßnahme unterliegt. Das Handeln auf Weisung gem. Art. 9 Abs. 2 bayPOG ist eine nur im bayerischen Polizeirecht besonders geregelte Unterart der Amts-/Vollzugshilfe, die in den anderen Ländern unter die Amts-/ Vollzugshilfe subsumiert wird.

Für die anderen Länder wäre demnach die Weisung durch die Gemeinde als Ersuchen um Amts-/Vollzugshilfe auszulegen. Von Amts-/Vollzugshilfe kann jedoch in den Ländern nicht gesprochen werden, in welchen wie in Baden-Württemberg, Bremen, Rheinland-Pfalz und Saarland (Polizeibehördensystem) Vollzugspolizei und Ordnungsbehörden organisatorisch als Einheit betrachtet werden[4].

Ein Weisungsrecht bzw. Amts-/Vollzugshilfe zwischen den Behörden der inneren Verwaltung und der Polizei ist daher in Baden-Württemberg schon aus diesem organisatorischen Gesichtspunkt nicht möglich. Daher erübrigen sich bezüglich dieser Problematik Erörterungen zur Fallösung.

Dagegen besteht für Niedersachsen die Möglichkeit, die Weisung der Gemeinde (kreisfreie Stadt) als Ersuchen um Amts-/Vollzugshilfe auszulegen. Das Ersuchen stellt eine behördliche Verfahrenshandlung dar[5], die von dem, durch die im Wege der Amtshilfe zu Stande gekommene Maßnahme, betroffenen Bürger nicht mit Rechtsmitteln angegriffen werden kann. Aus diesem Grunde wäre hier folgender Aufbau fehlerhaft:

A. Rechtsschutz des L gegen die Weisung (bzw. das Ersuchen um Amts-/Vollzugshilfe)

B. Rechtsschutz des L gegen die von der Gemeinde bestätigten Maßnahmen der Polizei.

Dieser Aufbau ist aber auch deshalb falsch, weil er davon ausgeht, daß es sich um eine einheitliche externe Maßnahme handelt. Wenn man unterstellt, daß die Bestätigung eine Neuvornahme ist, dann ist es klar, daß zwei selbständige Maßnahmen vorliegen. Dem steht nicht entgegen, daß sie gleichen Rechtsinhalt haben. Dies könnte nur bedeuten, daß sich die ursprüngliche Maßnahme der Polizei erledigt hat. Durch eine solche Erledigung kann der Rechtsschutz nicht entfallen, wenn ein Interesse des ursprünglich Betroffenen fortbesteht, sei es, daß er eine Wiederholung befürchtet, sei es, daß er Ersatzansprüche geltend machen will[6]. Es ist deshalb in Zweifelsfällen immer zu raten, bei externen Anordnungen — die Bestätigung erfolgt jedenfalls gegenüber dem L und nicht nur gegenüber der Polizei — zwei Maßnahmen anzunehmen. Sollte sich wirklich dann die Identität zwischen beiden Maßnahmen herausstellen, so kann

3 Vgl. *Samper*, POG; 3. Aufl. 1982, Anm. 4 zu Art. 9.
4 Vgl. *Knemeyer*, Polizei- und Ordnungsrecht, 1984, § 11 II.
5 Vgl. *Kopp*, VwVfG, Rdnr. 13 zu § 4.
6 Vgl. *Becker*, MdR 1973, 981.

die Erörterung durch eine Verweisung auf frühere Ausführungen beendet werden, ohne dadurch in Schwierigkeiten zu geraten. Dagegen ist es sehr viel schwieriger, wenn man zunächst eine einheitliche Maßnahme angenommen hat und dann im Verlauf der Zulässigkeitsprüfung oder erst der Begründetheitsprüfung feststellt, daß es sich doch um zwei getrennt zu behandelnde Maßnahmen oder Verwaltungsakte handelt. Möglicherweise geht bereits das Widerspruchsverfahren auseinander, weil verschiedene Ausgangsbehörden oder Widerspruchsbehörden zuständig sind. Auch die Fristen für das Vorverfahren oder das Klageverfahren können verschieden sein, und es ist denkbar, daß auch die Klageart auseinander geht.

Für den Aufbau ergibt bereits die erste Grundfrage „wonach ist gefragt"?, daß mit der formell-rechtlichen Würdigung zu beginnen ist, weil der Prüfervermerk lautet: „Die Rechtslage ist in formeller und materieller Hinsicht zu würdigen". Das bedeutet, daß die Beantwortung formeller Fragen eine entscheidene Rolle spielen wird. Wäre die Frage nicht so gestellt, so würde sich aber aus der ersten Frage „wie wird das Gericht entscheiden"? schon dieselbe Antwort ergeben; denn jede gerichtliche Entscheidung hat neben dem Tatbestand einen formell-rechtlichen und einen materiell-rechtlichen Teil. Weiter stellt sich die Frage, ob ein Urteilsentwurf im Urteilsstil zu fertigen ist (vgl. Teil I). Aus der Frage, wie das Gericht entscheiden wird, kann dies aber allein nicht entnommen werden. Wenn ein Urteil verlangt wird, dann lautet der Prüfervermerk regelmäßig: „Die Entscheidung des Gerichts ist zu entwerfen"!

Zunächst ist festzuhalten, daß nach der formellen wie der materiellen Rechtslage gefragt ist und daß diese Prüfungsreihenfolge deshalb formell-rechtliche/materiell-rechtliche Würdigung genannt wird (vgl. Teil I).

Die zweite Grundfrage „Was wollen die Beteiligten"? hilft zu erkennen, daß L die Anfechtungsklage erhoben hat und daß er mit einer Aufhebung der angegriffenen Maßnahmen nichts gewinnt, weil der Ostermarsch bereits vorbei ist. Eine solche Aufhebung ist auch begrifflich nicht möglich. Es handelt sich hier um einen sog. Fall der Erledigung des Verwaltungsaktes, so daß die Klage von Anfang an als Feststellungsklage oder als sog. nachträgliche Feststellungsklage[7] erhoben werden muß. Dabei ist besonders auf das Feststellungsinteresse zu achten, das sowohl bei der Feststellungsklage nach § 43 VwGO als auch bei der nachträglichen Feststellungsklage nach § 113 Abs. 1 S. 4 VwGO zu prüfen ist. Da der Sachverhalt von Anfechtungsklage spricht, ist es zweckmäßig in folgender Reihenfolge zu prüfen:
Anfechtungsklage, § 42 Abs. 1 VwGO — nachträgliche Feststellungsklage, § 113 Abs. 1 S. 4 VwGO — Nichtigkeitsfeststellungsklage, § 43 VwGO.

Wegen des subsidiären Charakters der Feststellungsklage nach § 43 VwGO wäre es falsch, die ursprüngliche Feststellungsklage vor der nachträglichen Feststellungsklage zu prüfen. Dies gilt nur dort nicht, wo es sich unstreitig um einen nichtigen Verwaltungsakt handelt. Die Frage der Erledigung taucht noch einmal bei J gesondert auf, da dieser nach Freilassung gegen die „Festnahme" und den vollzogenen Platzverweis sowie gegen die „Beschlagnahme" der Kamera vorgeht. Die Klagen des L und des J sind zweckmäßigerweise zu trennen, auch wenn sie gemeinsame Hauptprobleme haben (vgl. das angeführte Aufbauschema).

7 Vgl. Teil 1 IV A; *Kopp*, VwGO, Rdnr. 47 zu § 113.

Die Frage, ob ein Widerspruchsverfahren erforderlich ist, stellt sich sowohl bei der Klage des L als auch bei der Klage des J. Diese Frage ist in der Zulässigkeitsstation zu prüfen und steht in engem Zusammenhang zur Frage nach dem Klagetyp. Denn bei der ursprünglichen Feststellungsklage ist ein Widerspruchsverfahren nicht erforderlich, bei der nachträglichen Feststellungsklage nur dann, wenn die Erledigung nach Ablauf der Widerspruchsfrist eingetreten ist[8].

L und J äußern ihre Bedenken gegen die Verfassungsmäßigkeit der einschlägigen Bestimmungen des Versammlungsrechts. Das wirft die allgemeine Frage auf, wie verfassungsrechtliche Streitpunkte im Rahmen einer verwaltungsrechtlichen Klausur zu behandeln sind. Der häufigste Fall betrifft die selbständige Einlegung von Verfassungsrechtsbehelfen nach Art. 93 Abs. 1 Nr. 4 a GG i.V.m. § 90 BVerfGG oder nach Landesverfassungsrecht[9]. In diesen Fällen sind die verfassungsrechtlichen Rechtsbehelfe nach den verwaltungsgerichtlichen zu behandeln, weil die Erschöpfung des Rechtsweges in der Regel[10] Voraussetzung für die Zulässigkeit der verfassungsrechtlichen Rechtsbehelfe ist[11]. Treten dagegen bei einer verwaltungsrechtlichen Klausur Anfechtungs- oder Verpflichtungsklage in Konkurrenz zum Normenkontrollantrag nach § 47 VwGO — der dogmatisch zu Unrecht in das System der Verwaltungsgerichtsbarkeit aufgenommen wurde —, so ist immer zuerst die Normenkontrolle zu prüfen und anschließend erst die Anfechtungs- und Verpflichtungsklage zu untersuchen, weil § 47 VwGO nicht subsidiär ist und die positive Entscheidung im Normenkontrollstreit Wirkung inter omnes hat[12]. Damit wird vorweg über einen Teil der Begründetheit der Anfechtungs- oder Verpflichtungsklage entschieden.

Im vorliegenden Fall handelt es sich aber weder um die Erhebung einer Verfassungsbeschwerde noch um eine Normenkontrolle nach § 47 VwGO. Die Klage könnte allerdings dahingehend ausgelegt werden, daß die Kläger eine Entscheidung über die Gültigkeit der einschlägigen Bestimmungen des Versammlungsgesetzes am Maßstab der Verfassung erreichen wollen. Dann würde in Wirklichkeit keine Anfechtungsklage, sondern eine verfassungsgerichtliche Klage vorliegen und der Rechtsweg nach § 40 Abs. 1 VwGO wäre verschlossen. Dieses Problem taucht bei allen verfassungsrechtlichen Streitigkeiten innerhalb verwaltungsgerichtlicher Verfahren auf. Es kommt dann entscheidend auf die Beantwortung der Frage an, ob der verfassungsrechtliche Streit Hauptpunkt oder nur Präjudizialpunkt ist[13]. Liegt nur ein Präjudizialpunkt vor, d. h. eine verfassungsrechtliche Vor- oder Zwischenfrage im Rahmen eines verwaltungsgerichtlichen Verfahrens, so ist das Verwaltungsgericht in der Lage, über die Gültigkeit der Norm bejahend zu entscheiden. Verneint es die Gültigkeit, so greift das Verwerfungsmonopol des Bundesverfassungsgerichts nach Art. 100 GG bei förmlich nachkonstitutionellem Bundesrecht ein. Bei Landesrecht ist auf die jeweils ein-

8 BVerwGE 26, 161 = DVBl. 1967, 379; BVerwG, DÖV 1974, 855; *Ule*, Verwaltungsprozeßrecht, 8. Aufl. 1983, § 45 II.
9 Vgl. *Scholler/Broß*, Verfassungs- und Verwaltungsprozeßrecht, Rdnr. 251 ff.; *Pestalozza*, Verfassungsprozeßrecht, 2. Aufl. 1982, S. 29 f., 187 f.
10 Eine Ausnahme bildet z.B. die Popularklage nach Art. 98 S. 4 BV.
11 § 90 Abs. 2 BVerfGG.
12 *Scholler/Broß*, Verfassungs- und Verwaltungsprozeßrecht, Rdnr. 516.
13 Ein solcher liegt dann vor, wenn diese Frage vorab entschieden werden muß, um in der Hauptsache zu einer Entscheidung gelangen zu können.

schlägigen Bestimmungen abzustellen[14]. Der Verwaltungsrichter kann also nur über vorkonstitutionelles förmliches Bundesrecht und materielles Gesetzesrecht selbst entscheiden. Da im vorliegenden Fall das Verwaltungsgericht die Verfassungsmäßigkeit der einschlägigen Bestimmungen des Versammlungsgesetzes — eines förmlichen und nachkonstitutionellen Gesetzes — bejaht, besteht keine Möglichkeit der Vorlage an das Bundesverfassungsgericht. Im Gutachten wird diese Frage im Rahmen der Zulässigkeitsstation bei der Prüfung des Rechtsweges kurz erörtert werden.

Es ergibt sich demnach folgendes Schema:

A. Die Auflagen für den Ostermarsch durch die Polizei

- I. Zulässigkeit
  1. Rechtsweg
  2. Klageart
  3. berechtigtes Interesse
  4. Klagebefugnis
  5. Vorverfahren
- II. Begründetheit der Klage
  1. Antragsgegner
  2. Rechtsgrundlage
     — Zuständigkeit der Polizei
  3. Inhaltliche Fehler
     — Verfassungsmäßigkeit der Rechtsgrundlage
     — Rechtmäßigkeit der Auflagen

B. Bestätigung der polizeilichen Anordnung durch den Oberbürgermeister der Gemeinde G.

C. Die Klage des J

- I. Zulässigkeit
  1. Rechtsweg
  2. Klageart
  3. Erledigung
  4. berechtigtes Interesse
  5. Klagebefugnis
  6. Vorverfahren
- II. Begründetheit
  1. Polizeilicher Aufgabenbereich
  2. Polizeiliche Befugnis

---

14 Vgl. *Pestalozza,* a.a.O., S. 187 f.

IV. LÖSUNG

A. Klage des L

Die Auflagen für den Ostermarsch

I. Zulässigkeit der Klage

1. Verwaltungsrechtsweg

§ 40 Abs. 1 VwGO eröffnet den Verwaltungsrechtsweg in allen öffentlich-rechtlichen Streitigkeiten nicht-verfassungsrechtlicher Art, soweit keine ausdrückliche bundesgesetzliche Zuweisung an ein anderes Gericht besteht. Durch die Auflagenerteilung sind Polizei und Oberbürgermeister befehlend tätig geworden, so daß schon nach der Subjektionstheorie eine öffentlich-rechtliche Streitigkeit gegeben ist.

Die Bedenken des L gegen die Verfassungsmäßigkeit der einschlägigen Bestimmungen des Versammlungsgesetzes geben zu der Überlegung Anlaß, ob es sich um eine verfassungsrechtliche Streitigkeit handeln könnte. Verfassungsrechtlich ist eine Streitigkeit dann, wenn die Verfassungssätze nicht bloß Vorfragen bei der Auslegung einer Vorschrift ohne Verfassungsrang sind, sondern wenn sie den eigentlichen Kern des Streits bilden[15]. L hat seine Bedenken im Rahmen eines verwaltungsgerichtlichen Verfahrens geäußert; er erhofft sich also davon eine günstige Auswirkung auf diesen Prozeß. Damit bilden die eventuell verletzten Vorschriften der Verfassung nicht den Kern des Streits, so daß keine verfassungsrechtliche Streitigkeit vorliegt. Eine besondere Zuweisung an ein anderes Gericht besteht nicht; somit ist der von L beschrittene Verwaltungsrechtsweg zulässig.

2. Klageart

L hat gem. § 42 Abs. 1 VwGO Anfechtungsklage erhoben. Voraussetzung für ihre Zulässigkeit ist u.a., daß ein Verwaltungsakt angegriffen wird und daß sich, wie sich aus § 113 Abs. 1 S. 4 VwGO ergibt, dieser Verwaltungsakt nicht bereits erledigt hat.

Die dem L erteilten „Auflagen“ sind belastende Verwaltungsakte, weil sie mit unmittelbarer Rechtserheblichkeit in seine Rechtssphäre eingreifen. Es handelt sich nicht um Auflagen im technischen Sinn, da von der Behörde ein Hauptverwaltungsakt, den die Auflagen als Nebenbestimmungen einschränken würden, nicht erlassen wurde[16]. Der Ostermarsch bedurfte nicht der Genehmigung, er mußte nur nach § 14 VersG. angemeldet werden. Echte Auflagen sind auch selbständig anfechtbar. An der rechtlichen Behandlung der „Auflagen“ ändert sich dadurch also nichts. Der Ostermarsch hat schon stattgefunden. Die Auflagen könnten sich somit bereits erledigt haben. Nach einer Gegenmeinung[17] hat sich ein Verwaltungsakt erst dann erledigt, wenn sämtliche Neben- oder Folgewirkungen weggefallen sind. § 113 Abs. 1 S. 4

---

15 Vgl. *Eyermann/Fröhler*, Anm. 63 f. zu § 40; *Kopp*, VwGO, Rdnr. 31 ff. zu § 40; *Knack*, Verwaltungsverfahrensgesetz (VwVfG), 2. Aufl. 1982, Rdnr. 3.2 zu § 36.

16 Vgl. *Kopp*, VwVfG, Rdnr. 29 zu § 36; *Dietel/Gintzel*, Demonstrations- und Versammlungsfreiheit, 7. Aufl. 1982, Rdnr. 15 zu § 15.

17 *Müller*, DÖV 1965, 38.

VwGO verlangt jedoch trotz Erledigung des Verwaltungsakts weiterhin ein berechtigtes Interesse an der Feststellung der Rechtswidrigkeit des Verwaltungsakts. An der Feststellung der Rechtswidrigkeit eines Verwaltungsaktes, von dem keine Neben- oder Folgewirkungen mehr ausgehen, dürfte jedoch nur noch in sehr wenigen Fällen ein berechtigtes Interesse bestehen. Diese Meinung kann folglich nicht richtig sein. Der Verwaltungsakt ist somit bereits dann als erledigt anzusehen, wenn sein eigentlicher Inhalt gegenstandslos geworden ist[18].

Mit dem Ostermarsch ist die Regelung, die die Auflage enthielt, obsolet geworden; es ist also Erledigung eingetreten. Für L verbleibt als prozessuale Möglichkeit deshalb nur die Feststellungsklage nach § 43 Abs. 1 VwGO oder die nachträgliche Feststellungsklage nach § 113 Abs. 1 S. 4 VwGO.

Die Feststellungsklage nach § 43 Abs. 1 VwGO hat den Nachteil, daß über sie nur die Nichtigkeit des Verwaltungsakts festgestellt werden kann. Dagegen läßt § 113 Abs. 1 S. 4 VwGO die Feststellung der Rechtswidrigkeit des Verwaltungsakts zu. Diese Bestimmung geht erkennbar davon aus, daß sich der Verwaltungsakt nach Klageerhebung erledigt hat. Diese Auflagen haben sich aber schon vor Klageerhebung erledigt. § 113 Abs. 1 S. 4 VwGO kann jedoch der Rechtsgedanke entnommen werden, daß die Feststellung der Rechtswidrigkeit eines erledigten Verwaltungsaktes auch noch verlangt werden kann, wenn der Kläger an dieser Feststellung ein berechtigtes Interesse hat; § 113 Abs. 1 S. 4 VwGO wird deshalb in diesem Fall analog angewandt[19].

3. Das berechtigte Interesse an der Feststellung der Rechtswidrigkeit

Dieses Interesse ergibt sich aus der Wiederholungsgefahr bei kommenden Ostermärschen[20].

4. Klagebefugnis des L

Im Hinblick auf den notwendigen Bezug der erweiterten nachträglichen Feststellungsklage zur Anfechtungsklage ist neben dem berechtigten Interesse bei der Klage gem. § 113 Abs. 1 S. 4 VwGO analog auch die Klagebefugnis nach § 42 Abs. 2 VwGO zu verlangen[21].

L ist als Leiter und Veranstalter der Versammlung (§ 7 Abs. 2 VersG) durch die „Auflagen" unmittelbar belastet; er ist deshalb klagebefugt. Außerdem könnte er auch persönlich als Grundrechtsträger verletzt sein.

5. Vorverfahren

Ein Widerspruchsverfahren wurde von L nicht durchgeführt. Die Vorsprache beim Oberbürgermeister ist wegen ihrer Formlosigkeit nur als Dienstaufsichtsbeschwerde

18 Vgl. *Kopp*, VwGO, Rdnr. 47 f. zu § 113.
19 Vgl. *Ule*, a.a.O., § 45 II; BVerwGE 26, 161; *Becker*, a.a.O., 981; BVerwG vom 30. 10. 1978, NJW 1978, 1935.
20 *Kopp*, VwGO, Rdnr. 59 zu § 113.
21 Vgl. Teil 1 IV A.; *Tschira/Schmitt Glaeser*, Verwaltungsprozeßrecht, S. 199; BVerwG vom 23. 3. 1982, DÖV 1982, 824.

anzusehen[22]. Falls ein Widerspruchsverfahren für die Fortsetzungsfeststellungsklage gem. § 113 Abs. 1 S. 4 VwGO analog erforderlich ist, wäre die Klage somit unzulässig, es sei denn, es könnte noch nachgeholt werden[23].

Nach der Auffassung des Bundesverwaltungsgerichts in E 26, 161, die der Lösung zugrunde gelegt wird, ergibt sich folgendes:

Die Aufhebung der Auflagen wäre nach Erledigung sinnlos, die Nachprüfung der Zweckmäßigkeit ist für L deshalb ohne Interesse. Außerdem ist es auch nicht die Aufgabe der Verwaltung, verbindlich darüber zu entscheiden, ob ein erledigter Verwaltungsakt rechtswidrig gewesen ist[24]. L kann die nachträgliche Feststellungsklage nur dann erheben, wenn die Widerspruchsfrist zum Zeitpunkt der Erledigung der „Auflagen" noch nicht abgelaufen war. Das hängt davon ab, wie lange vorher die Auflagen dem L erteilt wurden, da im Regelfall der Widerspruch innerhalb eines Monats nach Bekanntgabe des Verwaltungsaktes zu erheben ist[25]. Es ist anzunehmen, daß die Auflagen nicht einen Monat vor der Klageerhebung erteilt wurden. Der Sachverhalt läßt den Zeitpunkt der Auflagenerteilung offen. Deshalb kann hier über die Zulässigkeit der nachträglichen Feststellungsklage nichts Abschließendes gesagt werden.

War jedoch ein Widerspruch zum Zeitpunkt der Erledigung erforderlich und möglich und wäre damit eine nachträgliche Feststellungsklage zulässig, wird der Vorsitzende gem. § 86 Abs. 3 VwGO darauf hinwirken, daß L entsprechend § 113 Abs. 1 S. 4 VwGO Feststellungsantrag stellt.

II. Begründetheit der Klage

1. Antragsgegner

Bei der Prüfung des Antragsgegners der Fortsetzungsfeststellungsklage des L ist zwischen den in der methodischen Einführung aufgezeigten Möglichkeiten des Zusammenwirkens von Polizei und innerer Verwaltung zu unterscheiden.

a) Die Polizei handelte bei der Erteilung der Auflagen an L auf Weisung gem. § 9 Abs. 2 bayPOG durch eine Sicherheitsbehörde (hier die Gemeinde).

Gegen die aufgrund der Weisung erfolgte Maßnahme stehen dem betroffenen Bürger die allgemeinen Rechtsbehelfe zu, wobei jedoch gem. Art. 12 Abs. 2 S. 2 bayPOG die Maßnahme (der Verwaltungsakt) dem Weisenden zugerechnet wird, die Rechtsbehelfe also nicht nach Art. 12 Abs. 1 bayPOG zu behandeln sind[26]. Demnach ist, weil die Polizei durch die Gemeinde G angewiesen worden ist, Gegner der Fortsetzungsfest-

---

22 Vgl. *Scholler/Broß*, Polizeirecht, S. 91 f.

23 Bei der nachträglichen Feststellungsklage unmittelbar nach § 113 Abs. 1 S. 4 VwGO wird das Problem des Vorverfahrens kaum relevant, da die Klage als Anfechtungsklage erhoben wird. Das Widerspruchsverfahren ist deshalb Sachurteilsvoraussetzung. Ist es noch nicht durchgeführt und noch nachholbar, wird der Prozeß so lange ausgesetzt.

24 BVerwGE 26, 161. Wegen der Regelung in § 44 Abs. 5 VwVfG ist jedoch die Behörde zur Feststellung der Nichtigkeit verpflichtet. Dies kann auch im Widerspruchsverfahren geklärt werden; *Knack*, Verwaltungsverfahrensgesetz, Rdnr. 8.2 zu § 44.

25 § 70 Abs. 1 S. 1 VwGO.

26 Vgl. *Samper*, a.a.O., Anm. 11 zu Art. 12.

stellungsklage des L die Gemeinde und nicht der Träger der Polizei (der Freistaat Bayern).

b) Handelte dagegen die Polizei auf Ersuchen der Gemeinde um Amts-/Vollzugshilfe (für Niedersachsen wäre die Weisung der „Gemeinde" so auszulegen, vgl. die methodische Einführung) so gilt folgendes:

Maßgebend für die Zulässigkeit der Maßnahme (Auflagenerteilung), die im Wege der Amtshilfe durchgeführt wird, ist das für die ersuchende Behörde geltende Recht; dagegen richtet sich die Durchführung der Amtshilfe nach dem für die ersuchte Behörde geltenden Recht (vgl. § 7 Abs. 1 VwVfG; Niedersachsen verzichtet im wesentlichen auf eine eigene Regelung und verweist stattdessen auf das VwVfG des Bundes).

Dementsprechend trägt gem. § 7 Abs. 2 VwVfG die ersuchende Behörde gegenüber der ersuchten Behörde die Verantwortung für die Rechtmäßigkeit der zu treffenden Maßnahme, während die ersuchte Behörde lediglich für die Durchführung der Amtshilfe verantwortlich ist[27].

Diese Regelung betrifft zwar lediglich das Verhältnis der Behörden untereinander, jedoch folgt für den betroffenen Bürger aus dieser Regelung indirekt, daß er Rechtsmittel gegen einen im Amtshilfeverfahren durchgeführten Eingriff in seine Rechte gegen die ersuchende Behörde, Rechtsmittel gegen Art und Form der Durchführung gegen die ersuchte Behörde zu richten hat[28]. Die Vollzugshilfe (vgl. § 29 ndsSOG) ist eine besondere Art von der Polizei zu leistenden Amtshilfe[29]. Für die Vollzugshilfe gilt das zur Amtshilfe Gesagte entsprechend[30], d. h. Rechtsmittel gegen im Wege der Vollzugshilfe von der Polizei getroffene Maßnahmen sind gegen die ersuchende Behörde zu richten. Antragsgegner der Fortsetzungsfeststellungsklage gem. § 113 Abs. 1 S. 4 VwGO analog wäre demnach hier in jedem Fall die Gemeinde.

Die Klage des L ist begründet, wenn die Auflagen rechtswidrig waren und L dadurch in seinen Rechten verletzt worden ist.

2. Rechtsgrundlage für die Auflage

Als Rechtsgrundlage kommt hier § 15 Abs. 1 VersG in Betracht. Danach kann die zuständige Behörde Aufzüge oder Versammlungen verbieten oder von Auflagen abhängig machen, wenn nach den zur Zeit des Erlasses der Verfügung erkennbaren Umständen die öffentliche Sicherheit oder Ordnung bei der Durchführung der Versammlung oder des Aufzuges unmittelbar gefährdet ist.

Im folgenden wird bei der Fallösung wieder zwischen dem Handeln der Polizei auf Weisung gem. Art. 9 Abs. 2 bayPOG (nach bayerischem Recht) und auf Ersuchen um Amts-/Vollzugshilfe (nach niedersächsischem Recht) unterschieden.

a) Zuständig für die Festsetzung der Auflagen oder für ein Verbot nach § 15 Abs. 1 VersG ist in Bayern die Kreisverwaltungsbehörde[31].

---

27 *Knack*, VwVfG, Rdnr. 3.2 und 5.3 zu § 7.
28 Vgl. *Wolff/Bachof*, Verwaltungsrecht II, § 77 VI c; *Martens*, JR 1981, 353 (355); a.A. *Ule/Laubinger*, Verwaltungsverfahrensrecht, 2. Aufl. 1979, S. 62; *Kopp*, VwVfG, Rdnr. 9 zu § 7.
29 Vgl. *Ule/Rasch*, Allgemeines Polizei- und Ordnungsrecht, 2. Aufl. 1982, Anm. 1 zu § 25 ME.
30 Vgl. *Ule/Rasch*, a.a.O., Anm. 10 zu § 25 ME.
31 Vgl. *Dietel/Gintzel*, a.a.O., Rdnr. 63 zu § 15 und Rdnr. 32 f. zu § 5.

Innerhalb ihres Gebietes erfüllen die kreisfreien Gemeinden auch alle Aufgaben, die sonst der Kreisverwaltung obliegen[32]. Nur in unaufschiebbaren Fällen und für die Auflösung ist die Vollzugspolizei zuständig[33].

aa) Eine Auflösung durch die Polizei lag nicht vor; die Auflagen konnten also nur dann von der Polizei verfügt werden, wenn ein unaufschiebbarer Fall vorlag (Tatfrage). Die Zuständigkeit ergäbe sich in einem unaufschiebbaren Fall aus Art. 2 Abs. 4 bayPAG (Aufgabe) und Art. 11 Abs. 3 bayPAG i.V.m. § 15 Abs. 1 VersG und Art. 7 Abs. 1 S. 2 bayAGVersG (Befugnis).

bb) L hatte noch Zeit, beim Oberbürgermeister gegen die Auflagenerteilung zu protestieren. Im vorliegenden Fall dürfte also keine Unaufschiebbarkeit vorliegen. Damit ergibt sich das Problem, ob die Auflagen aufgrund der Weisung rechtmäßig von der Polizei erteilt werden konnten.

Das Weisungsrecht der Gemeinde G gegenüber der Polizei ergibt sich aus ihrer Funktion als untere Sicherheitsbehörde (vgl. Art. 9 Abs. 2 bayPOG i.V.m. Art. 6 bayLStVG; vgl. auch methodische Einführung).

Die Weisungsbefugnis bezieht sich auf den polizeilichen Aufgabenbereich. Die aufgrund einer Weisung von der Polizei getroffene Maßnahme ist daher trotz der Weisung an dem Recht der Polizei zu messen. Für die Rechtmäßigkeit der Maßnahme ist also lediglich entscheidend, ob die Maßnahme von den Gesetzen der Polizei (insbesondere dem bayPAG) gedeckt ist oder nicht[34]. Der Sachverhalt führt zur Weisung selbst nichts Näheres aus; daher ist anzunehmen, daß die Weisung als solche in Ordnung ist.

Damit ist jedoch noch nichts darüber gesagt, ob die Weisung der Gemeinde in Art. 7 Abs. 1 S. 2 bayAGVersG die Unmittelbarkeitsschranke beseitigen kann.

Nach Maßgabe des in Art. 9 Abs. 2 bayPOG geregelten Weisungsrechts kann die zuständige Behörde die Unaufschiebbarkeitsschranke des Art. 3 bayPAG beseitigen[35]. Art. 3 PAG geht davon aus, daß die Abwehr von Gefahren primär den Sicherheitsbehörden obliegt (Art. 6 bayLStVG) und die Polizei erst dann einschreiten kann, wenn ein Einschreiten der Sicherheitsbehörden nicht oder nicht rechtzeitig möglich erscheint.

Eine Weisung nach Art. 9 Abs. 2 bayPOG eröffnet somit der Polizei die an sich den Sicherheitsbehörden obliegende Aufgabe der Gefahrenabwehr in aufschiebbaren Fällen.

Im Gegensatz zu dieser im bayerischen Polizeirecht gegebenen Möglichkeit sieht Art. 7 Abs. 1 S. 2 VersG seinem Wortlaut nach eine Aufhebung der Unaufschiebbarkeitsschranke nicht vor. Daraus ist zu schließen, daß die Polizei im Versammlungsrecht in aufschiebbaren Fällen nicht tätig werden darf, selbst wenn eine Weisung vorliegt.

Dieses Ergebnis entspricht auch der staatspolitischen Wichtigkeit des Versammlungsrechts. Für den Normalfall soll die Regelung einer Versammlung bei den Behörden der allgemeinen inneren Verwaltung bleiben.

---

32 Art. 9 Abs. 1 bayGO; *Scholler/Broß*, Kommunalrecht, S. 6.
33 Art. 7 Abs. 1 S. 2, Abs. 2 bayAGVersG; *Scholler/Broß*, Polizeirecht, S. 173.
34 Vgl. *Samper*, a.a.O., Anm. 7 zu Art. 9.
35 *Martin/Samper*, PAG, 12. Aufl. 1982, Anm. 4 zu Art. 3.

Zu überlegen wäre noch, ob nicht die Polizei kraft ihrer rein polizeirechtlichen Zuständigkeit die Auflagen erteilen konnte. Die Aufgabe ergäbe sich aus Art. 2 Abs. 1 bayPAG, die Befugnis aus der beschränkten Generalklausel des Art. 11 Abs. 1 i.V.m. Abs. 2 Nr. 1 bayPAG. Die Unaufschiebbarkeitsschranke des Art. 3 PAG wäre durch die Weisung der zuständigen Behörde (Gemeinde) nach Art. 9 Abs. 2 bayPOG aufgehoben. Das würde dazu führen, daß das Grundrecht der Versammlungsfreiheit weiter eingeschränkt werden könnte, als es das Versammlungsgesetz vorsieht. Es ist aber davon auszugehen, daß das Versammlungsgesetz das Versammlungsrecht abschließend regeln wollte, seine Spezialregelung damit die Polizeikompetenz nach dem PAG verdrängt[36]. Die Polizei war somit unzuständig. Daraus ergibt sich folgender Leitgedanke:

In aufschiebbaren Fällen kann die Polizei im Versammlungsrecht nie tätig werden. In unaufschiebbaren Fällen hat sie durch die Generalklausel des Art. 7 Abs. 1 S. 2 bayAGVersG weite Kompetenzen.

b) Hat die Polizei bei der Verfügung der Auflagen auf Ersuchen um Amts-/Vollzugshilfe gehandelt, so ergibt sich bezüglich dieser Maßnahme folgende an Hand des niedersächsischen Rechts dargestellte Rechtslage:

Zuständig für die Festsetzung der Auflagen nach § 15 Abs. 1 VersG sind in Niedersachsen die kreisfreien Städte gem. § 5 Abs. 1 Nr. 2 ZustVOndsSOG (eine Ausnahme gilt für die kreisfreien Städte Braunschweig und Hannover, dort sind für das Versammlungswesen gem. § 6 Abs. 1 ZustVOndsSOG die Polizeidirektionen zuständig).

Damit ergibt sich hier das Problem, ob die Polizei im Wege der Amts-/Vollzugshilfe rechtmäßig die Auflagen erteilen konnte.

aa) Eine Vollzugshilfe durch die Polizei gegenüber der ersuchenden kreisfreien Stadt (die für die Auflagenerteilung zuständig ist, vgl. oben) gem. § 29 ndsSOG kommt jedoch schon vom Begriff her nicht in Frage.

Wesensmerkmal und Voraussetzung der Vollzugshilfe ist es nämlich, daß in ihrem Rahmen die Polizei tätig wird, um einen von einer anderen Behörde erlassenen Verwaltungsakt durch unmittelbaren Zwang gegen Personen oder Sachen durchzusetzen[37]. Davon kann jedoch im Rahmen des vorliegenden Sachverhalts nicht die Rede sein, weil die kreisfreie Stadt den Antrag des L, einen Ostermarsch zu bewilligen, gerade an die Polizei weitergab und diese selbständig die Auflagen erlassen sollte. Ein Fall der Vollzugshilfe wäre es hingegen, wenn die kreisfreie Stadt die Auflagen selbst verfügt und die Polizei nur ersucht hätte, diese Auflagen bei dem Ostermarsch auch durchzusetzen. Eine dahingehende Sachverhaltsinterpretation wäre jedoch unzulässig.

bb) In Betracht kommen könnte hier allenfalls eine allgemeine Amtshilfe durch die Polizei, die sich in Niedersachsen über die Transformationsnorm des § 1 Abs. 1 ndsVwVfG nach den bundesrechtlichen Bestimmungen des VwVfG (§§ 4 bis 8) richtet.

36 Vgl. *Dietel/Gintzel*, a.a.O., Rdnr. 3 zu § 15.
37 Vgl. *Ule/Rasch*, a.a.O., Anm. 3 zu § 25 ME.

Die §§ 4 bis 8 VwVfG konkretisieren die in Art. 35 GG enthaltene allgemeine Verpflichtung der Gerichte und Behörden des Bundes und der Länder zu gegenseitiger Rechts- und Amtshilfe für den Bereich der Verwaltung. Diese Bestimmungen gelten gem. § 29 Abs. 3 ndsSOG auch für die Polizei.

Unter Amtshilfe i.S.d. § 4 Abs. 1 VwVfG im Bereich der Verwaltung ist die Vornahme von Handlungen rechtlicher oder tatsächlicher Art durch eine andere Verwaltungsbehörde zur Unterstützung einer Amtshandlung der ersuchenden Behörde zu verstehen.

Der Begriff der Amtshilfe setzt jedoch voraus, daß die ersuchte Behörde lediglich ergänzende Hilfe leistet, d.h. nur die Vornahme bestimmter einzelner Verfahrenshandlungen sind von diesem Begriff umfaßt. Nicht mehr um Amtshilfe handelt es sich daher bei einem an eine andere Behörde gerichteten Verlangen, Aufgaben der ersuchenden Behörde stellvertretend für diese wahrzunehmen[38]. Ein solches Verlangen der „Gemeinde" liegt jedoch hier vor.

Daher scheidet auch ein rechtmäßiges Vorgehen der Polizei im Wege der Amtshilfe gem. §§ 4 ff. VwVfG aus.

cc) Eine rechtmäßige polizeiliche Verfügung der Auflagen kraft rein polizeilicher Zuständigkeit scheitert schon daran, daß die kreisfreie Stadt kraft ausdrücklich gesetzlicher Zuweisung für diese Maßnahme zuständig ist, wobei diese Zuständigkeit auch in unaufschiebbaren Fällen besteht. Daher ist die polizeiliche Verfügung der Auflagen wegen mangelnder Zuständigkeit fehlerhaft und somit auch rechtswidrig; Nichtigkeit der polizeilichen Maßnahme gem. § 44 VwVfG dürfte jedoch mangels Evidenz des Fehlers nicht gegeben sein[39].

Für die Frage der Rechtswidrigkeit der Maßnahme ergibt sich bezüglich der Rechtslage in Bayern noch folgendes Problem:

Gem. Art. 7 Abs. 1 S. 2 bayAGVersG ist die Polizei in unaufschiebbaren Fällen für die Verfügung von Auflagen nach § 15 Abs. 1 VersG zuständig.

Sieht man in den Bestimmungen, die die Polizei auf Eilfälle beschränken (vgl. auch Art. 3 bayPAG), bloße Ordnungsvorschriften, so daß polizeiliche Rechtseingriffe in aufschiebbaren Fällen vom Mangel dieser organisationsrechtlichen Voraussetzung nicht berührt werden, wäre ein Verstoß dagegen ohne Einfluß auf die Rechtmäßigkeit oder Rechtswidrigkeit der Polizeiverfügung[40].

Sieht man dagegen in diesen Bestimmungen eine funktionelle Zuständigkeitsregelung[41], so würde ein Verstoß dagegen die Rechtswidrigkeit der Maßnahme zur Folge haben.

Letzterer Ansicht ist insbesondere in dem hier problematischen Fall des Art. 7 Abs. 1 S. 2 bayAGVersG der Vorzug zu geben, da nach dem Zweck des Versammlungsgesetzes im Normalfall die Regelungsbefugnis bei den Behörden der inneren Verwaltung

38 Vgl. *Kopp*, VwVfG, Rdnr. 7 zu § 4.
39 Vgl. *Kopp*, VwVfG, Rdnr. 12 zu § 44.
40 Vgl. *Scholler/Broß*, Polizeirecht, S. 100.
41 Vgl. *Ule/Rasch*, a.a.O., Anm. 1 zu § 1 a ME.

bleiben soll und die Ordnungsbehörden auch in der Regel umfassendere Möglichkeiten haben, die Sach- und Rechtslage zu prüfen und dementsprechend zu entscheiden.

c) Die Bestätigung der polizeilichen Verfügung der Auflagen durch den Oberbürgermeister:

Zuständige Behörde für die Erteilung der Auflagen nach § 15 Abs. 1 VersG ist in vorliegendem Fall sowohl nach den bayerischen als auch nach den niedersächsischen Zuständigkeitsregelungen die kreisfreie Gemeinde bzw. die kreisfreie Stadt (vgl. dazu oben). Damit stellt sich die Frage, welche Wirkung die Bestätigung der polizeilichen Verfügung durch den Oberbürgermeister im Hinblick auf deren Rechtswirksamkeit hat.

Geht man davon aus, daß die Polizei im vorliegenden Fall unter Verstoß gegen eine funktionelle Zuständigkeitsregelung (als Teil der sachlichen Zuständigkeit) gehandelt hat, so hat dieser Fehler immer die Rechtswidrigkeit der betroffenen Verfügung zur Folge und führt zu einer Aufhebung im Rechtsbehelfsverfahren. Eine Heilung dieses Fehlers gem. § 45 VwVfG ist nicht möglich[42].

Eine Heilung der polizeilichen Auflagenanordnung durch die Bestätigung des Oberbürgermeisters kommt somit nicht in Betracht (anders dagegen in der Vorauflage).

3. Inhaltliche Fehler

a) Die Auflagen würden der gesetzlichen Grundlage ermangeln, wenn § 15 Abs. 1 VersG verfassungswidrig wäre. Diese Bestimmung ist nicht nur grundrechtsprägend, sondern zieht der Versammlungsfreiheit Schranken, wozu Art. 8 Abs. 2 GG ermächtigt. Die Schranken sind aber ihrerseits beschränkt:

aa) Das Gesetz muß allgemein sein (Art. 19 Abs. 1 GG);

bb) es darf nicht willkürlich sein (Art. 3 Abs. 1 GG);

cc) das Grundrecht darf nicht in seinem Wesensgehalt angetastet werden (Art. 19 Abs. 2 GG);

dd) die gesetzliche Bestimmung muß notwendig sein (Erforderlichkeitsgrundsatz);

ee) der Grundsatz der Verhältnismäßigkeit muß beachtet werden[43].

Der Eingriff muß im Verhältnis zur Gefahr stehen. Der Gesetzgeber muß dem Sinn des Grundrechts und seiner Bedeutung im sozialen Leben Rechnung tragen, die schutzwürdigen Gemeinschaftsinteressen mit der durch das Grundrecht geschützten Freiheit des Individuums abwägen und darf die Freiheit nur soweit einschränken, wie es zum Schutz der öffentlichen Interessen unerläßlich ist[44].

---

42 Vgl. *Kopp*, VwVfG, Rdnr. 16 zu § 46. Grundsätzlich gilt hier das einschlägige Landesverwaltungsverfahrensrecht — hier: Art. 45 BayVwVfG. Die Verfahrensgesetze des Bundes und der einzelnen Länder sind jedoch inhaltlich aufeinander abgestimmt und zum überwiegenden Teil auch wörtlich gleichlautend. Berlin, Rheinland-Pfalz und Niedersachsen verzichten im wesentlichen sogar auf eine eigene Regelung und verweisen stattdessen auf das VwVfG des Bundes. Daher wird hier und im folgenden der Einfachheit halber an Stelle der Landesverwaltungsverfahrensgesetze das VwVfG des Bundes zitiert.

43 BVerfGE 20, 150 f.; 49, 24 (58).

44 Vgl. BVerwG, DVBl. 1967, 421; BVerfGE 7, 198 f.; 17, 108 f. Hierzu auch *Broß*, RiA 1981, 141 ff. und DVBl. 1981, 208 ff.

Zweifel könnten allenfalls an dem Punkt auftreten, ob § 15 Abs. 1 VersG den Grundsatz der Verhältnismäßigkeit wahrt. Versammlungen unter freiem Himmel bringen wegen der Unbegrenztheit der Teilnehmerzahl und ihrer massensuggestiven Wirkung Gefahren für die öffentliche Sicherheit und Ordnung mit sich. Deshalb ist es trotz der Bedeutung des Rechts der Versammlungsfreiheit für die demokratische Ordnung zulässig, einen Aufzug von Auflagen abhängig zu machen.

b) Aus dem Rechtsstaatsgrundsatz (Art. 20 Abs. 2 und Abs. 3 GG) folgt das Gebot der Notwendigkeit. Das bedeutet, daß keine behördliche Maßnahme stärker in Rechte und Interessen der Betroffenen eingreifen darf, als es zur Abwehr einer unmittelbaren Gefahr erforderlich ist. Unter mehreren Maßnahmen ist die des geringsten Eingriffes zu wählen. Aus dem Rechtsstaatsgrundsatz folgt weiter, daß nur das geregelt werden darf, was notwendig ist[45].

c) Das Verbot der Benutzung von Bundes- und Staatsstraßen einschließlich deren Ortsdurchfahrten: Ob die Ostermarschierer auf Bundes- und Staatsstraßen die öffentliche Sicherheit und Ordnung unmittelbar gefährdet hätten, ist im einzelnen Tatfrage. Entscheidend ist die voraussichtliche Verkehrsdichte und die Zahl der Marschteilnehmer. Eine zwischen Bundes- und Staatsstraßen differenzierende Regelung wird im allgemeinen am Platze sein. Die Beschränkung darf sich auch nicht wie ein allgemeines Aufzugsverbot oder ein Abdrängen in bevölkerungsleere Gebiete auswirken[46].

d) Das Verbot des Vorbeimarsches an Kasernen: Soweit keine Kasernen vorhanden sind, handelt es sich um eine offenkundig schwere Fehlerhaftigkeit der Auflage gem. § 44 Abs. 1 VwVfG[47], da insoweit eine Gefährdung der öffentlichen Ordnung überhaupt nicht möglich ist. Diese Auflage wäre somit nichtig. Wenn Kasernen vorhanden sind, ist zu prüfen, ob das Verbot von § 15 Abs. 1 VersG gedeckt wird. Zwar genügt es für die Gefährdung der öffentlichen Ordnung, wenn die Störung gar nicht von den Marschteilnehmern, sondern von den Soldaten, also Dritten, erwartet wird[48]. Aber die abstrakte Gefahr eines Zusammenstoßes genügt nicht, vielmehr müßten ganz konkrete „Umstände“ (Spannungen zwischen Soldaten und Ostermarschteilnehmern) eine Gefährdung der öffentlichen Sicherheit und Ordnung nahelegen. Die Auflage ist daher fehlerhaft.

e) Auflage der Fühlungnahme mit den jeweiligen Polizeibehörden: Sich über den Ablauf des Zuges zu unterrichten, ist Aufgabe der Polizei. Soweit dies dem Leiter der Versammlung auferlegt wurde, wurde eine Regelung getroffen, die gegen das Gebot des geringstmöglichen Eingriffs verstößt, weil derselbe Zweck durch Begleitung mit einem Polizeiwagen erreicht werden kann und damit der Leiter des Ostermarsches nicht in der Ausübung seiner Funktion behindert wird. Diese Auflage ist daher rechtswidrig (fehlerhaft aufhebbar).

Ergebnis:

Das Gericht stellt die Rechtswidrigkeit dieser Auflagen fest. Die Klage des L ist also begründet.

---

45 Eingehend zu dem Ganzen, vgl. *Grabitz,* AöR 98 (568 f.).
46 Vgl. *Dietel/Gintzel,* a.a.O., Rdnr. 17 zu § 15.
47 Vgl. *Kopp,* VwVfG, Rdnr. 3 zu § 44.
48 Vgl. *Dietel/Gintzel,* a.a.O., Rdnr. 14 zu § 15.

B. Bestätigung der polizeilichen Anordnung durch den Oberbürgermeister im Namen der Gemeinde G.

Wie in Teil A. festgestellt, vermag die Bestätigung der polizeilichen Anordnung durch den Oberbürgermeister nicht, den Verstoß dieser Auflagenverfügung gegen die funktionelle Zuständigkeitsregelung zu heilen und zur Rechtmäßigkeit der Maßnahme zu führen.

In dieser Bestätigung könnte jedoch eine Neuvornahme der rechtswidrigen Verfügung durch die nun zuständige Behörde zu sehen sein.

Diese neue Verfügung hätte dann den gleichen Rechtsinhalt wie die rechtswidrige polizeiliche Anordnung und würde zur Erledigung dieser ursprünglichen Anordnung führen.

Eine solche Erledigung hätte jedoch keine Auswirkung auf das Rechtsschutzbedürfnis des L bezüglich der Feststellung der Rechtswidrigkeit der ursprünglichen Maßnahme, da L schon wegen der Wiederholungsgefahr ein weiterbestehendes Rechtsschutzinteresse zuzubilligen ist (vgl. oben bei der methodischen Einführung).

Die Bestätigung der polizeilichen Auflagenverfügung muß alle Merkmale eines Verwaltungsaktes i.S.d. § 35 VwVfG erfüllen, also eine Verfügung, Entscheidung oder andere hoheitliche Maßnahme darstellen, die eine Behörde zur Regelung eines Einzelfalles auf dem Gebiet des öffentlichen Rechts trifft und die auf unmittelbare Rechtswirkung nach außen gerichtet ist.

Da hier davon auszugehen ist, daß die Bestätigung gegenüber dem Versammlungsleiter L und nicht nur gegenüber der Polizei erfolgte, liegt eine Außenwirkung vor.

Es könnte jedoch an einer rechtlichen Regelung eines Einzelfalles und damit an der rechtlichen Wirkung fehlen, wenn in der Bestätigung lediglich ein wiederholender Hinweis auf die frühere polizeiliche Maßnahme zu sehen wäre.

Es ist aber anzunehmen, daß der Bestätigung eine erneute Sachprüfung vorausging, aufgrund derer der Oberbürgermeister seine Entscheidung traf. In diesem Fall ist auch bei Übereinstimmung mit der ursprünglichen Entscheidung immer ein Verwaltungsakt gegeben[49].

Die Zuständigkeit der kreisfreien Gemeinde bzw. der kreisfreien Stadt für die Verfügung von Auflagen nach § 15 Abs. 1 VersG liegt vor (vgl. dazu unter A.).

Das Recht der Gemeinden zur Erfüllung ihrer hoheitlichen Aufgaben beschränkt sich grundsätzlich auf das Gemeindegebiet (vgl. Art. 6 Abs. 1, 9 Abs. 1 bayGO, § 2 Abs. 1 ndsGO).

Die Gemeinde konnte demnach nur Auflagen für ihr Gebiet anordnen. Die von der Polizei verfügten Auflagen reichen jedoch über ihr Gebiet hinaus. Daher muß die Bestätigung der polizeilich verfügten Auflagen so verstanden werden, daß diese Auflagen nur innerhalb des Gemeindegebietes verbindlich sein sollten.

Nimmt man an, die neu verfügten Auflagen sollten auch über das Gebiet der Gemeinde G hinauswirken, so würde dies einen schweren und offenkundigen Fehler der An-

49 Vgl. *Kopp*, VwGO, Rdnr. 38 zu § 42.

ordnung i.S.d. § 44 Abs. 1 VwVfG darstellen, der jedoch nur zur teilweisen Nichtigkeit dieser Verfügung führt, da die Gemeinde für ihr Gebiet die Auflagen erlassen konnte und nach objektiver Betrachtungsweise die Verfügung auch ohne den nichtigen Teil erlassen hätte (vgl. § 44 Abs. 4 VwVfG).

Der rechtmäßige Teil der Anordnung verliert dadurch nicht seine selbständige Bedeutung[50].

Zuständig für den Erlaß der Verfügung ist der Oberbürgermeister gem. Art. 37 Abs. 3 bayGO bzw. in Niedersachsen der Oberstadtdirektor gem. §§ 61 Abs. 3, 66 ndsGO, da es sich um ein sog. Eilgeschäft handelt[51].

Ergebnis:

In der Bestätigung der polizeilichen Verfügung ist eine erneute Anordnung der Auflagen für das Gemeindegebiet zu sehen. Dagegen kann L unter denselben Voraussetzungen Klage erheben wie gegen die ursprüngliche polizeiliche Anordnung (vgl. Teil A.). Für die Begründetheit dieser Klage gilt das zur inhaltlichen Fehlerhaftigkeit der Auflagen in Teil A. Gesagte.

C. Klage des J.

I. Zulässigkeit der Klage

1. Rechtsweg

§ 40 Abs. 1 VwGO eröffnet den Rechtsweg für alle öffentlich-rechtlichen Streitigkeiten nichtverfassungsrechtlicher Art. Die Polizei ist gegen J obrigkeitlich vorgegangen. Es liegt also nach der Subjektionstheorie eine öffentlich-rechtliche Streitigkeit vor. Es ist aber weiter zu prüfen, ob die Streitigkeit durch Gesetz einem anderen Gericht ausdrücklich zugewiesen ist.

Eine solche Zuweisungsnorm könnte hier durch § 23 EGGVG gegeben sein.

§ 23 EGGVG weist Entscheidungen über Anordnungen, Verfügungen oder sonstige Maßnahmen, die von Justizbehörden zur Regelung einzelner Angelegenheiten u.a. auf dem Gebiet der Strafrechtspflege getroffen werden, den ordentlichen Gerichten zu.

Der Begriff der Justizbehörden i.S.v. § 23 EGGVG ist dabei nicht im organisatorischen, sondern im funktionellen Sinn zu verstehen[52]. Justizbehörden sind demnach auch Polizeiorgane, soweit sie Aufgaben der Justizverwaltung erfüllen, insbesondere

50 Vgl. *Kopp*, VwVfG, Rdnr. 63 zu § 44.

51 In Niedersachsen gibt es zwar auch die Bezeichnung „Oberbürgermeister“ (vgl. § 3 Abs. 1 ndsGO). Dieser hat jedoch als Ratsvorsitzender eine andere Funktion als der Oberbürgermeister in Bayern; letzterem entspricht in Niedersachsen der Oberstadtdirektor.

52 So die h.M.: Vgl. dazu *Kopp*, VwGO, Rdnr. 6 zu § 179; a.A. *Markworth*, DVBl. 1975, 575. Maßgeblich sei der institutionelle Begriff.

im Rahmen der Aufklärung und Verfolgung begangener Straftaten tätig werden[53]. Nicht als Justizbehörde, sondern als Verwaltungsbehörde wird die Polizei dagegen bei allen Maßnahmen zur Wahrung der öffentlichen Sicherheit und Ordnung tätig[54].

Es ist deshalb zunächst zu prüfen, zu welchen Zwecken die Polizei hier tätig wurde.

a) Der Platzverweis ist eine polizeiliche Standardmaßnahme (vgl. Art. 15 bayPAG, § 14 bremPolG, § 15 ndsSOG, § 12 n-wPolG, § 13 rh-pfPVG) mit präventivem Charakter. Sie soll generell die polizeiliche Tätigkeit erleichtern[55].

b) Die Festnahme könnte Justizverwaltungsakt sein (über § 127 StPO) oder reiner Polizeiakt (polizeilicher Gewahrsam, vgl. § 22 b-wPolG, Art. 16 bayPAG, § 18 berlASOG, § 15 bremPolG, § 13 hambSOG, § 46 hessSOG, § 16 ndsSOG, § 13 n-wPolG, § 14 rh-pfPVG, § 180 schl-hLVwG).

Kriterien, wie die Maßnahme rechtlich zu qualifizieren ist, ergeben sich aus der Beurteilung, nach welcher Bestimmung das Vorgehen der Polizei rechtmäßig ist und aus den Absichten der Polizeibeamten.

§ 127 StPO erlaubt eine Festnahme zum Zwecke der Strafverfolgung. Bei J liegt keine Straftat vor. Die Polizei kann also, da sie (wohl) rechtmäßig handeln will, ihre Maßnahme auf die polizeilichen Vorschriften stützen.

c) Als Rechtsgrundlage für die „Beschlagnahme" sind § 94 StPO und die polizeiliche Sicherstellung (vgl. § 26 b-wPolG, Art. 24 bayPAG, § 26 berlASOG, § 23 bremPolG, § 14 hambSOG, § 18 hessSOG, § 24 ndsSOG, § 21 n-wPolG, § 22 rh-pfPVG, § 183 schl-hLVwG) zu untersuchen.

Der Film des Fotographen könnte als Beweismittel dafür, daß sich der Versammlungsleiter nicht an die Auflagen gehalten hat (Vergehen nach § 25 Nr. 2 VersG), von Bedeutung sein. Das Verhalten des Versammlungsleiters konnten die beteiligten Polizeibeamten jedoch sehen. Zur Frage, ob das von eigenen Mitarbeitern eines Presseorgans gefertigte Bildmaterial der Beschlagnahme durch die Strafverfolgungsbehörden unterliegt, hat das Bundesverfassungsgericht im Beschluß vom 4. 3. 1981 (DÖV 1981, 379) festgestellt, die Regelung des § 53 Abs. 1 Nr. 5 StPO sei verfassungsrechtlich unbedenklich, so daß Art. 5 Abs. 1 S. 2 GG nur im Rahmen einer Güterabwägung zu berücksichtigen sei und Zwangsmaßnahmen dieser Art unter dem allgemeinen Rechtsgrundsatz der Verhältnismäßigkeit stehen.

Die „Beschlagnahme" der Kamera war zur Aufklärung der Straftat des Versammlungsleiters folglich nicht notwendig. Sie würde damit gegen den Grundsatz der Notwendigkeit verstoßen, der für alle Staatsakte, also auch für die Tätigkeit im Strafverfahren, gilt[56].

§ 94 StPO kann also die „Beschlagnahme" der Kamera nicht rechtfertigen. Für die Polizei kommt somit nur noch eine Maßnahme nach Polizeirecht in Betracht.

---

53 Vgl. BVerwGE 47, 255 (264); nach *Markworth*, a.a.O., ist gegen Verwaltungsakte der Polizei immer der Verwaltungsrechtsweg gegeben; vgl. auch *Scholler/Broß*, Polizeirecht, S. 54 f.

54 BVerwGE 47, 255.

55 Vgl. *Scholler/Broß*, Polizeirecht, S. 144.

56 Vgl. BVerfGE 16, 194.

Für die Klage des J ist deshalb der Rechtsweg zu den Verwaltungsgerichten nach § 40 Abs. 1 VwGO eröffnet.

2. Klageart

Die Klage ist ebenso eine nachträgliche Feststellungsklage in analoger Anwendung von § 113 Abs. 1 S. 4 VwGO und nicht eine Feststellungsklage nach § 43 VwGO, es sei denn, daß J die Feststellung der Nichtigkeit der Verwaltungsakte begehrt. In vorliegendem Fall wird der Vorsitzende gem. § 86 Abs. 3 VwGO darauf hinwirken, daß J einen entsprechenden Antrag stellt.

3. Erledigung

Die Polizeiakte waren hoheitliche Einzelregelungen mit unmittelbarer Rechtserheblichkeit, also Verwaltungsakte gem. § 35 VwVfG. Der Platzverweis hat sich als polizeilicher Realakt[57] sofort erledigt, Festnahme und Beschlagnahme durch Aufhebung.

4. Feststellungsinteresse

Das berechtigte Interesse an der Feststellung der Rechtswidrigkeit hat J wegen der Wiederholungsgefahr bei zukünftigen Demonstrationen und Aufzügen und wegen der Bedeutung für die Geltendmachung möglicher Schadensersatzansprüche aus Amtshaftung[58].

5. Klagebefugnis

Die Klagebefugnis des J ergibt sich schon aus seiner Betroffenheit als Adressat der belastenden Verwaltungsakte[59].

6. Vorverfahren

Bezüglich der Notwendigkeit eines Vorverfahrens wird auf das oben zur Klage des L Ausgeführte verwiesen.

II. Begründetheit der Klage

Die Klage ist begründet, wenn die Maßnahmen der Polizei rechtswidrig waren und J dadurch in seinen Rechten verletzt worden ist.

1. Polizeilicher Aufgabenbereich

a) Zunächst ist zu klären, ob J als Teilnehmer an der fraglichen öffentlichen Versammlung den Schutz der Versammlungsfreiheit (Art. 8 GG) genießt, wobei sich an diese Frage unmittelbar das Problem der „Polizeifestigkeit des Versammlungsrechts"[60] anschließt.

---

57 Vgl. *Scholler/Broß*, Polizeirecht, S. 45 f.
58 Vgl. *Kopp*, VwGO, Rdnr. 58 zu § 113.
59 Vgl. *Ule*, a.a.O., § 33 IV.
60 Vgl. *Dietel/Gintzel*, a.a.O., Rdnr. 17 zu § 1; *Broß*, a.a.O., Fn. 44.

Nach dem Sachverhalt wurden von J während des Ostermarsches Aufnahmen vom Umzug gemacht.

Teilnahme i.S.d. Versammlungsgesetzes ist Anwesenheit und Teilhabe an den in der Demonstration oder durch die Demonstration artikulierten oder publizierten Aussagen[61]. Beides kann auf irgendeine Weise ausdrücklich (z.B. Beifall, Tragen von Schrift- oder Bildtafeln etc.) oder durch schlüssiges Verhalten wie etwa durch Mitmarschieren geschehen[62].

Wer zu anderen Zwecken (als Anteilnahme) bei einer Demonstration anwesend ist, beispielsweise vorübergehende oder zuschauende Straßenpassanten, die nicht Anteil nehmen, sondern nur neugierig stehen bleiben, ist nicht Teilnehmer[63]. Bezüglich der Anteilnahme des J am Ostermarsch ergeben sich Zweifel. Von einem Mitmarschieren des J in dem Aufzug ist nichts im Sachverhalt erwähnt und man kann daher davon ausgehen, daß J seine Aufnahmen im Rahmen seiner beruflichen Tätigkeit als Journalist lediglich von außen als „berufsmäßig interessierter Betrachter" gemacht hat, er also nur über den Aufzug berichten, nicht an ihm teilhaben wollte.

Eine Kollision Versammlungsrecht — allgemeines Polizeirecht ergibt sich bei J demnach nicht.

Im übrigen würde das Versammlungsgesetz die Anwendung präventiver polizeilicher Maßnahmen nach den Polizeigesetzen nicht grundsätzlich ausschließen. Das Versammlungsgesetz ist nur insofern speziell, als es die Durchführung von Versammlungen und Aufzügen und die zulässigen Beschränkungen, Auflagen und das Verbot sowie die Auflösung regelt[64]. Presserechtliche Bestimmungen können zwar im Einzelfall einer Anwendung des allgemeinen Rechts der Gefahrenabwehr entgegenstehen. Das aus § 16 bayPresseG herzuleitende Verbot einer präventivpolizeilichen Beschlagnahme von Druckwerken ist in vorliegendem Fall jedoch nicht einschlägig, da ein belichteter Film kein Druckwerk nach der Legaldefinition des § 6 Abs. 1 bayPresseG ist. Vergleichen Sie die Rechtslage nach dem Landespressegesetz Ihres Landes.

b) Die allgemeine Raumeröffnung für präventives polizeiliches Handeln könnte sich hier somit aus der allgemeinen Aufgabenzuweisungsnorm ergeben (vgl. § 1 Abs. 1 b-wPolG, Art. 2 Abs. 1 bayPAG, § 1 Abs. 1 berlASOG, § 1 Abs. 1 bremPolG, § 3 Abs. 1 hambSOG, § 1 Abs. 1 hessSOG, § 1 Abs. 1 ndsSOG, § 1 Abs. 1 n-wPolG, § 1 Abs. 1 rh-pfPVG, § 14 saarlPVG, § 171 schl-hLVwG).

Danach hat die Polizei die Aufgabe, Gefahren für die öffentliche Sicherheit oder Ordnung abzuwehren.

Unter öffentlicher Sicherheit i.S.d. Polizeigesetze ist die Unversehrtheit von Leben, Gesundheit, Ehre, Freiheit und Vermögen sowie der Rechtsordnung und der grundlegenden Einrichtungen des Staates zu verstehen[65]. Insbesondere der Unverletzlichkeit der Rechtsordnung kommt dabei ein Hauptgewicht zu. Regelmäßig eröffnet so ein

---

61 Vgl. *Dietel/Gintzel*, a.a.O., Rdnr. 25 zu § 1.
62 Vgl. *Dietel/Gintzel*, a.a.O.
63 Vgl. *Dietel/Gintzel, a.a.O.*
64 Vgl. BVerwG vom 8. 9. 1981, BayVBl. 1982, 183; *Drosdzol*, JuS 1983, 409 f.
65 Vgl. z.B. BVerwG, DVBl. 1974, 297 f.; *Scholler/Broß*, Polizeirecht, S. 114 ff.

Rechtsbruch den polizeilichen Aufgabenbereich. Das Verhalten des J ist jedoch weder straf- noch ordnungswidrigkeitenrechtlich relevant, insbesondere kommt bei J als Nichtteilnehmer am Aufzug eine Ordnungswidrigkeit nach § 29 Abs. 1 Nr. 3 VersG nicht in Betracht.

Der Ostermarsch, von dem J Aufnahmen machte, hielt sich nicht an die Auflagen und verletzte dadurch die Rechtsordnung (vgl. § 25 Nr. 2, § 29 Abs. 1 Nr. 3 VersG). Die Gefahr, die durch den Aufzug gegeben ist, kann jedoch nicht die Aufgabe der Polizei für präventive Maßnahmen gegenüber J eröffnen. Aus der vorgegebenen Situation ist auch nicht ersichtlich, daß J das Vorgehen der überwachenden Polizei gegenüber Marschteilnehmern behinderte bzw. selbst durch den Aufzug in irgendeiner Weise gefährdet würde.

Verstöße des J gegen das Kunsturhebergesetz liegen ebenfalls nicht vor.

Daher wird man im vorliegenden Fall (wohl) davon ausgehen müssen, daß schon der polizeiliche Aufgabenbereich bezüglich der Maßnahmen gegenüber J nicht eröffnet war. Andere Fallkonstellationen sind hier jedoch denkbar.

Im folgenden sollen nun hilfsgutachtlich die Maßnahmen weiter auf ihre Rechtmäßigkeit überprüft werden.

2. Polizeiliche Befugnis

Platzverweis, Festnahme und Beschlagnahme greifen in die Rechtssphäre des J ein und bedürfen daher wegen des Vorbehaltes des Gesetzes einer speziellen Befugnisnorm.

a) Platzverweis: Die Polizeigesetze der Länder Bayern, Bremen, Niedersachsen, Nordrhein-Westfalen und Rheinland-Pfalz enthalten eine Spezialregelung über den Platzverweis (vgl. oben unter I.; die Bezeichnung in den einschlägigen Normen ist Platzverweisung).

Danach kann zur Abwehr einer Gefahr eine Person vorübergehend von einem Ort verwiesen oder ihr vorübergehend das Betreten eines Ortes verboten werden.

Der Platzverweis kann darin bestehen, daß von Personen das Entfernen von einem Ort verlangt wird. Der Platzverweis soll die Arbeit der Polizei erleichtern. Der Platzverweis setzt jedoch eine konkrete Gefahr voraus, d.h. in einem bestimmten Fall müssen Tatsachen vorliegen, aus denen hervorgeht, daß in diesem Einzelfall der Eintritt der Gefahr zu gewärtigen ist[66]. Eine solche Gefahr kann im Verstoß des Marsches gegen die Auflagen gesehen werden. Eine Störung polizeilicher Amtshandlungen und Abwehr dieser Gefahr durch J ist hier jedoch nicht ersichtlich. Für die Beurteilung dieser Frage kommt es nicht auf die subjektive Erkenntnis der Polizeibeamten an. Der Maßstab ist hier ein objektiver.

Der Platzverweis war somit rechtswidrig.

66 Vgl. *Ule/Rasch*, a.a.O., Rdnr. 21 zu § 1 ME.

b) Beschlagnahme: Die Beschlagnahme einer Sache erfolgt im Bereich der Gefahrenabwehr dadurch, daß die Sicherstellungsanordnung auf der zweiten Ebene mit polizeilichen Maßnahmen vollzogen wird.

Zunächst müssen jedoch die Voraussetzungen für eine Sicherstellung vorliegen.

Nach den einschlägigen Bestimmungen der Polizeigesetze (vgl. unter I.) kann die Polizei eine Sache sicherstellen, um

- eine gegenwärtige Gefahr abzuwenden,
- den Eigentümer oder rechtmäßigen Inhaber der tatsächlichen Gewalt vor Verlust oder Beschädigung einer Sache zu schützen,
- wenn sie von einer festgehaltenen Person mitgeführt wird und die Sache zur Verletzung, Tötung, Gesundheitsschädigung bzw. Schädigung fremder Sachen oder Fluchtermöglichung verwendet werden kann.

Diese Voraussetzungen sind bezüglich der Kamera allesamt nicht gegeben, so daß es schon an einer Befugnis der Sicherstellung fehlt[67].

c) Festnahme: In Betracht kommt hier eine polizeiliche Ingewahrsamnahme des J.

Es lag bezüglich J jedoch weder die unmittelbare bevorstehende Begehung oder Fortsetzung einer Straftat oder einer Ordnungswidrigkeit von erheblicher Gefahr vor (Sicherheits- bzw. Verhütungsgewahrsam) noch war ein Gewahrsam zum Schutz des J gegen eine Gefahr für Leib und Leben (Schutzgewahrsam) erforderlich.

Auch die Festnahme war somit mangels Rechtsgrundlage rechtswidrig.

Ergebnis:

Die zulässige Klage des J ist nach allem begründet. Das Gericht stellt die Rechtswidrigkeit der polizeilichen Maßnahmen fest.

67 Auf die Bestimmungen der StPO wurde bereits bei der Zulässigkeit der Klage eingegangen.

Fall 6 „Radarfalle“

Verfahrensrecht: Verwaltungsrechtsweg — Verpflichtungsklage — Fortsetzungsfeststellungsklage

Materielles Recht: Abgrenzung Ordnungswidrigkeitenrecht — Strafprozeßordnung — Polizeirecht, Festnahme, Sicherstellung, erkennungsdienstliche Maßnahmen

Entscheidungen: OLG Düsseldorf vom 2. 9. 1959, JZ 1960, 258; BayObLG vom 26. 6. 1963, NJW 1963, 1884; HessVGH vom 30. 8. 1983, NJW 1984, 1253; BVerwG vom 19. 10. 1982, BayVBl. 1983, 183 f.

I. Sachverhalt

Der schnelle Otto (O) behinderte eine von der Polizei auf einer Ausfallstraße durchgeführte Geschwindigkeitskontrolle dadurch, daß er sich 500 m vor der Kontrollstrecke mit seinem Personenwagen aufstellte. An dessen hinterer Stoßstange lehnte ein großes Schild mit der Aufschrift: „Kraftfahrer! Vorsicht! Nach 500 m polizeiliche Geschwindigkeitskontrolle!“

Dieser Vorgang wurde von einer zufällig vorbeifahrenden Polizeistreife beobachtet. O wurde festgenommen und mit auf die nächste Polizeidienststelle genommen, sein Fahrzeug und das „Warnschild“ sichergestellt.

Auf der Polizeidienststelle wurden von O Fingerabdrücke genommen, Lichtbilder angefertigt sowie Gewichts- und Größenmessungen vorgenommen; anschließend ließ man O gehen.

Vermerk:

O möchte nun von seinem Bekannten — einem Rechtsanwalt — wissen, ob er gegen diese polizeilichen Maßnahmen etwas unternehmen kann. Weiterhin möchte er gegen die Weigerung der Polizei vorgehen, ihm die erkennungsdienstlichen Unterlagen herauszugeben bzw. zu vernichten.

Soweit zur Lösung des Falles die Klärung von strafrechtlichen Vor- und Nebenfragen erforderlich ist, hat diese in möglichst knapper Form zu geschehen.

II. Literatur zum Sachgebiet

Scholler/Broß, Grundzüge des Polizei- und Ordnungsrechts in der Bundesrepublik Deutschland, 3. völlig neubearb. Aufl., Heidelberg 1982; *Drews/Wacke/Vogel/Martens,* Gefahrenabwehr, Bd. 2, 8. Aufl., 1977; *Fugmann,* NJW 1981, 2227 f.; *Kleinknecht/Meyer,* Strafprozeßordnung, Kommentar, 36. Aufl., 1983. Kommentierungen zu §§ 81 b, 94, 163 b, 163 c, 164; *Knemeyer,* Polizei- und Ordnungsrecht, 1984; *Kopp,* VwGO, Kommentierung zu §§ 40, 42, 179; *Roxin,* Strafverfahrensrecht, 18. Aufl.,

1983, §§ 31, 33, 34; *Ule/Rasch*, Allgemeines Polizei- und Ordnungsrecht, 2. Aufl., 1982.

III. Methodische Einführung

Der Sachverhalt: „Radarfalle" zeigt polizeiliche Maßnahmen, die nur dann rechtmäßig sind, wenn der polizeiliche Handlungsbereich durch Gesetz eröffnet ist (Aufgabennorm) und für die einzelnen Maßnahmen polizeiliche Handlungsermächtigungen durch Rechtssatz vorliegen (Befugnisnorm). Für polizeiliche Maßnahmen, die Maßnahmen gegen Personen oder Sachen sind, genügt die Eröffnung des polizeilichen Handlungsraumes durch eine Aufgabennorm. Folgende Befugnisse gegen Personen — nicht dagegen sind Befugnisse gegen Sachen hier gegeben — sind zu prüfen.

Der historische Ablauf:

1. Verhaftung des O und Verbringung auf die Polizeidienststelle — ob es sich hier um eine Kontrollmaßnahme oder zwei verschiedenstufige Maßnahmen handelt, ist bei der materiellen Prüfung zu klären.

2. Sicherstellung von Fahrzeug und Schild.

3. Erkennungsdienstliche Behandlung des O — von diesem Begriff, der eine einheitliche Maßnahme der Polizei darstellt, werden die Abnahme von Fingerabdrücken, das Aufnehmen der Lichtbilder und die Messungen umfaßt.

4. Weigerung der Polizei, die erkennungsdienstlichen Unterlagen herauszugeben bzw. zu vernichten.

Für jede dieser Maßnahmen ist zu prüfen, welchem der drei Rechtsbereiche im materiellen Polizeirecht sie zuzuordnen sind:
— der Gefahrenabwehr (allgemeines Polizeirecht)
— der Strafverfolgung (nach der StPO)
— der Verfolgung von Ordnungswidrigkeiten (nach dem OWiG).

Von der Beantwortung dieser Frage hängt es ab, ob der Verwaltungsrechtsweg gem. § 40 Abs. 1 VwGO eröffnet ist oder die ordentlichen Gerichte gem. § 23 EGGVG bzw. §§ 62, 68 OWiG für die Überprüfung der Maßnahme zuständig sind.

Weiterhin sind die materiellen Zulässigkeitsvoraussetzungen für die jeweiligen Maßnahmen unterschiedlich, je nach dem, ob es sich um solche nach dem Polizeiaufgaben-Gesetz (PAG) oder der StPO bzw. dem OWiG handelt. Da die Polizeibefugnisse landesrechtlich geregelt sind, müssen Sie jeweils von dem in Ihrem Lande geltenden Polizeirecht ausgehen. Die Lösung des vorliegenden Falles gibt Ihnen aber genügend Anhaltspunkte hierfür, sich in Ihr landesrechtliches Polizeirechtssystem einzuarbeiten. Im Mittelpunkt steht die Abgrenzung polizeilicher Befugnisse von Befugnissen nach der StPO und dem OWiG.

Daher bietet es sich hier an, die materielle Überprüfung der genannten Maßnahmen vorweg gutachtlich zu würdigen und erst anschließend die prozessualen Voraussetzungen einer Klage zu prüfen.

Diese Prüfungsreihenfolge ist auch von der Fragestellung der Arbeit her gesehen sinnvoll und legitim, da auch der Rechtsanwalt vor Erhebung eines Rechtsbehelfs erst eine materielle Vorprüfung benötigt. Eine solche Prüfungsreihenfolge ist immer dann angezeigt, wenn ein prozessualer Rechtsbehelf oder ein Rechtsbehelf des Verwaltungsverfahrens (Widerspruchsverfahrens) noch nicht von einem Beteiligten eingelegt wurde.

IV. LÖSUNG

Teil 1: Materielle Prüfung

A. Rechtliche Einordnung des polizeilichen Handelns

Die Frage nach der rechtlichen Einordnung des polizeilichen Vorgehens im vorliegenden Fall bedeutet zugleich die Frage nach der Zuständigkeit der Polizei.

Im ersten Schritt zur Lösung des Falles ist daher zu prüfen, ob für das Vorgehen der Polizei im konkreten Fall eine Aufgabenzuweisungsnorm gefunden werden kann, die den polizeilichen „Handlungsraum" eröffnet.

Es ergeben sich hier folgende Möglichkeiten:

I. Gem. Art. 2 Abs. 1 bayPAG (vgl. auch § 1 Abs. 1 b-wPolG, § 1 Abs. 1 berlASOG, § 1 Abs. 1 bremPolG, § 3 Abs. 1 hambSOG, § 1 Abs. 1 HSOG, § 1 Abs. 1 ndsSOG, § 1 Abs. 1 n-wPolG, § 1 Abs. 1 rh-pfPVG, § 14 saarlPVG, § 171 schl-hLVwG) hat die Polizei die Aufgabe, Gefahren für die öffentliche Sicherheit oder Ordnung abzuwehren. Dazu gehört auch die Verhütung strafbarer Handlungen.

II. Gem. Art. 2 Abs. 4 bayPAG (vgl. auch § 1 Abs. 2 b-wPolG, § 4 Abs. 4 berlASOG, § 1 Abs. 4 bremPolG, § 1 Abs. 2 HSOG, § 1 Abs. 5 ndsSOG, § 1 Abs. 4 n-wPolG, § 1 Abs.4 rh-pfPVG, § 14 Abs. 2 saarlPVG, § 164 Abs. 2 schl-hLVwG) hat die Polizei ferner die Aufgaben zu erfüllen, die ihr durch andere Rechtsvorschriften übertragen sind. Über diese „Brückenvorschrift" wird der Weg vor allem in die Aufgaben der Strafverfolgung nach der StPO und der Ahndung von Ordnungswidrigkeiten nach §§ 35, 53 OWiG eröffnet, so daß der polizeiliche „Handlungsraum" erweitert wird.

Damit obliegt der Polizei eine Doppelfunktion[1], nämlich ihre Zuständigkeit zur Gefahrenabwehr einerseits und zur Strafverfolgung bzw. Ahndung von Ordnungswidrigkeiten andererseits.

Entsprechend dieser Doppelfunktion der Polizei kann es vorkommen, daß eine Maßnahme der Polizei sowohl aufgrund der StPO bzw. des OWiG als auch dem allgemeinen Polizeirecht getroffen werden kann. Für die Beurteilung der Rechtmäßigkeit ist es dann von entscheidender Bedeutung, ob die Polizei Maßnahmen der polizeilichen Gefahrenabwehr oder der strafprozessualen Verfolgung bzw. der Ahndung von Ordnungswidrigkeiten treffen wollte.

1 Vgl. *Drews/Wacke/Vogel/Martens*, Gefahrenabwehr, Bd. 2, S. 46, *Scholler/Broß*, Polizeirecht, § 10.

Im vorliegenden Fall geht die Polizei gegen O vor, der eine Geschwindigkeitskontrolle behindert.

Aus dem Sachverhalt ist nicht ersichtlich, ob die Polizei tätig wurde, um eine noch andauernde Störung der öffentlichen Sicherheit oder Ordnung abzuwehren (= präventiv-polizeiliche Tätigkeit) oder um das unter Umständen strafbare bzw. ordnungswidrige Verhalten des O. zu verfolgen (= repressiv-polizeiliche Tätigkeit). Weiterhin ist auch noch Tätigwerden der Polizei zur Beseitigung einer Störung ihrer Strafverfolgungs- bzw. Ahndungstätigkeit anläßlich der Radarkontrolle denkbar.

Wäre demnach hier ein polizeiliches Vorgehen sowohl nach dem allgemeinen Polizeirecht als auch nach StPO bzw. dem OWiG grundsätzlich möglich, so kann nur entweder das eine oder das andere Recht angewandt werden[2].

Entscheidend sind dabei Anlaß und Zweck der polizeilichen Maßnahme, wobei die Absicht des handelnden Polizeibeamten nicht außer Acht gelassen werden darf[3].

Die Beurteilung erfolgt nach der Sachlage, wie sie im Zeitpunkt des polizeilichen Handelns erkennbar war. Konnte die Polizei danach sowohl zur Gefahrenabwehr als auch zu Verfolgungszwecken tätig werden, so besteht ein Wahlrecht für die Polizei. Der Polizeibeamte wird sich auf die Rechtsgrundlage stützen, die ihm am meisten begründet erscheint[4].

Im vorliegenden Fall ist nun zu prüfen, ob ein polizeiliches Vorgehen nach einer der gesetzlichen Befugnisse rechtmäßig wäre, da im Zweifel das Handeln der Polizei auf diese Rechtsgrundlage zu stützen ist.

B. Rechtmäßigkeit der einzelnen polizeilichen Maßnahmen

I. Die Verhaftung des O und seine Verbringung auf die Polizeidienstelle

1. Repressives Vorgehen nach der StPO

Bei der Festnahme des O durch die Polizei könnte es sich um eine nur vorläufige Maßnahme gem. § 127 Abs. 1 S. 1 StPO bzw. § 127 Abs. 1 S. 2 i.V.m. § 163 b/c StPO handeln, da die Festnahme nicht richterlich angeordnet wurde.

a) Die Befugnis zur anwesenheitssichernden Flagranzfestnahme gem. § 127 Abs. 1 S. 1 StPO steht auch der Polizei zu[5].

Dann müßte O auf frischer Tat i.S. dieser Vorschrift betroffen sein und Fluchtverdacht bestehen. Betroffen auf frischer Tat ist, wer bei der rechtswidrigen Tat in Verwirklichung des Tatbestandes oder unmittelbar danach noch am Tatort gestellt wird[6]. Die rechtswidrige Tat des O könnte darin liegen, daß er andere Autofahrer vor der Radarkontrolle gewarnt hat.

---

2 So *Schleberger*, Polizei- und Ordungsverwaltung in Nordrhein-Westfalen, 5. Aufl., 1980, S. 143; *Scholler/Broß*, Polizeirecht, a.a.O.; a.A. *Schwan*, VerwArch., Bd. 70 (1979), 110.

3 Vgl. *Scholler/Broß*, Polizeirecht, S. 54; *Drews/Wacke/Vogel/Martens*, a.a.O., S. 47, 99.

4 Vgl. *Ule/Rasch*, Allgemeines Polizei- und Ordnungsrecht, 2. Aufl., 1982, Rdnr. 66 zu § 1 ME.

5 Vgl. *Roxin*, Strafverfahrensrecht, 18. Aufl., 1983, S. 183.

6 Vgl. *Kleinknecht*, StPO, Rdnr. 10 zu § 127.

Dieses Verhalten des O ist jedoch strafrechtlich nicht relevant. Vor allem erfüllt es nicht den Tatbestand der Begünstigung (§ 257 StGB), weil die Kraftfahrer durch Verminderung der Geschwindigkeit im Kontrollbereich des Radarwagens keine Straftat begehen. Ob vor der Warnung eine Straftat durch überhöhte Geschwindigkeit gegeben war (§ 315 c Abs. 1 Nr. 2 d StGB), kann weder unterstellt noch bewiesen werden.

b) Die Befugnis der Polizei zur identifizierungssichernden amtlichen Festnahme folgt aus § 127 Abs. 1 S. 2 i.V.m. § 163 b Abs. 1 S. 2 StPO.

Voraussetzung hierfür ist jedoch, daß O einer Straftat verdächtig wäre. Das Verhalten des O fällt jedoch — wie oben festgestellt — unter keinen Straftatbestand.

c) Eine Befugnis zur Festnahme des O könnte sich noch gem. § 164 StPO ergeben. Danach darf jeder Beamte, der außerhalb des Amtsgebäudes eine Amtshandlung strafprozessualer Art vornimmt, solche Personen festnehmen, die seine amtliche Tätigkeit vorsätzlich stören oder sich seinen rechtmäßigen Anordnungen widersetzen[7].

Eine polizeiliche Geschwindigkeitskontrolle stellt jedoch keine Amtshandlung strafprozessualer Art dar, sie dient regelmäßig der Ermittlung und Ahndung von „Verkehrsordnungswidrigkeiten".

2. Vorgehen nach dem OWiG

a) Eine Befugnis zur Festnahme des O könnte sich für die Polizei gem. § 163 b Abs. 1 S. 2 StPO i.V.m. § 53 Abs. 1 S. 2 OWiG ergeben.

Danach sind die Rechte und Pflichten der Behörden und Beamten des Polizeidienstes bei der Erforschung von Ordnungswidrigkeiten dieselben wie im Strafverfahren, soweit im OWiG nichts anderes bestimmt ist.

Nach diesen Vorschriften sind alle Beamten des Polizeidienstes für die Maßnahmen zur Identitätsfeststellung zuständig[8], also nicht nur diejenigen, die Hilfsbeamte der Staatsanwaltschaft sind (vgl. § 53 Abs. 2 OWiG).

Voraussetzung für ein Tätigwerden der Polizei ist jedoch, daß zumindest der Verdacht bestehen muß, O habe durch sein Verhalten den Tatbestand einer Ordnungswidrigkeit erfüllt.

aa) O könnte insofern eine Ordnungswidrigkeit gem. § 1 Abs. 2 i.V.m. § 49 Abs. 1 Nr. 1 StVO, § 24 StVG begangen haben, als er durch sein Verhalten — immerhin stellte er seinen Kraftwagen auf einer Ausfallstraße auf — andere Verkehrsteilnehmer gefährdet oder mehr, als nach den Umständen unvermeidbar, behindert oder belästigt hat.

Inwieweit eine Behinderung und Gefährdung anderer Verkehrsteilnehmer durch O stattgefunden haben könnte, geht aus dem Sachverhalt nicht hervor, vor allem kann nicht unterstellt werden, O habe sein Fahrzeug bzw. das „Warnschild" so auf der Fahrbahn abgestellt, daß er damit die anderen Verkehrsteilnehmer an der zügigen Weiterfahrt gehindert oder zu gefährlichen Ausweichmanövern gezwungen hat.

---

7 Vgl. *Roxin,* a.a.O., S. 188.
8 Vgl. *Göhler,* OWiG, Rdnr. 150 vor § 59.

Auch der Tatbestand einer „vermeidbaren Belästigung" der anderen Verkehrsteilnehmer ist nicht erfüllt. Für die nichtmotorisierten Verkehrsteilnehmer war das aufgestellte Schild ohne Bedeutung und Interesse. Für die vorbeifahrenden Kraftfahrer kann das Tun des O nur eine willkommene Warnung gewesen sein.

Auch eine Belästigung der die Radarkontrolle durchführenden Polizeibeamten kann nicht bejaht werden.

Belästigung ist die Zufügung von körperlichem oder seelischem Unbehagen und muß eine, wenn auch nicht notwendig beabsichtigte, Richtung gegen die Personen aufweisen, die an dem Vorgang Anstoß nehmen[9]. Diese im OWiG geregelte „Belästigung" ist von der polizeirechtlichen Belästigung zu unterscheiden, die regelmäßig die Polizei nicht zum Eingreifen befugt, weil der polizeiliche Handlungsraum nur zur Abwehr von Gefahren, nicht zur Abwehr von Belästigungen, eröffnet ist. Grundsätzlich unterscheidet man beim Gefahrenbegriff zwischen Schaden und Belästigung. Ein Schaden liegt erst dann vor, wenn Rechtsgüter mit einer gewissen Intensität beeinträchtigt werden. Wird ein solcher Grad von Intensität nicht erreicht, spricht man von Belästigung[10].

Wenn der Gesetzgeber eine Belästigung zum Tatbestand erhebt (§ 1 Abs. 2 i.V.m. § 49 Abs. 1 Nr. 1 StVO, § 24 StVG), dann liegt dies anders und begründet einen Ordnungswidrigkeitsbestand.

Dies — nämlich eine relevante Belästigung nach dem OWiG — wurde von der Rechtsprechung[11] für den Fall bejaht, in dem ein Fahrer sein Kfz unmittelbar an einem im Einsatz befindlichen Radarwagen geparkt hatte und dadurch dessen Messungen verhinderte.

Im Fall stellte O sein Fahrzeug jedoch in einer Entfernung von 500 m auf, so daß schon von der Entfernung her eine Belästigung der Polizeibeamten ausscheidet, weil diese „Störung" durch O von ihnen in der Regel nicht bemerkt werden kann.

bb) Auch eine Belästigung der Allgemeinheit gem. § 118 Abs. 1 OWiG durch O kann nicht unterstellt werden, da sein Verhalten für die einen nicht von Interesse, für die anderen dagegen eine willkommene Warnung ist (vgl. dazu oben).

cc) Weiterhin kann nicht unterstellt werden, daß das Halten bzw. Parken des O unzulässig war und gem. § 12 Abs. 1, Abs. 3 i.V.m. § 49 Abs. 1 Nr. 12 StVO eine Verkehrsordnungswidrigkeit darstellte[12].

b) Eine Befugnis der Polizei könnte sich weiterhin aus § 164 StPO i.V.m. § 46 Abs. 1 OWiG ergeben.

Die Meßkolonne der Polizei hatte die Aufgabe, Überschreitungen der zulässigen Höchstgeschwindigkeit (§ 3 StVO) durch die vorbeifahrenden Kraftfahrer festzustellen, also Ordnungswidrigkeiten nach § 49 Abs. 1 Nr. 3 StVO, § 24 StVG aufzuklären.

---

9 Vgl. *Mühlhaus/Janiszewski*, StVO, 9. Aufl., 1982, Rdnr. 8 zu § 1.

10 *Scholler/Broß*, Polizeirecht, S. 125; *Broß*, Aktuelle Probleme des Polizeirechts, RiA 1981, 141; *ders.*, DVBl. 1981, 208.

11 So OLG Hamm, VRS 52, 208.

12 Eine Ordnungswidrigkeit gem. § 16 Abs. 1 i.V.m. § 49 Abs. 1 Nr. 16 StVO stellt es jedoch dar, entgegenkommende Fahrzeuge durch Aufblenden vor einer Radarkontrolle zu warnen.

Bei der Störung der Ermittlungstätigkeit gilt § 164 StPO daher über § 46 Abs. 1 OWiG sinngemäß[13]. Somit hat bei der Ermittlung von Ordnungswidrigkeiten an Ort und Stelle der sie leitende Beamte die Befugnis, Personen, die seine amtliche Tätigkeit vorsätzlich stören oder sich den von ihm innerhalb seiner Zuständigkeit getroffenen Anordnungen widersetzen, festzunehmen, und bis zur Beendigung seiner Amtsverrichtungen, jedoch nicht über den nächstfolgenden Tag hinaus festhalten zu lassen (vgl. § 164 StPO).

Der Ausschluß der Verhaftung und der vorläufigen Festnahme durch § 46 Abs. 3 OWiG bezieht sich dabei nicht auf die Vorschriften der §§ 163 b, 163 c, 164 StPO[14].

Zur Durchsetzung der Ermittlungen wegen bloßer Ordnungswidrigkeiten kann jedoch die Festnahmebefugnis mit Rücksicht auf den Grundsatz der Verhältnismäßigkeit nur in seltenen Fällen bejaht werden; dabei sind Art und Ausmaß der Störung im Vergleich zur Bedeutung der Bußgeldsache und der Ermittlungshandlung abzuwägen[15].

Eine solche Abwägung ergibt hier jedenfalls, daß die Festnahme des O ein unverhältnismäßiges Mittel zur Beseitigung seiner Störung war, weil mildere Mittel wie eine Ermahnung bzw. eine Verweisung von dieser Stelle ebenfalls geeignet waren; erst wenn sich O hartnäckig gegen entsprechende Anordnungen der Polizeibeamten geweigert hätte, wäre eine Festnahme zulässig gewesen.

3. Präventives Vorgehen nach allgemeinem Polizeirecht

a) Nach dem allgemeinen Polizeirecht (vgl. A I) hat die Polizei die Aufgabe, Gefahren für die öffentliche Sicherheit oder Ordnung abzuwehren.

Im Fall der Störung hat sich die Gefahr bereits verwirklicht; der zu erwartende Schaden ist eingetreten, und die Gefahrenabwehr geht dahin, weitere Störungen zu unterbinden und die Folgen der eingetretenen Störungen zu beseitigen[16].

Eine Störung der öffentlichen Sicherheit durch das Verhalten des O ist wohl nicht gegeben.

Unter öffentlicher Sicherheit i.S.d. Polizeigesetze ist die Unversehrtheit von Leben, Gesundheit, Ehre, Freiheit und Vermögen sowie der Rechtsordnung und der grundlegenden Einrichtungen des Staates zu verstehen[17].

Eine Beeinträchtigung dieser Rechtsgüter durch O ist nicht ersichtlich.

Jedoch könnte das Verhalten des O eine Beeinträchtigung der öffentlichen Ordnung darstellen. Die öffentliche Ordnung ist die Gesamtheit jener ungeschriebenen Regeln für das Verhalten des einzelnen in der Öffentlichkeit, deren Beachtung nach den je-

---

13 Vgl. *Göhler*, a.a.O., Rdnr. 126 vor § 59.
14 Vgl. *Göhler*, a.a.O., Rdnr. 12 ff. zu § 46.
15 Vgl. *Göhler*, a.a.O., Rdnr. 126 vor § 59.
16 Vgl. *Wolff/Bachof*, Verwaltungsrecht, Bd. III, Rdnr. 18 zu § 125.
17 Vgl. *Scholler/Broß*, Polizeirecht, S. 114.

weils herrschenden Anschauungen als unerläßliche Voraussetzung eines geordneten, staatsbürgerlichen Gemeinschaftslebens betrachtet wird[18].

Weitergehende Bedeutung kann der Begriff der öffentlichen Ordnung dort gewinnen, wo es um die Abwehr von Gefahren geht, die noch nicht strafrechtlich oder ordnungswidrigkeitenrechtlich relevant sind[19].

Radarkontrollen sollen der Feststellung und künftigen Abschreckung derjenigen Kraftfahrer dienen, die, wenn sie sich unbeobachtet glauben, manchen Verkehrsvorschriften keine genügende Beachtung schenken[20]. Diesem Zweck wird durch das Verhalten des O entgegengearbeitet. Die Beachtung der Verkehrsvorschriften einschließlich der ungeschriebenen Verhaltensregeln für Teilnehmer am öffentlichen Verkehr muß nach den herrschenden Anschauungen als unerläßliche Voraussetzung eines geordneten Gemeinschaftslebens betrachtet werden.

Strafrechtlich bzw. ordnungswidrigkeitenrechtlich ist dieses Verhalten — wie oben festgestellt — nicht relevant. Man kann jedoch eine Störung der öffentlichen Ordnung durch O annehmen. Der Begriff der „öffentlichen Ordnung" hat sich in der Rechtsprechung der Verwaltungsgerichtsbarkeit des 19. Jahrhunderts entwickelt. Man versteht unter der öffentlichen Ordnung die Summe jener ungeschriebenen Regeln und Verhaltensweisen, die für das menschliche Zusammenleben als unumgängliche Voraussetzung von einer bestimmten Gruppe angesehen werden. Diese „Ordnungsnormen" sind keine rechtsverbindlichen Vorschriften noch Normen der Sittlichkeit, sondern wertorientierte Verhaltensmuster. Gegen den Begriff der öffentlichen Ordnung als Polizeigut haben sich verschiedene Stimmen im Schrifttum erhoben, wie z.B. *Denninger*, der die Auffassung vertritt, daß das Grundgesetz eine völlige Neuorientierung dieses klassischen Polizeigutes verlangte[21]. Auch *Götz* hat sich gegen die herkömmliche Interpretation der öffentlichen Ordnung als Handlungsmuster der „Mehrheit" ausgesprochen[22].

b) Die Polizei hat zur Gefahrenabwehr in die Rechte des O eingegriffen; sie benötigt daher für diese Maßnahme eine entsprechende Befugnisnorm.

Bei der „Festnahme" handelt es sich um eine Standardmaßnahme oder typische Maßnahme polizeilichen Handelns, die an Hand der einschlägigen Spezialbefugnisse aus dem Befugniskatalog auf ihre Rechtmäßigkeit hin zu überprüfen ist.

Die Polizeigesetze der einzelnen Länder enthalten sowohl bezüglich der Spezialbefugnisse als auch der Generalbefugnisse z.T. unterschiedliche Fassungen, auf die im folgenden nur im wesentlichen eingegangen werden kann.

---

18 BayVGHE 4, 194; *Scholler/Broß*, Polizeirecht, S. 115 ff.

19 *Scholler/Broß*, a.a.O., S. 121 f.

20 Vgl. BayObLG, NJW 1963, 1884.

21 *Denninger*, Polizei in der freiheitlichen Demokratie, 1968; *ders.*, Polizei und demokratische Politik, JZ 1970, 145 ff.

22 *Götz*, Allgemeines Polizei- und Ordnungsrecht, 7. Aufl. 1982, § 3 III; siehe aber *Drews/Wacke/Vogel/Martens*, a.a.O., S. 131 ff., *Scholler/Broß*, a.a.O., S. 117 ff.; zur Abgrenzung von Geschmacklosigkeiten und Verletzung der Menschenwürde Peepshow-Entscheidung — BVerwGE 64, 276 sowie der Damen-Schlamm-Catch-oben-ohne-Beschluß BayVGH vom 9. 12. 1983, BayVBl. 1984, 152.

aa) In Betracht kommen könnte hier zunächst der polizeiliche Gewahrsam, der wegen des besonders schweren Eingriffs in die Freiheit der Person in allen Polizeigesetzen speziell und detailliert geregelt ist (§ 22 b-wPolG, Art. 16 bayPAG, § 18 berlASOG, § 15 bremPolG, § 13 hambSOG, § 46 HSOG, § 16 ndsSOG, § 13 n-wPolG, § 14 rh-pfPVG, § 180 schl-hLVwG).

Zu unterscheiden sind Schutzgewahrsam — Gewahrsam einer Person zu ihrem eigenen Schutz — und Sicherheits- bzw. Verhütungsgewahrsam — zur Verhinderung von Straftaten oder Ordnungswidrigkeiten. In unserem Fall käme nur letzteres in Frage. Das Verhalten des O ist jedoch weder straf- noch ordnungswidrigkeitenrechtlich relevant, so daß diese Voraussetzung hier nicht gegeben wäre.

bb) Weiterhin könnte die Festnahme als Mittel zur Feststellung der Identität des O zulässig sein gem. Art. 12 Abs. 2 bayPAG (vgl. auch § 20 b-wPolG, § 15 berlASOG, § 11 bremPolG, § 12 hambSOG, § 16 Abs. 1 HSOG, § 12 ndsSOG, § 9 Abs. 1 n-wPolG, § 10 rh-pfPVG, § 176 Abs. 1 schl-hLVwG).

Obwohl in den Standardmaßnahmen nicht ausdrücklich geregelt, ist es einhellige Auffassung, daß die Polizei auch berechtigt ist, die angehaltene und festgehaltene Person zur Dienststelle mitzunehmen, wenn sich die Personalien an Ort und Stelle nicht ermitteln lassen oder aber, wenn der Verdacht besteht, daß die Angaben unrichtig sind[23].

Das Verbringen zur polizeilichen Dienststelle ist gegenüber dem Festgehaltenen am Ort der Überprüfung wiederum eine weitere Stufe in den Kontrollmaßnahmen[24].

Voraussetzung für die Mitnahme der festgehaltenen Person zur Dienststelle ist zunächst die Zulässigkeit der Identitätsfeststellung.

Die Identitätsfeststellung ist zulässig zur Abwehr einer konkreten Gefahr[25], d.h. der Fall muß so liegen, daß gerade eine Identitätsfeststellung das taugliche Mittel ist, um die konkrete Gefahr abzuwehren.

Ob das im vorliegenden Fall zutrifft, ist Tatfrage; im allgemeinen ist jedoch davon auszugehen, daß nach einer Identitätsfeststellung eine weitere Störung der polizeilichen Radarkontrolle nicht mehr zu erwarten sein wird. Ein Mitnehmen zur Dienststelle ist jedoch dann nicht mehr zulässig, wenn eine Identitätsfeststellung am Ort schon aus den Fahrzeugpapieren des O bzw. seinem Führerschein oder Personalausweis möglich ist, wovon hier ausgegangen werden muß.

II. Sicherstellung von Fahrzeug und Schild

1. Vorgehen nach StPO

Gegenstände, die als Beweismittel für die Untersuchung von Bedeutung sein können, können nach § 94 Abs. 1 StPO sichergestellt werden. Die Sicherstellung von Beweismitteln dient allein der Verfahrenssicherung durch Verhinderung des Beweisverlustes.

---

23 Vgl. *Scholler/Broß*, a.a.O., S. 135.
24 *Riegel*, ZRP 1978, 14 (16).
25 *Schwan*, AöR, Bd. 102, 250.

Das Verhalten des O ist jedoch, wie schon festgestellt, strafrechtlich nicht relevant. Daher fehlt es hier an jeglicher Beweisbedeutung der Gegenstände, eine Sicherstellung nach § 94 StPO wäre demnach unzulässig.

2. Vorgehen nach OWiG

a) Gem. § 94 StPO i.V.m. § 46 Abs. 1 OWiG können auch im Bußgeldverfahren Beweismittel sichergestellt werden[26].

Es fehlt jedoch ebenfalls auch hinsichtlich des Ordnungswidrigkeitenrechtes an jeder Relevanz des Verhaltens von O.

b) § 164 StPO i.V.m. § 46 Abs. 1 OWiG gestattet die Festnahme und das Festhalten desjenigen, der stört und sich widersetzt.

Zwar dürfen diese Befugnisse erst ausgeübt werden, wenn die Störung nicht auf andere Weise zu beseitigen ist[27]. Daraus kann jedoch keine Befugnis zur Sicherstellung hergeleitet werden, selbst wenn sie ein milderes Mittel darstellen sollte. Bei den in § 164 StPO als äußerstes Mittel zugelassene Maßnahmen handelt es sich um Eingriffe in die persönliche Freiheit, also um Mittel mit einer völlig anderen Zielrichtung als die Sicherstellung von Gegenständen. Eine Ausdehnung der Befugnis des § 164 StPO wäre demnach hier verfehlt. Es entfällt damit jede repressiv-polizeiliche Befugnis zum Einschreiten gegenüber O.

3. Präventives Vorgehen nach dem allgemeinen Polizeirecht

a) Der polizeiliche Aufgabenbereich zur Gefahrenabwehr ist eröffnet (vgl. oben).

b) Als spezielle Befugnisnorm für diese Maßnahme kommt Art. 24 bayPAG (vgl. auch § 26 b-wPolG, § 26 berlASOG, § 23 bremPolG, § 14 hambSOG, § 18 HSOG, § 24 ndsSOG, § 21 n-wPolG, § 22 rh-pfPVG, § 183 schl-hLVwG) in Betracht.

Die Sicherstellung mußte nach Art. 24 Nr. 1 bayPAG (für die anderen Polizeigesetze gilt dies entsprechend) der Abwehr einer gegenwärtigen Gefahr dienen. Dabei kann die Gefahr ausgehen von der Sache selbst (z.B. Giftmüll), vom Zustand des Besitzers der Sache (z.B. Wegnahme des Autoschlüssels von Volltrunkenem) oder von der Absicht des Besitzers (Wegnahme eines Messers, mit dem eine Straftat begangen werden soll)[28].

Bei der Sicherstellung ist jedoch der Grundsatz der Verhältnismäßigkeit zu beachten. Die Sicherstellung ist dann nicht erforderlich, wenn der Gefahr mit weniger einschneidenden Mitteln begegnet werden kann[29].

Ob dies im konkreten Fall zulässig war, ist wiederum Tatfrage, im Regelfall dürfte jedoch zunächst eine Mahnung mit Androhung des Mittels geboten sein.

---

26 Vgl. *Göhler*, a.a.O., Rdnr. 66 vor § 59.
27 *Schmidt*, NJW 1969, 397.
28 *Ule/Rasch*, a.a.O., Rdnr. 9 zu § 21 ME.
29 Vgl. *Drews/Wacke/Vogel/Martens*, a.a.O., S. 100.

III. Erkennungsdienstliche Behandlung

Die erkennungsdienstliche Behandlung stellt eine einheitliche Maßnahme dar und umfaßt die Abnahme von Fingerabdrücken, die Aufnahme von Lichtbildern und die Messungen.

1. Vorgehen nach der StPO

Erkennungsdienstliche Maßnahmen können gem. § 81 b und § 163 b Abs. 1 S. 3 StPO vorgenommen werden.

§ 81 b StPO betrifft den Beschuldigten, d.h. eine Person, gegen die ein Strafverfahren betrieben wird, § 163 b Abs. 1 S. 3 StPO betrifft den Verdächtigen.

Die erkennungsdienstliche Behandlung nach der StPO wäre unzulässig, weil ein strafrechtlich relevantes Verhalten des O nicht vorliegt.

2. Vorgehen nach dem OWiG

Die erkennungsdienstliche Behandlung für Zwecke des Bußgeldverfahrens oder des Erkennungsdienstes ist zwar nicht ausdrücklich ausgeschlossen, ihre Notwendigkeit ist jedoch unter Berücksichtigung des Grundsatzes der Verhältnismäßigkeit bei Ordnungswidrigkeiten in der Regel zu verneinen[30].

3. Präventives Vorgehen nach allgemeinem Polizeirecht

a) Der präventive Aufgabenbereich zur Gefahrenabwehr ist eröffnet.

b) Die einschlägige spezielle Befugnisnorm ist hier Art. 13 bayPAG (vgl. § 30 b-wPolG, § 16 berlASOG, § 12 i.V.m. § 31 bremPolG, § 45 a HSOG, § 13 ndsSOG, § 10 n-wPolG, § 11 rh-pfPVG, § 178 schl-hLVwG).

Danach sind erkennungsdienstliche Maßnahmen zulässig, wenn eine zulässige Identitätsfeststellung auf andere Weise nicht oder nur unter erheblichen Schwierigkeiten möglich ist (Nr. 1) oder dies zur vorbeugenden Bekämpfung von Straftaten erforderlich ist, weil der Betroffene verdächtig ist, eine Tat begangen zu haben, die mit Strafe bedroht ist und wegen der Art und Ausführung der Tat die Gefahr der Wiederholung besteht (Nr. 2)[31].

Für den konkreten Fall kommt nur eine polizeiliche Befugnis gem. Nr. 1 in Betracht. Danach dürfen andere Möglichkeiten zur Identitätsfeststellung mit zumutbarem Aufwand nicht bestehen[32].

Solche Möglichkeiten dürften jedoch in unserem Fall gegeben sein, so z.B. Kontrolle der Fahrzeugpapiere, die Auskunft durch die Zulassungsstelle etc.

c) Wenn dagegen — Tatfrage — O sich nicht ausweisen kann, so daß eine Identitätsfeststellung an Ort und Stelle unmöglich ist, dann ist eine zwangsweise Vorführung

---

30 Vgl. *Göhler*, a.a.O., Rdnr. 32 zu § 46.

31 Zur verfassungsrechtlichen Problematik des polizeilichen Erkennungsdienstes vgl. *Fugmann*, NJW 1981, 2227 f.

32 Vgl. *Ule/Rasch*, a.a.0., Rdnr. 7 zu § 10 ME.

zur Durchführung erkennungsdienstlicher Maßnahmen zulässig. Regelmäßig taucht damit die Frage auf, ob eine solche Vorführung nur als „Freiheitsbeschränkung" zu beurteilen ist oder ob eine Freiheitsentziehung vorliegt, die dem Richtervorbehalt unterliegt. Darunter versteht man den Vorbehalt, der aufgrund von Art. 104 Abs. 1 und Abs. 2 GG die Freiheitsentziehung der gesetzlichen Ermächtigung und der Entscheidung durch einen Richter vorbehält. Für Bayern bestimmt Art. 17 Abs. 1 S. 1 PAG, daß die Polizei unverzüglich eine richterliche Entscheidung über die Zulässigkeit und die Fortdauer der Freiheitsentziehung herbeizuführen hat, wenn eine Person aufgrund von Art. 12 Abs. 2 S. 3, Art. 14 Abs. 3 oder Art. 16 PAG festgehalten wird. Nach § 7 Abs. 1 FreihEntzG ist gegen die Entscheidung des Amtsgerichts die sofortige Beschwerde gegeben. Das BayObLG[33] hat nun unter Berufung auf die Rechtsprechung des Bundesverwaltungsgerichts und des Bundesgerichtshofs in einer zwangsweisen Vorführung zu erkennungsdienstlichen Maßnahmen im Regelfall nur eine Freiheitsbeschränkung angenommen und nicht eine Freiheitsentziehung, so daß der Richtervorbehalt in diesem Fall von der Polizei nicht zu beachten wäre. Dabei stützt sich das Gericht auf eine Entscheidung des Bundesverwaltungsgerichts[34], in welcher dieses Gericht bei Anwendung „einfachen unmittelbaren Zwanges" — im konkreten Fall Verbringung auf den Flughafen zwecks Abschiebung eines Ausländers — eine Freiheitsentziehung nicht bejaht hat. „Der Unterschied zwischen einer bloßen Freiheitsbeschränkung und einer Freiheitsentziehung, wie er dem Art. 104 GG zugrunde liegt, ist gradueller Natur ... Die Abgrenzung bestimmt sich nach der Intensität des Eingriffs." Nicht jede Zwangsmaßnahme, die in die Bewegungsfreiheit vorübergehend eingreift, gehört zu den intensiven Freiheitsbeschränkungen, die als Freiheitsentziehung den besonderen Schutz des Art. 104 Abs. 2 GG auslösen. Dabei verweist das Bundesverwaltungsgericht auch auf die Rechtsprechung des Bundesgerichtshofs[35]. Der Bundesgerichtshof hat offenbar an dieser Auffassung auch gegen namhafte Gegenmeinungen im Schrifttum festgehalten[36]. Als ähnliche Freiheitsbeschränkungsmaßnahmen, die nicht dem Richtervorbehalt unterliegen, werden Vorführungen zur Röntgenuntersuchung, zur Untersuchung nach dem Geschlechtskrankheitengesetz, zur Untersuchung von psychisch Kranken oder Suchtkranken angegeben[37].

IV. Weigerung der Polizei, die erkennungsdienstlichen Unterlagen herauszugeben bzw. zu vernichten

1. Vorgehen nach der StPO

Die Vernichtung der nach § 81 b, § 163 b Abs. 1 StPO gewonnenen erkennungsdienstlichen Unterlagen aus den polizeilichen Sammlungen kann der Betroffene verlangen, wenn die Notwendigkeit ihrer weiteren Verwahrung völlig entfallen ist[38], wobei sich die Dauer für die Aufbewahrung nach dem Grundsatz der Verhältnismäßigkeit bestimmt (vgl. § 163 c Abs. 4 StPO).

33 Beschluß vom 20. 7. 1983, BayVBl. 1984, 27.
34 Urteil vom 23. 6. 1981, BayVBl. 1982, 55 = NJW 1982, 537 = BVerwGE 62, 325/327.
35 BGHZ 75, 375/383 und 78, 145.
36 BGHZ 82, 261/267 f. = NJW 1982, 753.
37 BGHZ 82, 261; OLG Karlsruhe, Die Justiz, 1972, 180.
38 Vgl. BVerwGE 26, 169.

Da bereits die erkennungsdienstliche Behandlung des O nach § 81 b, § 163 b Abs. 1 StPO unzulässig gewesen wäre (vgl. oben), trifft dies erst recht auf die Weigerung der Vernichtung der so gewonnenen Unterlagen zu.

2. Präventives Vorgehen nach allgemeinem Polizeirecht

Die allgemeinen Polizeigesetze haben z.T. für die nach ihren Gesetzen angefertigten erkennungsdienstlichen Unterlagen den individuellen Anspruch auf Vernichtung besonders geregelt (vgl. Art. 13 Abs. 2 bayPAG, § 16 Abs. 2 berlASOG, § 35 Abs. 2 bremPolG[39]), § 45 a Abs. 2 hessSOG, § 13 Abs. 2 ndsSOG, § 10 Abs. 2 n—wPolG, § 11 Abs. 2 rh-pfPVG).

Für die anderen Länder ergibt sich dieser Anspruch als Ausprägung des Übermaßverbotes bezogen auf den Zweck der Befugnis[40]. Der Anspruch auf Vernichtung ist aber erst dann gegeben, wenn keine Anhaltspunkte mehr dafür vorliegen, daß die erkennungsdienstlich behandelte Person zukünftig strafrechtlich in Erscheinung treten werde und die Unterlagen hierbei die Ermittlungen der Polizei fördern könnten[41].

Da das Verhalten des O weder einen Straf- bzw. Ordnungswidrigkeitentatbestand erfüllt noch eine besonders schwerwiegende Störung der öffentlichen Ordnung darstellt, hat er in jedem Fall den Anspruch auf Herausgabe bzw. Vernichtung der Unterlagen. Die Weigerung der Polizei ist somit rechtswidig.

Teil 2: Prozessualer Teil

Zulässigkeit einer Klage des O gegen die polizeilichen Maßnahmen

I. Rechtsweg

Sämtliche Maßnahmen der Polizei sind obrigkeitlicher Natur und beruhen somit auf einem Über-Unterordnungsverhältnis. Es handelt sich danach hier um eine öffentlich-rechtliche Streitigkeit i.S.v. § 40 Abs. 1 VwGO (Subjektionstheorie).

Der Verwaltungsrechtsweg scheidet jedoch aus, wenn die öffentlich-rechtliche Streitigkeit durch förmliches Bundes- oder Landesgesetz einem anderen Gericht ausdrücklich zugewiesen ist (§ 40 Abs. 1 S. 1 2. Halbs. und S. 2 VwGO).

Die durch § 179 VwGO in das GVG eingefügten §§ 23 bis 30 EGGVG eröffnen den Rechtsweg zu den ordentlichen Gerichten (Zivil- bzw. Strafsenat des OLG) in einem besonderen Verfahren für die sog. Justizverwaltungsakte und schließen damit zugleich die Rechtswegzuständigkeit der Verwaltungsgerichte aus.

---

39 Bremen hat im Polizeigesetz vom 21. März 1983 einen eigenen Abschnitt eingefügt, in dem die Befugnisse zur Informationsverarbeitung in den §§ 27 bis 36 genau geregelt sind.

40 Vgl. *Knemeyer*, Polizei- und Ordnungsrecht, 1984, § 20 I 2.

41 BVerwG, DÖV 1973, 752.

§ 23 Abs. 1 EGGVG weist Entscheidungen über Anordnungen, Verfügungen oder sonstige Maßnahmen, die von Justizbehörden (darunter fallen auch die Polizeiorgane) zur Regelung einzelner Angelegenheiten u.a. auf dem Gebiet der Strafrechtspflege getroffen werden, den ordentlichen Gerichten zu.

Diese Vorschrift erfaßt nur Rechtsstreitigkeiten über Anordnungen, Verfügungen und sonstige Maßnahmen, die zur Verfolgung einer strafbaren Handlung getroffen worden sind[42].

Nicht als Justizbehörde, sondern als Verwaltungsbehörde wird die Polizei dagegen bei allen Maßnahmen zur Wahrung der öffentlichen Sicherheit oder Ordnung tätig.

Als umfassenden Rechtsbehelf gegen Maßnahmen der Verfolgungsbehörde im Bußgeldverfahren sieht § 62 Abs. 1 OWiG den Antrag auf gerichtliche Entscheidung an das (nach § 68 OWiG zuständige) Amtsgericht vor.

Ganz entscheidend ist daher für die Beantwortung der Frage nach dem Rechtsweg, wie die Polizei hier funktionell tätig wurde.

Bei einem polizeilichen Vorgehen im Rahmen der Verkehrsüberwachung spricht eine grundsätzliche Vermutung für eine strafverfolgende Tätigkeit bzw. für eine Tätigkeit zur Verfolgung und Ahndung von Verkehrsordnungswidrigkeiten, weil in der Praxis der Ermittlung und Anzeigenerstattung der häufigen Verkehrsdelikte wohl das Hauptgewicht zufällt.

Da das Verhalten des O jedoch — wie im materiellen Teil festgestellt — weder straf- noch ordnungswidrigkeitenrechtlich relevant ist und auch über § 164 StPO ein rechtmäßiges Vorgehen der Polizei hier nicht hergeleitet werden kann, muß man davon ausgehen, daß die Polizei bei sämtlichen Maßnahmen zur Gefahrenabwehr, also präventiv zur Wahrung der öffentlichen Sicherheit und Ordnung, tätig wurde.

Insoweit ist für die umstrittenen Maßnahmen der Verwaltungsrechtsweg gegeben[43].

II. Klageart

Bezüglich der Klageart muß nach den einzelnen Maßnahmen unterschieden werden.

1. Festnahme, Sicherstellung und erkennungsdienstliche Behandlung stellen gegenüber O belastende Verwaltungsakte nach z.B. Art. 35 bay VwVfG dar, da sie mit unmittelbarer Rechtserheblichkeit in seine Rechtssphäre eingreifen[44]. Die landesrechtliche Regelung des Verwaltungsverfahrens ist hier identisch mit der bundesrechtlichen. Dies trifft auch in den nachfolgenden Fällen zu. Dennoch muß im Text die landesrechtliche Regelung in Bezug genommen werden. Für O sind daher folgende Klagemöglichkeiten denkbar:

---

42 BVerwG vom 19. 10. 1982, BayVBl. 1983, 183; Einzelheiten bei *Scholler/Broß*, Polizeirecht, S. 54 ff.

43 Zum Verwaltungsrechtsweg gegen nur präventiven Erkennungsdienst und die Aufbewahrung der dadurch gewonnenen Unterlagen vgl. BVerwGE 26, 169; vgl. auch BVerwG, BayVBl. 1983, 183 und HessVGH, NJW 1984, 1253.

44 Für die Anfertigung erkennungsdienstlicher Unterlagen vgl. BVerwGE 26, 169 (170).

a) Er könnte mit einer Feststellungsklage gem. § 43 Abs. 1 2. Alt. VwGO die Nichtigkeit der polizeilichen Maßnahmen geltend machen. Dann müßten sich jedoch Anhaltspunkte für einen evidenten und schweren Verwaltungsfehler bieten (vgl. § 44 Abs. 1 VwVfG); ob dies hier der Fall ist, ist zumindest zweifelhaft.

b) Er könnte auch Anfechtungsklage gem. § 42 Abs. 1 VwGO erheben. Voraussetzung für ihre Zulässigkeit ist jedoch u.a., daß sich der angegriffene Verwaltungsakt nicht bereits erledigt hat (vgl. § 113 Abs. 1 S. 4 VwGO).

Ein Verwaltungsakt ist als erledigt anzusehen, wenn er keine belastende Wirkung mehr äußert[45]. Die belastende Wirkung der Festnahme ist jedenfalls mit Freilassung des O weggefallen.

Die Sicherstellung hat dann ihre belastende Wirkung verloren, wenn O sein Fahrzeug und das Schild inzwischen zurückerhalten hat. Davon kann man hier ausgehen.

Eine Erledigung dieser Verwaltungsakte ist somit schon vor Klageerhebung eingetreten; die richtige Klageart ist deshalb die Fortsetzungsfeststellungsklage gem. § 113 Abs. 1 S. 4 VwGO analog, mit der die Feststellung der Rechtswidrigkeit eines vor Klageerhebung erledigten Verwaltungsaktes verlangt werden kann[46].

2. Bezüglich der erkennungsdienstlichen Behandlung und der Weigerung, die erkennungsdienstlichen Unterlagen zu vernichten, gilt folgendes:

O möchte einerseits gerichtlich festgestellt wissen, daß seine erkennungsdienstliche Behandlung rechtswidrig war.

Weiterhin verlangt er Herausgabe bzw. Vernichtung der erkennungsdienstlichen Unterlagen, ein entsprechender Antrag wurde von der Polizei abgelehnt.

Letzteres stellt eine Entscheidung der Behörde (Polizei) über einen gesetzlich normierten Anspruch dar (vgl. dazu im materiellen Teil), die immer durch Verwaltungsakt geschieht und die mit der Verpflichtungsklage gem. § 42 Abs. 1 VwGO zu erstreben ist[47].

Da sich die Polizei geweigert hat, die Unterlagen zu vernichten, ist hier die Verpflichtungsklage in Form der Versagungsgegenklage zu erheben.

Fraglich ist nun, ob O neben dieser Verpflichtungsklage auch noch gegen die erkennungsdienstliche Behandlung — d.h. die Anfertigung der Unterlagen — selbst vorgehen kann und falls ja, mit welcher Klage.

Im Rahmen der Verpflichtungsklage wird geprüft, ob die Voraussetzungen für die erkennungsdienstlichen Maßnahmen entfallen sind. Dies ist der Fall, wenn die Identität festgestellt ist oder wenn der Verdacht, daß der Betroffene die mit Strafe bedrohte Handlung begangen hat, ausgeräumt ist oder wenn die Gefahr der Wiederholung nicht mehr besteht.

Im Falle der erkennungsdienstlichen Behandlung zum Zwecke der Identitätsfeststellung — und nur diese kam für O überhaupt in Frage (vgl. materieller Teil) — wird

45 Vgl. *Kopp*, VwGO, Rdnr. 51 zu § 113 und Fall 5.
46 Vgl. *Kopp*, a.a.O., Rdnr. 49 zu § 113.
47 Vgl. *Fugmann*, a.a.O. und BVerwGE 26, 169 (170).

also nicht gerichtlich nachgeprüft, ob die erkennungsdienstlichen Maßnahmen zur Identitätsfeststellung zulässig waren.

O hat jedoch ein Interesse, auch dieses gerichtlich klären zu lassen.

Die richtige Klageart für diese Frage ist wiederum die Fortsetzungsfeststellungsklage gem. § 113 Abs. 1 S. 4 VwGO analog, da sich mit Durchführung der erkennungsdienstlichen Behandlung diese polizeiliche Maßnahme erledigt hat und die Erledigung vor Erhebung einer Klage eingetreten ist.

Somit muß O Festnahme, Sicherstellung und erkennungsdienstliche Behandlung durch die Polizei mit einer Fortsetzungsfeststellungsklage gem. § 113 Abs. 1 S. 4 VwGO analog angreifen, die Vernichtung der erkennungsdienstlichen Unterlagen kann er dagegen mit der Verpflichtungsklage gem. § 42 Abs. 1 VwGO verlangen.

III. Feststellungsinteresse

Ein berechtigtes Interesse des O für die Fortsetzungsfeststellungsklage ergibt sich aus der Wiederholungsgefahr in zukünftigen Situationen dieser Art.

IV. Klagebefugnis

1. Auch für die Fortsetzungsfeststellungsklage ist neben dem berechtigten Interesse noch die Klagebefugnis zu verlangen, da sie einen Unterfall der Anfechtungsklage darstellt und deshalb auch alle für die Anfechtungsklage vorgeschriebenen Sachurteilsvoraussetzungen erfüllt sein müssen[48].
O ist durch die polizeilichen Maßnahmen unmittelbar belastet und in seinen Rechten verletzt; er ist daher auch klagebefugt.

2. Die Klagebefugnis für die Verpflichtungsklage ergibt sich gem. § 42 Abs. 2 VwGO schon daraus, daß O einen gesetzlich normierten Anspruch auf Vernichtung der Unterlagen hat (vgl. dazu oben).

V. Widerspruchsverfahren

1. Da sich die Verwaltungsakte in unserem Fall sofort, also vor Ablauf der Widerspruchsfrist (ein Monat, § 70 Abs. 1 VwGO), erledigt haben, wäre ihre Aufhebung nach Erledigung und die Nachprüfung der Zweckmäßigkeit im Widerspruchsverfahren sinnlos. Das Widerspruchsverfahren ist daher entbehrlich[49].

2. Die Entbehrlichkeit des Widerspruchs für die Verpflichtungsklage in Form der Versagungsgegenklage ergibt sich aus § 68 Abs. 2 VwGO.

---

48 Vgl. BVerwGE 26, 161.
49 Vgl. BVerwGE 26, 161.

VI. Klagefrist

O kann die Fortsetzungsfeststellungsklage und die Versagungsgegenklage nur innerhalb eines Monats nach Durchführung der polizeilichen Maßnahme (§ 74 Abs. 1 S. 2 VwGO) bzw. Ablehnung seines Antrags auf Vernichtung der Unterlagen (§ 74 Abs. 2 i.V.m. Abs. 1 S. 2 VwGO) erheben.

VII. Gem. § 44 VwGO kann O seine verschiedenen Klagebegehren auch zusammen vor demselben Gericht in einem Rechtsstreit verfolgen.

Fall 7 „Fraktionsstatus"
Kommunalverfassungsstreitverfahren

Entscheidungen: BVerwG, U. v. 8. 6. 1962, BVerwGE 14, 235; U. v. 6. 7. 1966, BVerwGE 24, 272; OVG Rh-Pf, U. v. 15. 12. 1981, DVBl. 1983, 56; OVG N-W, U. v. 16. 12. 1983, NVwZ 1984, 325

I. Sachverhalt

Nach den Kommunalwahlen vom Frühjahr 1984 tritt in X die Gemeindevertretung zu ihrer konstituierenden Sitzung zusammen. Die bisher in der Gemeindevertretung mit zwei Dritteln von 24 Mandaten dominierende P Partei hat „Federn lassen" müssen. Sie, wie auch die bisher schon in der Gemeindevertretung befindliche Z Partei sind beunruhigt, weil drei recht nonkonformistisch anmutende Mitglieder der O Partei den „Sprung" in die Gemeindevertretung geschafft haben. Schon in deren konstituierenden Sitzung zeichnet sich ab, daß die Beratungen künftig nicht mehr — wie bisher üblich — in allseitigem Einvernehmen vonstatten gehen werden, sondern vielmehr damit zu rechnen ist, daß unbequeme Fragen gestellt werden.

Damit wenigstens die Arbeit in den Ausschüssen der Gemeindevertretung reibungslos abgewickelt werden kann, reift in den beiden Mehrheitsfraktionen der Entschluß, die Mindeststärke für eine Fraktion, die für die Entsendung von Mitgliedern in einen Ausschuß ausschlaggebend ist, auf fünf Mandate festzulegen.

Die Mitglieder der O Partei wenden sich heftig gegen den beabsichtigten Beschluß, können ihn aber durch ihre drei Mandatsträger nicht verhindern. Diese wollen im Wege der Klage die Verwaltungsgerichte anrufen. Welche Klageart steht ihnen hierzu zur Verfügung?

Vermerk:

In einem Gutachten ist zur Klageart und zur Zulässigkeit der von den drei Mitgliedern der O Partei erhobenen Klage eingehend Stellung zu nehmen!

II. Literatur zum Sachgebiet (auch für die folgenden Fälle)

Scholler/Broß, Verfassungs- und Verwaltungsprozeßrecht, Köln und Baden-Baden, 1980; *Tschira/Schmitt Glaeser*, Verwaltungsprozeßrecht, 6. Aufl., 1983; *Kopp*, Kommentar zur VwGO, 6. Aufl., 1984; *Eyermann/Fröhler*, Kommentar zur VwGO, 8. Aufl., 1980; *Thomas/Putzo*, Kommentar zur ZPO, 12. Aufl., 1982.

III. Methodische Einführung

Der vorliegende SV wurde bewußt etwas blumenreich ausgestaltet. Die Schwierigkeit für junge Juristen besteht nicht selten darin, für die Fallösung wesentliche Gesichtspunkte von unwesentlichen Mitteilungen zu unterscheiden. Zudem ist darauf zu achten, daß sich der Bearbeiter bei einem SV wie dem vorliegenden nicht durch das aktuelle politische Geschehen vom juristischen Lösungsweg abbringen läßt.

Das für die Lösung Wesentliche ist hier nur ein ganz geringer Teil des SV. Von Bedeutung ist allein der Beschluß der Gemeindevertretung, der die Mindestmitgliederzahl für die Bildung einer Fraktion festlegt. Hierzu soll die Klageart bestimmt und ihre Zulässigkeit erörtert werden. (Die Aufgabe kann nach den Gemeindeordnungen aller Länder, die keine besonderen Rechtsbehelfe für Streitigkeiten zwischen Gemeindeorganen oder Gemeindeorganen und Mitgliedern der Gemeindevertretung vorsehen, ohne Zugrundelegung eines bestimmten Gesetzestextes gelöst werden. Bei der Lösung ist davon auszugehen, daß eine anderweitige gesetzliche Zuweisung i.S.v. § 40 Abs. 1 S. 1 VwGO nicht besteht.) Darauf ist durch den Vermerk die Fragestellung eingeengt.

Für die Lösung spielt keine Rolle die Frage, ob es sachgerecht ist, die Mindeststärke einer Fraktion auf drei oder fünf Mandatsträger festzusetzen[1]. Hierbei handelt es sich um ein Problem der Begründetheit der Klage, die nach dem Vermerk nicht Gegenstand der Lösung sein soll.

Der Bearbeiter sieht hieran auch die Wichtigkeit des Vermerks des Aufgabenstellers für die Lösung. Würde dieser nur allgemein ein Gutachten zu den im SV aufgeworfenen Rechtsfragen verlangen, müßten zusätzlich die Statthaftigkeit eines Widerspruchs sowie formlose Rechtsbehelfe nebst deren Begründetheit mit in die Betrachtung einbezogen werden.

IV. LÖSUNG

A. Zulässigkeit

1. Rechtsweg (§ 40 Abs. 1 S. 1 VwGO)

Nach Maßgabe der Vorschrift des § 40 Abs. 1 S. 1 VwGO ist der öffentlich-rechtliche Rechtsweg in allen öffentlich-rechtlichen Streitigkeiten nichtverfassungsrechtlicher Art gegeben. (Die ausdrückliche anderweitige Zuweisung kann außer Betracht bleiben, weil eine solche nach dem SV auszuschließen ist.)

Problematisch ist bei Streitigkeiten der vorliegenden Art zwischen Mitgliedern der Gemeindevertretung oder zwischen diesen und Organen der Gemeinde, ob es sich um verfassungsrechtliche oder nichtverfassungsrechtliche Streitigkeiten handelt. Die Kläger fühlen sich in ihren Rechten als Mitglieder der Gemeindevertretung und somit als Teil eines Gemeindeverfassungsorgans betroffen. Daß es sich um eine öffentlich-rechtliche Streitigkeit handelt, kann ohne umfassende Ausführungen bejaht werden, weil das Gemeinderecht zu den anerkannten Materien des öffentlichen Rechts gehört. Schwierigkeiten kann jedoch die Abgrenzung zur verfassungsrechtlichen Streitigkeit bereiten. Eine solche ist anzunehmen, wenn die Auslegung und Anwendung der Ver-

1 Hierzu *Scholler/Broß:* Die Rechtsstellung von Minoritäten in den Gemeindevertretungen, VR 1979, 228 ff.; OVG Rh-Pf, DVBl. 1983, 56.

fassung betroffen ist. Es reicht dazu nicht, daß zwischen einer Einzelperson und einer Behörde in dieser Hinsicht Meinungsverschiedenheiten bestehen, sondern diese müssen sich zwischen den obersten Staatsorganen oder Teilen eines obersten Staatsorgans, das in der Verfassung mit eigenen Rechten ausgestattet ist, entwickeln[2]. Das BVerwG geht davon aus, öffentlich-rechtliche Streitigkeiten nichtverfassungsrechtlicher Art ließen sich nicht ganz eindeutig abgrenzen und trifft deshalb eine Abgrenzung unter praktischen Gesichtspunkten danach, „ob das streitige Rechtsverhältnis entscheidend vom Verfassungsrecht geformt ist“[3].

Bei der Streitigkeit zwischen den Mitgliedern der O Partei auf der einen und der Gemeinde, der Gemeindevertretung oder dem Bürgermeister (diese Frage wird erst bei der Bezeichnung des Klagegegners ausschlaggebend) auf der anderen Seite kommt Gemeinderecht zur Anwendung. Gemeinderecht ist in einfachen, also der Verfassung nachgeordneten, Gesetzen geregelt. Es handelt sich folglich bei diesen Normen nicht um Verfassungen im eigentlichen Sinn, sondern um Organisations- und Zuständigkeitsordnungen[4].

Es liegt somit keine verfassungsrechtliche Streitigkeit vor. Damit ist der öffentlich-rechtliche Rechtsweg nach Maßgabe der Vorschrift des § 40 Abs. 1 S. 1 VwGO eröffnet.

2. Klageart (§§ 42, 43 VwGO)[5]

Als mögliche Klagearten sind die Anfechtungs-, die Feststellungs- und die Leistungsklage sowie eine Klage eigener Art in Erwägung zu ziehen. Die Verpflichtungsklage scheidet vorliegend nach dem Wortlaut des § 42 Abs. 1 VwGO aus. Es wird nicht der Erlaß eines abgelehnten oder unterlassenen VA begehrt. Die Mitglieder der O Partei haben lediglich ein Interesse an der Aufhebung des Beschlusses der Gemeindevertretung, mit dem die Mindeststärke für eine Fraktion auf fünf Mandatsträger festgelegt wurde.

a) Die Anfechtungsklage (§ 42 Abs. 1 VwGO)[6]

Die Mitglieder der O Partei können nur unter der Voraussetzung eine Anfechtungsklage erheben, daß der Beschluß der Gemeindevertretung ihnen gegenüber ein VA

2 BVerfGE 2, 143, S. 151 ff.; *Scholler/Broß*, Verfassungs- und Verwaltungsprozeßrecht, Rdnr. 407.

3 BVerwGE 24, 272, S. 279 unter Berufung auf BVerwGE 3, 159 und 9, 50. Die Zuständigkeit des BVerfG ist vom Enumerationsprinzip beherrscht (§ 13 BVerfGG, Art. 93 GG). Entsteht eine Lükke im Rechtsschutz dadurch, daß § 40 Abs. 1 VwGO die verfassungsrechtliche Streitigkeit von der verwaltungsgerichtlichen Kontrolle ausschließt, eine Zuständigkeit des BVerfG infolge des Enumerationsprinzips aber nicht begründet ist, ist diese Lücke durch Art. 19 Abs. 4 GG zu schließen, vgl. *Lorenz:* Der Rechtsschutz des Bürgers und die Rechtsweggarantie, München 1973, S. 11 ff., 247 ff. Im einzelnen siehe BVerfGE 62, 295 u. BVerwG, NJW 1984, 191.

4 Vgl. BVerwGE 3, 30, S. 33; OVG Lüneburg, DVBl. 1951, 91; *Henrichs*, Kommunalverfassungsstreitverfahren vor den Verwaltungsgerichten, DVBl. 1959, 548; *Scholler/Broß*, Kommunalrecht, S. 153 f.; zur Terminologie und zu Problemen der Klageart eingehend *Krebs*, VerwArch. 68 (1977), 189 ff.

5 Vgl. dazu ausführlich *Hoppe*, Organstreitigkeiten vor den Verwaltungs- und Sozialgerichten, 1970, § 7, S. 64 ff.; vgl. auch *Tsatsos:* Der verwaltungsrechtliche Organstreit, 1969.

6 Wegen der Subsidiarität der Feststellungsklage ist mit der Anfechtungsklage zu beginnen (§ 43 Abs. 2 S. 1 VwGO).

ist. Ohne die geläufige Definition des VA-Begriffs eingehend zu erörtern[7], ist ein wesentliches Kennzeichen des VA der Erlaß im Über-Unterordnungsverhältnis.

Während die übrigen Merkmale des VA (wohl) zu bejahen sind, bestehen Zweifel, ob die Gemeindevertretung als Organ der Gemeinde gegenüber einzelnen ihrer Mitglieder in einem Über-Unterordnungsverhältnis steht. Organe der Gemeinde sind im Verhältnis zueinander als auch im Verhältnis zu einzelnen ihrer Mitglieder lediglich mit Organisationsbefugnissen ausgestattet, so daß von einer Gleichordnung und nicht von einer Über-Unterordnung auszugehen ist[8].

b) Leistungsklage (§ 43 Abs. 2 S. 2 VwGO)

In der neueren Rspr.[9] gewinnt die Auffassung an Boden, die für Kommunalverfassungsstreitigkeiten die allgemeine Leistungsklage eröffnet. Vormals wurde der Kommunalverfassungsstreit als eigenständige Klage ohne Einordnung in die in §§ 42, 43 VwGO genannten Klagearten anerkannt, ohne daß diese Frage in den einschlägigen Entscheidungen vertieft worden wäre[10]. Beispielhaft ist hierzu ferner auf BayVGH n.F. 21, 74 hinzuweisen. In dieser Entscheidung gab der BayVGH seine frühere Auffassung, organisationsrechtliche Maßnahmen auf Kommunalebene seien ein VA, auf:

„An dieser Auffassung, die dem Bedürfnis nach einer gerichtlichen Überprüfung dieser Beschlüsse Rechnung tragen wollte und die von dem das frühere Verwaltungsgerichtsgesetz beherrschenden Grundsatz geprägt war, daß vor die Verwaltungsgerichte, abgesehen von Normenkontrollsachen, nur Anfechtungssachen oder Streitigkeiten gleichgeordneter Rechtsträger (Parteistreitigkeiten) gebracht werden konnten, hält der Senat nicht mehr fest. Die den Gegenstand des Rechtsstreits bildende Beschlußfassung des Stadtrats trägt zur Zusammensetzung der Ausschüsse des Stadtrats bei und ist daher eine kommunalverfassungsrechtliche Entscheidung, die auf dem öffentlich-rechtlichen Gemeindeverfassungsrecht beruht“[11].

Diese Auffassung war lange Zeit die in der Rspr. herrschende Meinung[12]. Hiergegen wurden vor allem in der Literatur immer wieder Bedenken vorgebracht[13].

Das OVG N-W[14] stützt seine Auffassung vor allem auf folgende Erwägungen: „Die Zulässigkeit der gegen den Bürgermeister gerichteten Klage beurteilt sich nach den von der Rspr. entwickelten Grundsätzen des kommunalverfassungsrechtlichen Organstreits, der ausschließlich die aus dem kommunalen Organisationsrecht folgenden und den organschaftlichen Funktionsablauf bestimmenden Befugnisse und Pflichten kommunaler Organe untereinander (Interorganstreit) oder innerhalb eines kommunalen Organs (Intraorganstreit) und damit allein die Innenrechtsbeziehungen der Ge-

7 Vgl. § 35 VwVfG.
8 *Scholler/Broß*, Kommunalrecht, S. 153 f.
9 OVG N-W, NVwZ 1983, 485 mit zahlreichen Nachweisen aus Literatur und Rechtsprechung. Siehe in diesem Zusammenhang auch *Hofmann:* Die verfassungs- und kommunalrechtliche Zulässigkeit von Gemeinderatsbeschlüssen zu verteidigungspolitischen Fragen, DVBl. 1984, 116 ff.; OVG Lüneburg, DVBl. 1983, 814.
10 Vgl. BVerwGE 3, 30, S. 33; BVerfGE 8, 122, S. 129 f.; OVG Rh-Pf, DVBl. 1983, 56.
11 S. 75 und ähnlich S. 76; vgl. auch BayVGH, BayVBl. 1968, 324 = BayVGH n.F. 21, 71.
12 Vgl. OVG N-W, DVBl. 1968, 392; OVGE 17, 261 und 18, 104; OVG Lüneburg, OVGE 16, 349.
13 *Hoppe*, S. 66; *Stahl:* Der Interessenwiderstreit im Gemeinderecht — Voraussetzung, Rechtsfolge und Fragen des Rechtswegs, DVBl. 1972, 764, S. 771.
14 Eingehend hierzu OVG N-W, NVwZ 1983, 485, S. 486.

meinde oder ihrer Organe betrifft. Danach kann u.a. ein einzelnes Ratsmitglied die Verletzung ihm zugeordneter organschaftlicher Befugnisse gerichtlich geltend machen und gegebenenfalls die Beseitigung der Beeinträchtigung verlangen. Die erhobene Klage ist als allgemeine Leistungsklage statthaft; denn sie ist auf ein schlichtes Verwaltungshandeln, nämlich auf eine im Einzelfall (in der jeweiligen Sitzung zu treffende Maßnahme der Geschäfts- oder Sitzungsordnung) gerichtet."

Gegen die Annahme einer allgemeinen Leistungsklage spricht der Umstand, daß diese sich auf Verwaltungshandeln im typischen Sinn bezieht. Darum handelt es sich aber bei den hier zu beurteilenden Maßnahmen nicht. Machen Organe der Gemeinde von ihnen nach Kommunalverfassungsrecht eingeräumten Befugnissen Gebrauch, handelt es sich wegen des Binnencharakters (im Verhältnis zum Bürger) um kein Verwaltungshandeln, sondern um Ausprägung der kommunalverfassungsrechtlichen Position[15]. Sonach ist zu prüfen, ob eine Feststellungsklage als richtige Klageart in Betracht kommt.

c) Feststellungsklage (§ 43 Abs. 1 VwGO)

Eine Feststellungsklage ist zu erwägen, wenn das Bestehen oder Nichtbestehen eines Rechtsverhältnisses oder rechtliche Beziehungen zwischen Personen oder Personen und Sachen in Streit stehen. Die Feststellung der Nichtigkeit eines VA scheidet mit der Ablehnung der Anfechtungsklage im vorliegenden Fall von vornherein aus.

Welche rechtlichen Beziehungen zwischen der Gemeindevertretung auf der einen und den Mitgliedern der O Partei auf der anderen Seite als feststellungsfähig begründet wurden[16], ergibt sich aus den einschlägigen kommunalverfassungsrechtlichen Bestimmungen. Gerade in der Feststellungsklage kommt die Gleichordnung der Beteiligten am besten zum Ausdruck. Es geht um die Abgrenzung der ihnen jeweils zustehenden Rechte und Pflichten. Ein weiterer Gesichtspunkt kommt hinzu. Organstreitigkeiten nach Bundesverfassungsrecht (Art. 93 Abs. 1 Nr. 1 GG) werden ebenfalls mit einem Feststellungsbegehren geführt[17].

Somit ist die Feststellungsklage die zutreffende Klageart.

3. *Klagebefugnis*

§ 42 Abs. 2, § 43 Abs. 1 VwGO wollen Popularklagen ausschließen. Aus diesem Grunde können die Mitglieder der O Partei die Klage nur erheben[18], wenn sie in ihren von der Gemeindeordnung eingeräumten Rechten verletzt sind[19]. Als Mitglieder

---

15 Problematisch ist bei dieser Streitigkeit, ob es sich um einen In-sich-Prozeß handelt, der nur unter bestimmten Voraussetzungen für zulässig erachtet wird, hierzu *Lorenz,* AöR 93 (1968), 308 ff. Bei der Klage eines einzelnen Mitglieds der Gemeindevertretung aufgrund seiner Stellung ist dieses gegenüber der Gemeindevertretung verselbständigt und damit ein In-sich-Prozeß zu verneinen; vgl. ähnlich den verfassungsrechtlichen Organstreit eines einzelnen Abgeordneten des Bundestags, BVerfGE 2, 143, S. 166 und für den Streit einer Fraktion des Parlaments gegen dieses BVerfGE 27, 44, S. 50 f.

16 Vgl. zu diesem Begriff z.B. BVerwGE 14, 235; BGHZ 5, 385; 37, 331, S. 335. *Scholler/Broß,* Verfassungs- und Verwaltungsprozeßrecht, Rdnr. 494.

17 Hierzu *Scholler/Broß* (Anm. 16), Rdnr. 195 f.

18 Vgl. hierzu Anm. 15.

19 OVG N-W, DVBl. 1968, 392; OVG Lüneburg, DVBl. 1951, 91, S. 93; ausführlich dazu *Hoppe,* § 10, S. 74 ff.

der Gemeindevertretung sind die Mandatsträger der O Partei berechtigt, auch in deren Ausschüsse (grundsätzlich) mitzuwirken. In dieses Recht hat die Gemeindevertretung durch den hier umstrittenen Beschluß eingegriffen[20]. Die Mitglieder der O Partei machen demnach eigene Rechte geltend und sind folglich zur Klageerhebung befugt[21].

4. Vorverfahren (§ 68 Abs. 1 u. 2 VwGO)

Die VwGO sieht die Durchführung eines Vorverfahrens in § 68 Abs. 1 und 2 VwGO nur für die Erhebung von Anfechtungs- oder Verpflichtungsklagen vor. Eine Ausdehnung auf andere Klagen ist demnach nicht möglich. Ein Vorverfahren ist deshalb nicht durchzuführen.

5. Parteifähigkeit (§ 61 VwGO)[22]

Die Mitglieder der O Partei können als natürliche Personen am verwaltungsgerichtlichen Verfahren beteiligt sein (§ 61 Nr. 1 VwGO). Fraglich ist aber, ob das auch für den Kommunalverfassungsstreit gilt. Nach den Ausführungen zur Klagebefugnis muß folgerichtig einzelnen Mitgliedern der Gemeindevertretung die Parteifähigkeit im Kommunalverfassungsstreitverfahren zuerkannt werden, wenn sie Rechte geltend machen, die ihnen als einzelnes Mitglied gesetzlich eingeräumt sind[23].

Diese Rechtsstellung kann auch den Mitgliedern der O Partei als (noch) nicht rechtsfähiger Vereinigung zuerkannt werden. Es geht nämlich im vorliegenden Rechtsstreit darum, ob ihnen in ihrer Gesamtheit der Fraktionsstatus und damit als Teil eines Organs der Gemeinde ebenfalls (Teil) Organqualität zukommt.

6. Klagegegner (§ 78 VwGO)

Die Mitglieder der O Partei erheben eine Klage im Kommunalverfassungsstreitverfahren. Die Vorschrift des § 78 VwGO gilt für Anfechtungs- und Verpflichtungsklage und findet folglich keine Anwendung. Die Bezeichnung des Klagegegners richtet sich vielmehr allgemein nach § 82 Abs. 1 S. 1 VwGO für den notwendigen Inhalt der Klageschrift. Als denkbare Klagegegner kommen die Gemeinde X, deren Bürgermeister und die Gemeindevertretung in Betracht. Dabei ist zu berücksichtigen, daß die Gemeindevertretung als solche keine Rechtsfähigkeit besitzt und der Bürgermeister nicht aus eigenem Recht, sondern als Organ der Gemeinde X handelt, wenn er Beschlüsse der Gemeindevertretung vollzieht oder aber diese aus Rechtsgründen beanstandet[24]. Richtige Beklagte wäre sonach die Gemeinde X, vertreten durch den Bürgermeister[25].

B. Begründetheit

— entfällt —

---

20 Es kommt also nicht darauf an, ob der Beschluß rechtmäßig ist oder nicht; diese Frage stellt sich erst bei der Begründetheit der von den Mitgliedern der O Partei erhobenen Klage.

21 Vgl. zu diesem Problemkreis ausführlich *Hoppe*, §§ 11, 12 und die in Anm. 9 angeführte neuere Rechtsprechung.

22 Vgl. dazu ausführlich *Ewald:* Zur Beteiligungsfähigkeit im Kommunalverfassungsstreitverfahren, DVBl. 1970, 237 ff.

23 Vgl. dazu die Nachweise in Anm. 15.

24 Hierzu *Scholler/Broß*, Kommunalrecht, S. 153 f. und 218.

25 Im einzelnen kommt es hierbei auf die Rechtslage des einzelnen Landes an, vgl. jeweils die Sachverhalte zu den genannten Entscheidungen.

Fall 8 „Baugenehmigung“

Parteiwechsel und Klageänderung

Entscheidungen: BVerwG, U. v. 16. 2. 1956, BVerwGE 3, 150; U. v. 21. 11. 1958, BVerwGE 7, 325; U. v. 10. 7. 1964, BVerwGE 19, 128

I. Sachverhalt

a) X wohnt in der 900 Einwohner zählenden Gemeinde A im Land Y. Die Gemeinde gehört zum Landkreis B. X plant einen Anbau an sein Einfamilienhaus und reicht deshalb die erforderlichen Unterlagen bei der Gemeinde A ein, um die für den Erweiterungsbau erforderliche bauaufsichtliche Genehmigung zu erhalten. Die Gemeinde A, die für die Erteilung der bauaufsichtlichen Genehmigung selbst nicht zuständig ist, legt die Unterlagen mit einer ablehnenden Stellungnahme dem LRA in B vor.

Kurze Zeit später erhält X vom LRA einen Bescheid, in dem die Erteilung der bauaufsichtlichen Genehmigung abgelehnt wird. Nachdem der hiergegen eingelegte Widerspruch keinen Erfolg hat, erhebt X Klage gegen die Gemeinde A mit dem Antrag, die Beklagte zu verurteilen, die beantragte bauaufsichtliche Genehmigung zu erteilen. Das VG stellt fest, daß die Sachurteilsvoraussetzungen erfüllt sind; es trägt aber Bedenken vor, ob die Gemeinde die richtige Beklagte ist.

Vermerk:

Was wird das VG tun? Muß es etwas tun?

b) Nach Zustellung der unveränderten Klage macht die beklagte Gemeinde A im Termin zur mündlichen Verhandlung geltend, sie sei nicht die richtige Beklagte und deshalb sei die Klage unbegründet. X erklärt darauf, er ändere seine Klage. Sie richte sich nunmehr ausschließlich gegen das Land Y. Die Gemeinde A und das beigeladene Land Y widersetzen sich dem Antrag des X. Die Gemeinde A macht geltend, sie habe ein rechtsschutzwürdiges Interesse daran, daß rechtskräftig festgestellt wird, die gegen sie gerichtete Klage sei unbegründet. Der VöI trägt (nunmehr) für das beigeladene Land Y vor, es gehe nicht an, dieses in ein schwebendes Verfahren hineinzuziehen. X solle erneut eine gegen die neue Beklagte gerichtete Klage erheben.

Rechtsreferendar Hurtig ist dem VG zur Ausbildung zugeteilt. Er wird vom Vorsitzenden Richter der zuständigen Kammer damit beauftragt, ein Gutachten zum Problem von Parteiwechsel und Klageänderung auszuarbeiten.

Vermerk:

Das Gutachten von Rechtsreferendar Hurtig zur rechtlichen Behandlung eines Parteiwechsels in einem anhängigen Rechtsstreit ist zu erstellen!

II. Methodische Einführung

Der SV besteht aus zwei selbständigen Komplexen, die durch eine einheitliche Problematik verbunden sind.

Es geht dabei ersichtlich um die Frage, ob ein Parteiwechsel eine Klageänderung beinhaltet oder nicht oder überhaupt ganz anderen gesetzlichen Bestimmungen unterliegt.

Im verwaltungsgerichtlichen Verfahren spielt diese Frage eine weit geringere Rolle als im zivilgerichtlichen, weil die Rechtsbehelfsbelehrung (§ 58 Abs. 1, § 73 Abs. 3 S. 1 VwGO) die Bezeichnung des richtigen Beklagten enthält. Häufiger tritt das Problem deshalb bei Leistungsklagen auf, die unmittelbar ohne Vorverfahren erhoben werden können.

Das Baurecht eignet sich für die Problematik besonders, weil nur das Planungsrecht Selbstverwaltungsaufgabe der Gemeinden ist (vgl. § 2 Abs. 1 BBauG), während das Bauordnungsrecht Staatsaufgabe und für kreisfreie Gemeinden übertragene Aufgabe ist.

a) Dieser SV schließt mit einer Frage danach ab, ob das VG etwas tun muß und, wenn ja, was. Ausführungen zur Zulässigkeit der erhobenen Klage sind nicht angezeigt; denn der Bearbeiter soll sich nach der Fragestellung nur Gedanken darüber machen, wie ein Rechtsstreit vor dem VG in Gang kommt. In diesem Rahmen ist dann eine Stellungnahme zur Bezeichnung des Beklagten angezeigt.

b) Der Vermerk verlangt zu diesem Teil des SV die Erstellung eines Gutachtens zu der Frage, wie ein Parteiwechsel während eines gerichtlichen Verfahrens zu behandeln ist. Die Besonderheit liegt darin, daß dieser Wechsel auf der Seite des Beklagten stattfinden soll.

Die Lösung hat sich also auf dieses Problem zu beschränken. Ausführungen zur Zulässigkeit oder Begründetheit sind sonach im Sinne der Aufgabenstellung falsch. Anhaltspunkte für die Lösung gibt der SV mit den verschiedenen Stellungnahmen der Gemeinde und des VöI, die kein Interesse an einer Klageänderung haben. Die Gemeinde A erstrebt die rechtskräftige Abweisung der Klage, damit weitere Prozesse mit ihrer Beteiligung vermieden werden. Das Land Y möchte nicht in ein laufendes Verfahren hineingezogen werden.

III. LÖSUNG

a) Gem. § 82 Abs. 1 S. 1 VwGO[1] muß die Klage den Beklagten bezeichnen. X hat in seiner Klageschrift offensichtlich den falschen Beklagten bezeichnet; denn lt. SV ist die Gemeinde A selbst nicht zuständig für die Erteilung der bauaufsichtlichen Genehmigung. Das VG trägt in dieser Hinsicht auch Bedenken. Die Möglichkeit für das VG, etwas zu unternehmen, eröffnet § 82 Abs. 2 VwGO. Hiernach hat der Vorsitzende X zu der erforderlichen Ergänzung aufzufordern. Daneben gilt die Vorschrift des

1 Vgl. § 92 SGG, § 65 Abs. 1 FGO, § 253 Abs. 2 ZPO.

§ 86 Abs. 3 VwGO, der dem Gericht eine weitgehende Fürsorgepflicht gegenüber den Beteiligten auferlegt[2].

Im Zusammenhang mit diesen Vorschriften ist § 78 VwGO zu lesen, der die Bezeichnung des richtigen Beklagten regelt[3]. *Fliegauf*[4] weist zutreffend darauf hin, daß auf der Klägerseite in der Regel ein Laie auftritt, dem die Bezeichnung des richtigen Beklagten verständlicherweise Schwierigkeiten bereitet. Aus diesem Grunde ist eine Berichtigung ohne weiteres möglich[5]. Diese Fälle der Berichtigung sind also nicht den Regeln über den Parteiwechsel und damit einer Klageänderung zu unterstellen[6].

Gerade der vorliegende SV zeigt deutlich, daß eher zu großzügig als zu engherzig zu verfahren ist. X hatte nämlich seine Pläne über die Gemeinde eingereicht und durfte diese somit auch mit gutem Grunde als die richtige Beklagte annehmen[7]. Der Vorsitzende wird also zweckmäßigerweise bereits vor Zustellung der Klage gemäß § 82 Abs. 2 VwGO X aufgeben, die Bezeichnung der Beklagten zu berichtigen.

b) Nach den Ausführungen zu a) liegt zwar nur eine unzutreffende Bezeichnung der Beklagten vor; doch ändert das an der Behandlung der Frage b) nichts, weil man bereits in die mündliche Verhandlung eingetreten ist.

1. Die Frage, wie ein Parteiwechsel zu behandeln ist, ist umstritten. Maßgeblich ist für die Untersuchung dieser Frage Literatur und Rechtsprechung zum Zivilprozeß heranzuziehen, weil dort dieses Problem eine größere praktische Bedeutung besitzt[8]. Nicht einschlägig sind in diesem Zusammenhang die Entscheidungen des BVerwG, die sich mit der Fortführung eines Rechtsstreits auf der Klägerseite beschäftigen. Es handelt sich dabei um Fälle[9], in denen der gesetzliche Vertreter die Klage erhoben hat und der Vertretene nach Eintritt der Volljährigkeit den Rechtsstreit selbständig weiterführt. Diese Konstellation unterscheidet sich von der im SV angesprochenen maßgeblich dadurch, daß der Kläger freiwillig eintritt und sich dadurch nicht die Position des Beklagten verschlechtert, weil der Streitgegenstand unverändert bleibt. Abweichend vom Zivilprozeß[10] ist Streitgegenstand im verwaltungsgerichtlichen Verfahren nur der SV[11]. § 82 Abs. 1 S. 1 VwGO verlangt nämlich nicht zwingend einen bestimmten Antrag des Klägers, sondern die Klageschrift soll nur einen bestimmten Antrag enthalten.

---

2 Vgl. *Eyermann/Fröhler*, § 82, Rdnr. 12; *Fliegauf*, DVBl. 1963, 664, S. 665; vgl. auch § 139 ZPO, § 106 Abs. 1 SGG, §§ 76, 77 FGO.

3 Vgl. auch § 63 Abs. 1 FGO.

4 DVBl. 1963, S. 665.

5 Dagegen spricht allerdings der Umstand, daß eine Rechtsbehelfsbelehrung — anders im Zivilprozeß — erteilt wird.

6 *Kopp*, § 91, Rdnr. 3.

7 Das gilt aber nur, wenn kein Widerspruchsverfahren durchgeführt wurde oder eine Untätigkeitsklage erhoben wird.

8 Da im Zivilprozeß keine Rechtsbehelfsbelehrung erteilt wird und kein Vorverfahren vorgesehen ist. S.a. BGH, NJW 1976, 239.

9 Vgl. z.B. BVerwGE 7, 325; 19, 128; so früher im Wehrpflichtrecht oder bei Studenten, als die unbeschränkte Geschäftsfähigkeit erst mit 21 Jahren eintrat.

10 Dort wird der Streitgegenstand durch Antrag und SV gebildet, vgl. *Thomas/Putzo*, Einl. II; *Baumbach/Lauterbach/Albers/Hartmann*, § 2 Anm. 2.

11 Vgl. *Eyermann/Fröhler*, § 91, Rdnr. 1; § 82, Rdnr. 3; *Kopp*, § 82, Rdnr. 7.

Hingegen sind die Fälle des Parteiwechsels auf der Beklagtenseite problematisch, weil hier ein bisher nicht am Verfahren Beteiligter in einen Rechtsstreit verwickelt wird und damit die Gefahr einer nachteiligen Prozeßlage und folglich negativen Gerichtsentscheidungen entsteht. Nach feststehender Rechtsprechung ist ein Wechsel der Beteiligten im Prozeß als Klageänderung zu behandeln[12]. Diese Auffassung hat in der Literatur weitgehend Zustimmung gefunden[13].

Zur Begründung dieser Auffassung wird — wie oft — die Prozeßökonomie bemüht: „Diese Auffassung (= Parteiwechsel als Klageänderung) ist rechtstheoretisch deshalb bedenklich, weil beim Eintritt einer neuen Partei anstelle der ausscheidenden strenggenommen ein neues Prozeßrechtsverhältnis unter Rücknahme der ursprünglichen Klage eröffnet wird. Die Behandlung als Klageänderung verdient allein deshalb den Vorzug, weil sie auf prozeßwirtschaftlichen Gründen beruht, zu denen auch ein sinnvoll verstandenes Beschleunigungsinteresse gehört"[14].

Für den Verwaltungsprozeß wird ein Bedürfnis für die Behandlung des Parteiwechsels als Klageänderung anerkannt, weil über den richtigen Beklagten oft Unklarheit besteht[15]. Dieser Fall ist abzugrenzen von der Berichtigung, so wenn der Beklagte nur unrichtig oder unvollständig bezeichnet ist[16]. Gem. § 91 Abs. 1 VwGO ist die Klageänderung zulässig, wenn die übrigen Beteiligten einwilligen oder das Gericht die Änderung für sachdienlich hält[17]. Die VG sind mit der Annahme der Sachdienlichkeit großzügig. Vor allem wird auf die Einwilligung des neuen Beklagten verzichtet[18], die aber allgemein als notwendig angesehen wird[19]. Diese Großzügigkeit lassen die VG selbst in der Berufungsinstanz noch walten: „Es mag sein, daß im Zivilprozeß für den Beklagtenwechsel in der Berufungsinstanz einschränkende Voraussetzungen gelten müssen[20]. Diese können ihre Berechtigung allein in der durch die Verhandlungsmaxime bestimmten Ausgestaltung des Prozeßverfahrens finden. Liegt die Verantwortung für die Aufklärung des SV in erster Linie bei den Parteien, so kann es für den Beklagten unzumutbar sein, erst in der zweiten Instanz in ein Verfahren hineingezogen zu werden, auf dessen Verlauf er bis dahin keinen Einfluß gehabt hat. Das Verwaltungsstreitverfahren ist aber von dem Untersuchungsgrundsatz beherrscht ...". Das

---

12 BVerwGE 3, 150, S. 153 ff.; 16, 94, S. 99 f.; OVG Lüneburg, DVBl. 1967, 425; OVG Rh-Pf, DVBl. 1972, 877 Nr. 246; differenzierend BVerwG beim Wechsel der Behördenzuständigkeit, die auch im Revisionsverfahren noch zulässig ist, BVerwGE 44, 148 — gesetzlicher Parteiwechsel; BGHZ 21, 285, S. 286 ff.; OLG Düsseldorf, JZ 1971, 30.

13 Vgl. *Eyermann/Fröhler*, § 91, Rdnr. 1; *Kopp*, § 91, Rdnr. 2; *Franz*, Anm. zum Urteil des OVG Lüneburg, DVBl. 1969, 628; vgl. auch *Gross:* Zur Anwendung der Klageänderungs- und Klagerücknahmevorschriften auf den Parteiwechsel, ZZP 76 (1963), 200, S. 202, 212 mit vielen Nachweisen; *Thomas/Putzo*, IV vor § 50; *Scholler/Broß*, Verfassungs- und Verwaltungsprozeßrecht, Rdnrn. 665 f.

14 OLG Düsseldorf, JZ 1971, S. 31; im Gegensatz dazu beurteilt *Gross*, S. 205, den Parteiwechsel als Klageänderung dogmatisch für haltbar.

15 S. aber Anm. 5.

16 Vgl. dazu oben a).

17 Übereinstimmend § 263 ZPO.

18 Vgl. z.B. BVerwG, DVBl. 1951, 61.

19 Dieser Umstand gewinnt in den höheren Instanzen besonderes Gewicht. Einengend auch BVerwGE 65, 45; 59, 221, S. 223 f.

20 Vgl. BGHZ 21, 285.

BVerwG läßt also auch noch in der Berufungsinstanz den Beklagtenwechsel ohne Einwilligung des neuen Beklagten zu[21]. In der Revisionsinstanz ist ein Parteiwechsel allerdings nicht mehr möglich, weil dort eine Klageänderung kraft Gesetzes ausgeschlossen ist (§ 142 VwGO). Literatur und Rechtsprechung behandeln somit übereinstimmend den Parteiwechsel als Klageänderung[22]. Gem. § 91 Abs. 1 VwGO ist diese ohne die Zustimmung des Beklagten zulässig.

Abschließend ist noch darauf hinzuweisen, daß die Zustimmung eines Beteiligten nach § 91 Abs. 1 VwGO nicht erforderlich ist, wenn die Verweigerung rechtsmißbräuchlich ist[23]. Ein Rechtsmißbrauch ist anzunehmen, wenn schutzwürdige Interessen des neuen Beklagten für die Verweigerung der Zustimmung nicht ersichtlich sind und ihm zuzumuten ist, in den laufenden Rechtsstreit einzutreten[24]. Das Land Y war im vorliegenden Rechtsstreit als Beigeladene bereits am Verfahren beteiligt und konnte in dieser Eigenschaft Anträge stellen und damit Einfluß auf den Verlauf des Verfahrens nehmen. Die Weigerung ist deshalb rechtsmißbräuchlich und damit unbeachtlich[25].

2. Es sollen nun noch die bei dem Verfahren zu beachtenden Punkte aufgezeigt werden; diese sind geeignet, die von der in Literatur und Rechtsprechung h.M. vertretene Konstruktion des Parteiwechsels als Klageänderung als reine Zweckschöpfung zu erhellen.

Eine Klageänderung kommt nach § 91 Abs. 1 VwGO nur in Betracht, wenn das Gericht diese für sachdienlich hält oder die übrigen Beteiligten zustimmen. Sachdienlichkeit ist zu bejahen, wenn dadurch ein weiterer Rechtsstreit vermieden wird[26]. Die Klageänderung ist schriftsätzlich, mündlich in der mündlichen Verhandlung oder zu Protokoll des Urkundsbeamten der Geschäftsstelle zu erklären, weil es sich um eine prozessuale Willenserklärung handelt. Die Einwilligung der Beteiligten erfolgt in der gleichen Weise. Wenn sie keine Erklärung abgeben, wird ihre Einwilligung vermutet (§ 91 Abs. 2 VwGO).

Ist die Klage nun unzulässig, ist die geänderte Klage durch Endurteil ohne sachliche Entscheidung als unzulässig abzuweisen. Die ursprüngliche Klage bleibt anhängig und das VG verhandelt und entscheidet über diese, falls diese Klage nicht zurückgenommen wurde[27]. Das ursprüngliche Prozeßrechtsverhältnis besteht fort.

Ist die Klageänderung zulässig, weil die übrigen Beteiligten zustimmen oder das Gericht die Sachdienlichkeit bejaht, ist es zweckmäßig, durch Zwischenurteil zunächst über die Klageänderung zu entscheiden (§ 107 VwGO)[28] und danach durch Endurteil über die geänderte Klage. Das VG hat dabei erneut das Vorliegen sämtlicher Sachur-

21 BVerwG, DVBl. 1959, 61. Siehe in diesem Zusammenhang auch BVerwG, DVBl. 1984, 91.
22 Einen guten Einblick gibt *Fliegauf*, DVBl. 1963, 664, der die h.M. eingehend darstellt; *Kopp*, § 91, Rdnrn. 2 und 7. Die Behandlung des Parteiwechsels als Klageänderung hat zur weiteren Folge, daß die Rechtshängigkeit erhalten bleibt, VGH B—W, DÖV 1982, 750; andernfalls könnte ein angefochtener VA bestandskräftig werden.
23 Vgl. BGHZ 21, 285, S. 289.
24 BGHZ 21, S. 289.
25 Allgemeiner Grundsatz von Treu und Glauben.
26 Gedanke der Prozeßökonomie.
27 *Eyermann/Fröhler*, § 91, Rdnr. 16; *Kopp*, § 91, Rdnr. 24.
28 Dadurch wird Klarheit über das zu beurteilende Prozeßrechtsverhältnis geschaffen.

teilsvoraussetzungen zu prüfen[29]. Mit der zulässigen Klageänderung endet das Prozeßrechtsverhältnis mit dem ersten Beklagten und ein neues wird begründet. Dieser kann indirekt oder in entsprechender Anwendung von § 155 Abs. 2 VwGO eine Kostenentscheidung gegen den Kläger verlangen. Der Beschluß ist beschwerdefähig (§ 146 VwGO)[30].

29 *Eyermann/Fröhler,* § 91 Rdnr. 17. Das ist ein Hinweis darauf, daß im Falle des Parteiwechsels ein „neues" Prozeßrechtsverhältnis begründet wird.
30 Vgl. *Eyermann/Fröhler,* § 91, Rdnr. 18; s. aber Art. 2, § 8 EntlG, wenn insoweit die Hauptsache für erledigt erklärt wird.

Fall 9 „Schwarzbau“

Rechtsnachfolge im Verwaltungsprozeß

Entscheidungen: BVerwG, U. v. 11. 7. 1968, BVerwGE 30, 123; BayVGH, U. v. 13. 3. 1969, BayVBl. 1970, 328; HessVGH, U. v. 12. 1. 1961, DVBl. 1962, 340.

I. Sachverhalt

K nahm an seinem Haus einen Dachausbau vor, ohne die dafür erforderliche bauaufsichtliche Genehmigung zu haben. Das Landratsamt (LRA) erließ daraufhin eine Abbruchsverfügung für die „schwarz“ vorgenommenen Ausbauten des Hauses. K legte ordnungsgemäß Widerspruch ein, der aber nicht zum Erfolg führte. Er erhob anschließend gegen die Beseitigungsanordnung und den Widerspruchsbescheid form- und fristgerecht Anfechtungsklage zum Verwaltungsgericht (VG). Während des Verfahrens vor dem VG verstarb K. Seine Ehefrau und Alleinerbin F führte den Rechtsstreit weiter. Das beklagte Land X lehnte es ab, die Verfügung als gegenstandslos aufzuheben. Es machte geltend, daß es nun F als Alleinerbin selbst in Anspruch nehmen wolle.

F hielt deshalb den Klageantrag ihres verstorbenen Ehemannes aufrecht und beantragte die Aufhebung der Beseitigungsanordnung sowie des Widerspruchsbescheides.

Das VG gab der Klage statt und hob die Beseitigungsanordnung des LRA und den Widerspruchsbescheid auf. Das beklagte Land X legte Berufung ein.

Hat diese Aussicht auf Erfolg?

Vermerk:

Die Entscheidung des OVG ist zu fertigen! Rubrum, Tenor, die Entscheidung über Kosten und vorläufige Vollstreckbarkeit sind erlassen. Bei den Entscheidungsgründen ist nur zur formellen Rechtslage Stellung zu nehmen; über Rechtmäßigkeit oder Rechtswidrigkeit der Beseitigungsanordnung ist keine Entscheidung zu treffen!

II. Methodische Einführung

Der umfangreiche Vermerk verlangt eine Entscheidung des OVG. Dabei ist nur zur formellen Rechtslage Stellung zu nehmen, nicht dagegen zur materiellen[1]. Daraus folgt, daß über die Zulässigkeit der Berufung und die Zulässigkeit der Klage des F als

1 Vgl. zum ähnlich gelagerten Problem der Verwaltungsvollstreckung gegen den Rechtsnachfolger *von Mutius*, VerwArch. 71 (1980), 93 ff. mit sorgfältiger Darstellung der dogmatischen und systematischen Zusammenhänge. Die von ihm zutreffend vorgenommene Differenzierung zwischen Einzel- und Gesamtrechtsnachfolge kommt hier nicht zum Tragen, weil es sich eindeutig um letztere und damit um abgeleiteten Erwerb handelt. Andernfalls müßte die Beseitigung erneut verfügt werden.

erstem Prüfungspunkt der Begründetheit der Berufung des Landes X zu entscheiden ist. Die Entscheidung soll also die Begründetheit der Klage der F nicht mehr behandeln[2].

Über die Einlegung der Berufung enthält der SV keine näheren Angaben, so daß die Zulässigkeit der Berufung keine umfangreichen Erörterungen verlangt. Bei der Begründetheit der Berufung ist lt. Bearbeitervermerk nur die Zulässigkeit der Klage der F zu prüfen, weil über die materielle Rechtslage nicht zu befinden ist. Der verstorbene Ehemann K hatte form- und fristgerecht Klage erhoben. Hier liegen also keine Probleme. Entscheidend ist demnach vor allem, wie sich der Tod des K und die Fortführung des Rechtsstreits durch seine Ehefrau F auf das Verfahren auswirken und ob eine solche Fortführung überhaupt möglich ist. Zu dieser Frage ist dann eine eingehende Erörterung angebracht.

III. LÖSUNG

A. Tatbestand

— erlassen —

B. Entscheidungsgründe

Die Berufung ist zulässig, aber unbegründet.

I.

Die Berufung ist zulässig (§ 125 Abs. 2 S. 1 VwGO); denn sie ist statthaft (§ 124 Abs. 1 VwGO), form- und fristgerecht eingelegt (§ 124 Abs. 2 VwGO)[3]. Der Berufungskläger ist als Unterlegener auch beschwert[4].

II.

Die Berufung ist unbegründet, weil F den Rechtsstreit nach dem Tod des K zulässig fortführt und die Beseitigungsanordnung sie selbst in ihren Rechten verletzt[5].

2 Vgl. dazu BayVGH, BayVBl. 1970, 328, S. 328 f.; *von Mutius*, in der Bespr. dieses Urteils, VerwArch. 62 (1971), 83 ff.; *Wallerath*, JuS 1971, 460, S. 466. S.a. BVerwGE 50, 292 und dort auch die Unterscheidung von Vererblichkeit des materiellen Anspruchs und Rechtsnachfolge in die prozessuale Rechtsstellung.
Mit der rechtlich anders gelagerten Problematik der Stellung des Gemeinschuldners im Verhältnis zum Konkursverwalter beschäftigt sich BVerwG, U. v. 20. 1. 1984, Nr. 4 C 37.80; siehe hierzu auch BVerfGE 51, 405 u. BGH, NJW 1979, 1592.

3 Davon ist mangels Angaben im SV als Regelfall auszugehen.

4 Die Beschwer ist die besondere Form des Rechtsschutzbedürfnisses für die höhere Instanz und besteht aus der Differenz zwischen Antrag und Entscheidung; der Beklagte ist unterlegen, hatte aber Abweisung der Klage beantragt. Vgl. zu diesem Problem BSG, DVBl. 1960, 450, S. 451; BVerwGE 4, 283; 10, 148, S. 150 f.; BGHZ 38, 289, S. 290. Eine besondere gesetzliche Regelung der Beschwer zur Entlastung der höheren Instanz sind die Rechtsmittelsummen der ZPO, vgl. § 511a Abs. 1 für die Berufung und § 546 Abs. 1 ZPO für die Revision; s.a. das Gesetz zur Entlastung der Gerichte in der Verwaltungs- und Finanzgerichtsbarkeit.

5 Vgl. dazu *Scholler/Broß*, Polizeirecht, S. 217.

1. F hat den Rechtsstreit zulässig fortgeführt, weil sie als Universalerbin des K gem. § 1922 Abs. 1, § 1942, § 1967 Abs. 1 u. Abs. 2 BGB in seine sämtlichen Rechtspositionen, nicht nur in die vermögensrechtlichen, sondern auch in die prozessuale Position des Erblassers, eingerückt ist, wie sie bei dessen Tod bestand[6]. Davon zu unterscheiden ist die Frage, wie der Rechtsstreit weiterzuführen ist. Die VwGO enthält über den Tod eines Beteiligten keine Bestimmung[7]. Für das verwaltungsgerichtliche Verfahren ist eine entsprechende Anwendung der §§ 239 ff. ZPO angezeigt, weil die Verweisung in § 173 VwGO diesen Weg eröffnet und die zivilprozessualen Bestimmungen über den Tod einer Partei den Grundsätzen der VwGO nicht widersprechen[8].

Damit ist noch nicht die Frage beantwortet, ob F den Rechtsstreit auch weiterführen kann, weil mit dem Tod eines Beteiligten dessen Parteifähigkeit und dadurch auch das Prozeßrechtsverhältnis endet[9]. Bei Rechtsstreitigkeiten in Ehesachen ordnet § 619 ZPO diese Folge an; denn nach dieser Vorschrift ist der Rechtsstreit in der Hauptsache als erledigt anzusehen. Es handelt sich dabei um eine Sondervorschrift. Sie ist im Abschnitt über das Verfahren in Ehesachen getroffen.

Anders dagegen für das allgemeine zivilprozessuale Verfahren, für das § 239 Abs. 1 ZPO eine Unterbrechung des Verfahrens vorsieht. Daraus folgt, daß der Rechtsstreit nicht in der Hauptsache für erledigt anzusehen ist, sondern dem Rechtsnachfolger Gelegenheit gegeben wird, sich über den Stand des Verfahrens zu unterrichten und dann nach seinem eigenen Gutdünken fortzuführen (oder nicht)[10]. Der Sinn dieser Bestimmung ergibt sich aus § 249 ZPO; hiernach hat die Unterbrechung und Aussetzung des Verfahrens die Wirkung, daß der Lauf einer jeden Frist aufhört und nach Beendigung der Unterbrechung oder Aussetzung die volle Frist von neuem zu laufen beginnt. Diese Auslegung des § 239 Abs. 1 ZPO ist mit den Grundsätzen der VwGO vereinbar, weil mit der dem Rechtsnachfolger eingeräumten Möglichkeit, den Rechtsstreit fortzuführen, noch nichts über dessen Umfang gesagt ist. Zumindest ist noch eine Entscheidung über die bisher angefallenen Kosten zu treffen[11]. Das hat selbst dann zu gelten, wenn man dem Rechtsnachfolger die Fortführung des Rechtsstreits nur bei solchen Ansprüchen gestattet, die nicht höchstpersönlicher Natur sind; andernfalls würde nicht erklärlich, wie bei Erledigung der Hauptsache und einer Entscheidung über die Kosten gem. § 161 Abs. 2 VwGO der Erbe zu deren Tragung verpflichtet werden soll, wenn ihm nicht zunächst eine Beteiligung am Rechtsstreit über die Frage der Erledigung zugestanden wird. Diese Auslegung von § 239 Abs. 1 ZPO

---

6 Vgl. dazu die Nachweise bei *Palandt,* Anm. zu §§ 1922, 1967; BVerwGE 30, 123; BayVGH, BayVBl. 1970, 328; HessVGH, DVBl. 1962, 340, S. 341; OVG Rh-Pf, DÖV 1980, 654; *Eyermann/Fröhler,* § 61, Rdnr. 13.

7 Das SGG ordnet dagegen in § 68 eine entsprechende Geltung der §§ 239 bis 249 ZPO mit Ausnahme der § 239 Abs. 3 und 4 und § 246 ZPO an.

8 HessVGH, DVBl. 1962, 340, S. 341; *Eyermann/Fröhler,* § 61, Rdnr. 13; *Wallerath,* JuS 1971, 460, S. 461. Im strafprozessualen Verfahren beendet der Tod des Beschuldigten das Verfahren von selbst, ohne daß es einer förmlichen Einstellung des Verfahrens bedarf, § 206a Abs. 1 StPO. Ebenso haftet der Nachlaß eines Verurteilten nicht für die Kosten des Verfahrens, wenn dieser vor Rechtskraft des Urteils stirbt, § 465 Abs. 3 StPO.

9 *Wallerath,* JuS 1971, S. 461; *Scholler/Broß,* Verfassungs- und Verwaltungsprozeßrecht, Rdnrn. 652 und 788.

10 Vgl. dazu *Thomas/Putzo,* § 239, Anm. 4; s.a. OVG Rh-Pf, a.a.O.

11 HessVGH, DVBl. 1962, 340, S. 341; *Eyermann/Fröhler,* § 61, Rdnr. 13.

im Hinblick auf das verwaltungsgerichtliche Verfahren erscheint dem erkennenden Gericht die allein angemessene[12].

Bei der Klage gegen die Beseitigungsanordnung ist Gegenstand des Rechtsstreits nicht ein höchstpersönliches Recht des K[13], sondern ein vermögenswertes Recht[14]. Die Beseitigung der ohne die erforderliche bauaufsichtliche Genehmigung erstellten Ausbauten bedeutet einen Eingriff in Eigentum und Vermögen des K[15]. Dagegen können die zugrundeliegenden Pflichten durchaus höchstpersönlich sein, weil Pflicht und Verantwortlichkeit auseinanderfallen können[16].

2. Die richtige Klageart ist weiterhin die Anfechtungsklage gem. § 42 Abs. 1 VwGO und nicht die nachträgliche Feststellungsklage nach § 113 Abs. 1 S. 4 VwGO, weil sich die Beseitigungsanordnung, die VA ist, mit dem Tod des K nicht erledigt hat. F ist in dessen Position gem. § 1922, § 1942 und § 1967 Abs. 1 BGB eingerückt, weil es sich hierbei nicht um höchstpersönliche Pflichten des K gehandelt hat[17].

Eine Rechtsnachfolge der F in die polizei- und ordnungsrechtlichen Pflichten des K ist eingetreten[18], weil die Vorschriften der §§ 1922 und 1967 BGB in Ermangelung einer spezialgesetzlichen Regelung entsprechend Anwendung finden; ihnen liegt der Gedanke zugrunde, daß nach dem Erbfall der Erbe reibungslos in die Rechts- und Pflichtenstellung des Erblassers eintritt. Dazu gehören aber nicht nur privat-, sondern auch öffentlich-rechtliche Rechte und Pflichten[19]. Eine direkte Anwendung der §§ 1922 und 1967 BGB scheidet aus, weil diese Normen des Privatrechts sind und

---

12 Die Entscheidung des BayVGH, BayVBl. 1970, 328 weist eine Besonderheit insofern auf, als das Landratsamt die Beseitigungsanordnung auf die Alleinerbin F erstrecken wollte. Der BayVGH geht bei seiner Entscheidung von der Bejahung eines Anspruchs auf wirksamen Rechtsschutz aus. Ein Unterschied zum Fall liegt darin, daß F ausdrücklich nur als Alleinerbin in Anspruch genommen werden soll, also nicht aus eigenen Rechten oder Pflichten, sondern aus übernommenen. So auch *Wallerath,* JuS 1971, S. 461 f.; unklar hingegen BVerwG, DVBl. 1963, 523; s.a. BVerwGE 30, 123. Ähnlich wie hier *Eyermann/Fröhler,* § 61 Rdnr. 13. Es handelt sich hierbei um den Fall eines Parteiwechsels kraft Gesetzes; hierzu im einzelnen Fall 8.

13 Wie z.B. in § 619 ZPO, weil Ehescheidungsrecht.

14 So zutreffend *Wallerath,* JuS 1971, S. 462. Rechte und Pflichten sind nach BVerwGE 25, 23, S. 26 höchstpersönlich, wenn sie einen nicht vermögensrechtlichen Charakter haben. Sie erlöschen mit dem Tod des Berechtigten oder Verpflichteten, weil die Abwicklung des Rechtsverhältnisses an die Person des Gläubigers bzw. Schuldners gebunden ist, BVerwGE 21, 302, S. 303. Auch ein vermögenswertes Recht kann höchstpersönlich sein, wenn es aufgrund der Ausgestaltung untrennbar mit der Person des Gläubigers oder Schuldners verbunden ist, so z.B. im Beamtenrecht, vgl. dazu z.B. BVerwGE 16, 68, S. 70. S.a. BVerwGE 30, 123.

15 Ob dieser rechtmäßig oder rechtswidrig ist, kann hier dahinstehen, weil sich diese Frage erst bei der Prüfung der materiellen Seite der Beseitigungsanordnung stellt. Der BayVGH prüft a.a.O. zunächst nicht, ob es sich um ein höchstpersönliches Recht des K handelt oder nicht, kommt aber im Ergebnis trotzdem zu einer zutreffenden Entscheidung.

16 Vgl. dazu *Wallerath,* a.a.O.; *Scholler/Broß,* Polizeirecht, a.a.O.

17 An diesem Punkt, den der BayVGH, a.a.O., nicht klar herausarbeitet, entscheidet sich, ob die Anfechtungsklage gem. § 42 Abs. 1 VwGO weiter zulässig ist oder ob der Klageantrag gem. § 113 Abs. 1 S. 4 VwGO umgestellt werden muß, vgl. *von Mutius,* VerwArch. 62 (1971), 83 ff., bes. S. 87 ff.; *Wallerath,* a.a.O. F müßte dann die Erledigung erklären.

18 A.A. BayVGH, BayVBl. 1970, S. 328 f.

19 Vgl. *Wallerath,* JuS 1971, S. 464; *von Mutius,* VerwArch. 62 (1971), S. 85 ff. und sehr differenziert *ders.,* vgl. Anm. 1.

nicht daneben auch Normen des öffentlichen Rechts, so daß die öffentlich-rechtlichen Verbindlichkeiten des K nicht unter § 1967 BGB fallen[20].

Für die Beurteilung der Frage, ob es sich bei der Verpflichtung aus der Beseitigungsanordnung um eine höchstpersönliche Pflicht des Erblassers handelt, sind die Grundsätze des allgemeinen Polizei- und Ordnungsrechts heranzuziehen[21]. Die einschlägigen Bestimmungen der Bauordnungen der Länder, auf die eine Beseitigungsanordnung wie die hier umstrittene zu stützen ist, besagen nicht, gegen wen eine Beseitigungsanordnung zu richten ist[22]. In diesem Zusammenhang ist bedeutsam die Unterscheidung von Handlungs- und Zustandsverantwortlichkeit[23].

Mit dem Tod des K ist die Handlungsverantwortlichkeit nicht entfallen, weil die einmal verursachte Störung durch seinen Tod nicht berührt wird. Die Pflicht zur Beseitigung der Störung ist nicht ausschließlich in seiner Person möglich[24]. Die Beseitigung stellt vielmehr eine vertretbare Handlung dar, weil das Polizei- und Ordnungsrecht allgemein auch die Möglichkeit einer Ersatzvornahme vorsieht[25].

Die Zustandsverantwortlichkeit setzt dagegen die weitere Beziehung des Störers zur Sache voraus. Die Beziehung des K zu seinem Eigentum ist mit seinem Tod erloschen. Er kann aus dieser Verantwortlichkeit nicht mehr in Anspruch genommen werden[26]. Die Zustandsverantwortlichkeit, die ursprünglich in der Person des K begründet war, ist aber mit seinem Tod entgegen der Auffassung des BayVGH[27] in der Person der F neu begründet worden. Sie ist als Alleinerbin gem. §§ 1922, 1942 und 1967 BGB in die Rechtsposition des K eingerückt und deshalb auch in die mit der Zustandsverantwortlichkeit belastete als Eigentümerin der nicht genehmigten Ausbauten. Diese Beziehung beruht darauf, daß die Beseitigungsanordnung objektbezogen (dinglich) wirkt[28].

3. F ist sonach Adressatin eines belastenden VA und kann damit auch in ihren Rechten verletzt sein (§ 42 Abs. 2 VwGO), so daß der Aufnahme des Rechtsstreits durch sie keine Hindernisse entgegenstehen[29].

---

20 Vgl. die Nachweise bei *Wallerath,* JuS 1971, S. 464; §§ 1922 und 1967 BGB wenden sich nicht auch erkennbar an Träger von öffentlich-rechtlichen Rechten und Pflichten und das war nach dem Motiv zum BGB auch nicht gewollt, vgl. *Wallerath,* a.a.O.

21 BayVGH, BayVBl. 1970, 328.

22 BayVGH, a.a.O.; *von Mutius,* VerwArch. 62 (1971), S. 83; Art. 82 S. 3 BayBO ordnet ausdrücklich an, daß eine Beseitigungsanordnung auch gegenüber dem Rechtsnachfolger gilt. Damit ist die materielle Seite angesprochen, nicht die prozessuale. Ordnet allerdings ein Gesetz diese Erstreckung auf den Rechtsnachfolger an, wird dieser aufgrund einer entsprechenden Erklärung der zuständigen Behörde originär verpflichtet.

23 Vgl. dazu z.B. *Scholler/Broß,* Polizeirecht, S. 195 ff. Wegen der Einzelheiten vgl. *von Mutius,* VerwArch. 62 (1971), S. 84 ff. und *ders.,* vgl. Anm. 1. Vor allem ist darauf zu achten, ob im betreffenden Land wegen der Vollstreckung gegen den Rechtsnachfolger besondere Vorschriften bestehen.

24 Vgl. *Wallerath,* JuS 1971, S. 465; *von Mutius,* VerwArch. 62 (1971), S. 87; *Ossenbühl,* NJW 1968, 1992.

25 *Wallerath,* a.a.O.; zur Ersatzvornahme z.B. *Scholler/Broß,* Polizeirecht, S. 234 ff.

26 So zutreffend *Wallerath,* a.a.O., gegen *von Mutius,* a.a.O., S. 86.

27 BayVBl. 1970, S. 329.

28 Vgl. BVerwG, DÖV 1971, 640; das OVG N-W, DÖV 1973, 283 Nr. 131 nimmt im Anschluß an BVerwG, DÖV 1971, 641 einen Übergang der Zustandsverantwortlichkeit auf den Rechtsnachfolger an.

29 Hier ist die Entscheidung nach dem Vermerk zu beenden. Zur Vollstreckung einer Beseitigungsanordnung gegen Miteigentümer s. HessVGH, NJW 1983, 2282.

Fall 10 „Steuersünder“

Vorläufiger Rechtsschutz — Eilverfahren

Entscheidungen: BVerwG, U. v. 26. 6. 1981, DVBl. 1981, 936; U. v. 29. 7. 1977, NJW 1978, 554; OVG Rh-Pf, B. v. 10. 4. 1983, NVwZ 1984, 43; B. v. 15. 3. 1978, NJW 1978, 2355.

I. Sachverhalt

In der kreisangehörigen Gemeinde A wird anläßlich einer Hundezählung festgestellt, daß nur ein Drittel der in der Gemeinde gehaltenen Hunde zur Hundesteuer angemeldet sind. Die Gemeindevertretung faßt deshalb den Beschluß, alle Halter, die ihre vierbeinigen Freunde nicht zur Hundesteuer anmelden und festgestellt werden, an der Gemeindetafel als Steuersünder auszuhängen. Dieser Beschluß wird ortsüblich bekanntgemacht.

Einige Zeit danach wird X, Halter eines prächtigen Mopses, vom Gemeindediener Eifrig als Steuersünder festgestellt; denn er hatte zwischenzeitlich den Hausgenossen noch nicht zur Hundesteuer angemeldet. X fürchtet um seinen Ruf als angesehener Bürger der Gemeinde und als Geschäftsmann. Er sucht deshalb seinen Rechtsanwalt Schlau auf, um sich über die möglichen rechtlichen Schritte unterrichten zu lassen. Er möchte vor allem verhindern, daß er an der Gemeindetafel ausgehängt wird, weil er den dadurch entstehenden Schaden für irreparabel hält.

Vermerk:

Welchen Rat wird Rechtsanwalt Schlau dem X erteilen? Das Beratungsschreiben zur prozessualen Lage ist zu entwerfen!

II. Methodische Einführung

Abweichend von der sonst üblichen Fragestellung, bei der ein abgeschlossener Sachverhalt rückblickend auf seine rechtliche Relevanz hin gutachtlich zu würdigen und eine Gerichts- oder Verwaltungsentscheidung zu entwerfen ist, verlangt der Vermerk hier vom Bearbeiter den Entwurf eines anwaltlichen Beratungsschreibens.

Die Fragestellung erfordert völlige Klarheit über die Interessenlage. X ist als Steuersünder ertappt worden und soll entsprechend dem Beschluß der Gemeindevertretung nunmehr als Steuersünder an der Gemeindetafel ausgehängt, also gleichsam an den Pranger gestellt werden. Verständlicherweise möchte er diese Maßnahme verhindern, weil sich die Schädigung seines Ansehens auch dann nicht mehr rückgängig machen ließe, wenn er in einem (nachfolgenden) Gerichtsverfahren obsiegen würde, weil die Maßnahme rechtswidrig gewesen sei. Diese Interessenlage bestimmt die Überlegungen von Rechtsanwalt Schlau und der Bearbeiter muß sie folglich ständig im Auge behalten. Diese Art der Fragestellung bedingt weiter, daß materielle Probleme nur begrenzt zu erörtern sind, soweit ein Einfluß auf die prozessualen besteht.

Zwei prozessuale Wege bieten sich auf den ersten Blick an, den von X gewünschten Erfolg herbeizuführen: Die einstweilige Anordnung nach § 123 VwGO und die vorbeugende Feststellungs- oder die vorbeugende Unterlassungsklage. Selbstverständlich muß davor die Überlegung nach dem einschlägigen Rechtsweg stehen; denn davon hängt die Wahl des geeigneten Rechtsbehelfs ab. Da Eile not tut und ungewiß ist, wann der Aushang angebracht wird, muß der Bearbeiter vom schnellsten Verfahren ausgehen und das ist hier die einstweilige Anordnung gem. § 123 VwGO.

Die vorbeugende Feststellungs- und die vorbeugende Unterlassungsklage führen nicht zu dem von X gewünschten Erfolg, weil sie keinen Suspensiveffekt haben. § 80 Abs. 1 VwGO beschränkt diesen auf (Anfechtungs-)Widerspruch und Anfechtungsklage, weil die Behörde durch Erlaß eines VA belastend in die Rechtssphäre des Betroffenen eingegriffen hat. Bei der vorbeugenden Feststellungs- und vorbeugenden Unterlassungsklage ist die Behörde deshalb nicht gehindert, während des Verfahrens die beabsichtigte Maßnahme, den X als Steuersünder an der Gemeindetafel auszuhängen, auszuführen. Erst die Rechtskraft eines Urteils zugunsten des X würde diesem also zum gewünschten Erfolg verhelfen. Aus diesem Grunde ist bei der Bearbeitung des Falles von einer einstweiligen Anordnung auszugehen.

Innerhalb des SV sind folgende Fragenkreise zu unterscheiden:

- Wendet sich X gegen den Beschluß der Gemeindevertretung, kommt es auf dessen rechtliche Qualifizierung an — Internum, VA, Allgemeinverfügung, VO oder Satzung?
- Wendet sich X gegen den Aushang, ist zu prüfen, ob es sich um einen Realakt oder VA handelt;
- soll gleichzeitig gegen den Beschluß der Gemeindevertretung und den Aushang vorgegangen werden, erhebt sich die Frage, ob für beide Rechtsbehelfe ein Rechtsschutzbedürfnis besteht.

Zweckmäßig dürfte es für X sein, sich nur gegen den drohenden Aushang zu wenden, weil ihm mit dessen Verhinderung voll gedient ist und die rechtliche Problematik insoweit einfacher liegt. Denn sollte der Beschluß der Gemeindevertretung z.B. als Satzung zu beurteilen sein, wofür die ortsübliche Bekanntmachung spricht, erhebt sich die schwierige Frage, ob die Voraussetzungen der Vorschrift des § 47 Abs. 7 VwGO für den Erlaß einer einstweiligen Anordnung im Normenkontrollverfahren vorliegen.

Der Rechtsanwalt muß alle in Betracht kommenden Möglichkeiten aufzeigen und dann seinem Mandanten zu der für ihn günstigsten raten, weil der Vermerk den Entwurf eines Beratungsschreibens verlangt.

III. LÖSUNG*

Das Beratungsschreiben von Rechtsanwalt Schlau könnte etwa folgendermaßen lauten:

Briefkopf Ort und Datum

Sehr geehrter Herr X,

unter höflicher Bezugnahme auf die Unterredung in meiner Kanzlei am heutigen Tag darf ich Ihnen nach eingehender Überprüfung der Sach- und Rechtslage mitteilen, daß eine e.A. gem. § 123 Abs. 1 VwGO die größte Aussicht auf den von Ihnen angestrebten Erfolg bietet.

1. Für den Erlaß der e.A. ist das VG zuständig, weil es sich um eine öffentlich-rechtliche Streitigkeit i.S. v. § 40 Abs. 1 S. 1 VwGO handelt. Unabhängig davon, welche Theorie (Subjektions-, Subjekts- oder Interessentheorie) man vertritt, liegt eine öffentlich-rechtliche Streitigkeit vor. Es handelt sich um Gemeindeabgabenrecht[1], also ein anerkanntes Gebiet des öffentlichen Rechts.

Die Gemeinde ist als Abgabenberechtigte für die Einziehung der Hundeabgabe zuständig[2]. Im Zusammenhang mit diesem Rechtsgebiet steht die von ihr beabsichtigte Maßnahme, so daß eine öffentlich-rechtliche Streitigkeit i.S. der Vorschrift des § 40 Abs. 1 S. 1 VwGO gegeben ist.

2. Rechtsbehelfe

a) Gegen den Aushang kommen als mögliche Rechtsbehelfe die vorbeugende Feststellungsklage, die vorbeugende Unterlassungsklage sowie die e.A. nach § 123 Abs. 1 VwGO in Betracht.

Die vorbeugende Feststellungsklage zur Feststellung von künftigen rechtlichen Beziehungen zwischen Personen und Personen und Sachen wird jetzt überwiegend für zulässig gehalten[3]. Die drohende Maßnahme der Gemeinde A, einen Aushang über Sie als Steuersünder an der Gemeindetafel anzubringen, stellt schon ein feststellungsfähiges Rechtsverhältnis dar, weil sich die rechtlichen Beziehungen bereits konkretisiert haben[4].

Eine vorbeugende Feststellungsklage erscheint vorliegend jedoch nicht als geeigneter Rechtsbehelf. Sie ist unzulässig, soweit Sie Ihre Rechte durch eine Gestaltungs- oder Leistungsklage verfolgen können (§ 43 Abs. 2 S. 1 VwGO). Zu denken ist hier nämlich an die vorbeugende Unterlassungsklage. Diese ist darauf gerichtet, drohende Ver-

* Bei der Lösung ist davon auszugehen, daß in dem betreffenden Land der Bundesrepublik entweder nach dem Kommunalabgabengesetz oder einem besonderen Abgabengesetz eine solche Abgabe erhoben wird, deren Gläubigerin die Gemeinde ist. Ihr obliegt auch die Einziehung.

1 Unbestr.

2 Siehe Lösungsanleitung.

3 Vgl. BVerwGE 26, 23; 54, 211; BVerwG, NJW 1978, 554; BVerwG, DVBl. 1981, 936; das BVerwG, DÖV 1983, 980 bezeichnet nunmehr hierzu im einzelnen die Voraussetzungen; *Menger/Erichsen*, VerwArch. 59 (1968), 167, S. 177 f.; *Schenke*, AöR 95 (1970), 223, S. 253 ff.

4 Siehe die Nachweise in Fn. 3 und *Kopp*, Vorbem. 33 f. vor § 40.

waltungshandlungen, die kein Verwaltungsakt sind, abzuwehren[5]. Bei der vorbeugenden Unterlassungsklage spielt die rechtliche Qualifizierung des Aushangs keine Rolle. Der Aushang selbst ist als Realakt anzusehen; denn ihm fehlt das auf eine Rechtsfolge gerichtete Willensmoment[6]. Aber auch für den Fall, daß man in der von der Gemeinde A geplanten Maßnahme einen VA erblicken wollte, wäre die vorbeugende Unterlassungsklage hiergegen zulässig[7].

Alle Klagen haben aber den Nachteil, daß keine aufschiebende Wirkung eintritt. Gemäß § 80 Abs. 1 VwGO ist diese auf Widerspruch und (nachfolgende) Anfechtungsklage beschränkt. Die Gemeinde A wäre deshalb nicht gehindert, während des Gerichtsverfahrens den Aushang anzubringen. Erst mit Rechtskraft eines obsiegenden Urteils hätten Sie die Sicherheit, daß der Aushang unterbleibt.

Anders verhält es sich bei einem Antrag auf Erlaß einer e.A. gem. § 123 Abs. 1 VwGO. Er kann schon vor Klageerhebung gestellt werden, § 123 Abs. 1 S. 1 VwGO. Die Vorschrift des § 123 Abs. 5 VwGO steht nicht entgegen, weil kein VA erlassen ist[8]. Bei der e.A. spielt es keine Rolle, ob sie sich gegen einen drohenden VA oder bloßes Verwaltungshandeln richtet. Sie eignet sich als eine Maßnahme in allen Fällen, in denen die vorbeugende Feststellungsklage oder vorbeugende Unterlassungsklage der zutreffende Rechtsbehelf in der Hauptsache wäre[9].

Der (erforderliche) Anordnungsanspruch ist gegeben, weil Sie behaupten können, daß Sie durch das Anbringen des Aushanges in Ihrem Persönlichkeitsrecht betroffen sind (Art. 1 Abs. 1, Art. 2 Abs. 1 GG[10]) und dieses Recht bei Rechtswidrigkeit des Aushangs nachhaltig beeinträchtigt wird (§ 123 Abs. 3 VwGO i.V.m. § 920 Abs. 2 ZPO[11]). Es besteht ferner ein Anordnungsgrund; denn infolge des Beschlusses der Gemeindevertretung droht die Gefahr, daß der Aushang angebracht wird (§ 123 Abs. 3

---

5 Vgl. *Schenke,* a.a.O., S. 226 ff., 241; s.a. BVerwGE 62, 342, S. 352. Ausführlich die im übrigen abzulehnende Entscheidung des BayVGH, DÖV 1983, 38.

6 Vgl. dazu ausführlich *Hoffmann:* Der Abwehranspruch gegen rechtswidrige hoheitliche Realakte, Berlin 1969, S. 15 f.

7 *Schenke,* a.a.O., S. 244 f.

8 Eingehend zu den Anwendungsfällen des § 123 Abs. 1 VwGO OVG Rh-Pf, NJW 1978, 2355. Insofern braucht in diesem Zusammenhang nicht auf die Frage eingegangen zu werden, ob der Aushang als Realakt oder VA zu beurteilen ist; vgl. dazu und zu dem Verhältnis von § 80 Abs. 5 zu § 123 VwGO *Eyermann/Fröhler,* § 80, Rdnr. 33a; § 123, Rdnrn. 2 f.; *Kopp,* Rdnrn. 10, 23 f. zu § 80; Rdnr. 1 zu § 123; *Wieseler:* Der vorläufige Rechtsschutz gegen Verwaltungsakte, Berlin 1967, S. 175, 179; *Quaritsch:* Die einstweilige Anordnung im Verwaltungsprozeß, VerwArch. 51 (1960),210, S. 219 ff.; *Uechtritz,* JuS 1984, 130.
Hier handelt es sich um den Fall der Regelungsanordnung i.S. der Vorschrift des § 123 Abs. 1 S. 2 VwGO, vgl. *Tschira/Schmitt Glaeser,* S. 176 ff.; *Scholler/Broß,* Verfassungs- und Verwaltungsprozeßrecht, Rdnrn. 821 f.

9 VGH B-W, DVBl. 1968, 255, S. 256 f.; BayVGH, BayVBl. 1970, 294; OVG N-W, OVGE 22, 284; *Eyermann/Fröhler,* § 123 Rdnrn. 9 f.; *Wieseler,* S. 179 ff., der die vorbeugende Leistungs- oder vorbeugende Feststellungsklage gegen drohende belastende VA nicht zulassen will, S. 183; *Quaritsch,* S. 226 ff.

10 Vgl. dazu BVerfGE 6, 32, S. 41 (Elfes-Urteil); 6, 389, S. 433; 54, 129; 54, 148; 54, 208; 57, 170. Siehe auch *Evers:* Das allgemeine Persönlichkeitsrecht im öffentlichen Recht und die Aufnahme von Lichtbildern zur Überwachung von Versammlungen, Festschrift für Reinhardt, Köln 1972, S. 377 ff. *Keller:* Zur Zulässigkeit von Eingriffen in das „Recht am eigenen Bild", Festschrift für Samper, Stuttgart u.a. 1982, S. 103 ff.

11 Vgl. VGH B-W, a.a.O.

VwGO i.V.m. § 920 Abs. 2 ZPO)[12]. Der damit verbundene Eingriff in Ihr Persönlichkeitsrecht ist nicht rückgängig zu machen. Bei einer nachträglichen Aufhebung dieser Maßnahme und gegebenenfalls einem Widerruf bleibt die Schädigung Ihres Ansehens und die Beeinträchtigung in hohem Maße bestehen.

Für den Erlaß einer e.A. besteht weiter ein Rechtsschutzbedürfnis, weil keine andere Möglichkeit eröffnet ist, die Ihnen zustehende Rechtsposition in diesem Stadium des Verfahrens durchzusetzen. Die Wahrscheinlichkeit für eine Beeinträchtigung Ihrer Rechte ist infolge des Beschlusses der Gemeindevertretung so groß, daß mit dem Aushang ständig zu rechnen ist.

Durch die zu beantragende e.A. wird die Entscheidung in der Hauptsache nicht vorweggenommen. Bei der e.A. liegt ein wesentliches Problem darin, daß sie die endgültige Entscheidung nicht vorwegnehmen und auch sonst nicht zu irreparablen Ergebnissen führen darf[13]. Das gilt z.B. bei der Verurteilung zur Zahlung von Geldleistungen, die die Entscheidung in der Hauptsache vorwegnehmen, weil entweder nur diese Verurteilung oder die Ablehnung der Zahlungsverpflichtung ausgesprochen werden kann. Aus diesem Grunde wird die Zulässigkeit einer e.A. nur bei Existenzgefährdung (in diesen Fällen) anerkannt[14]. Von diesem Grundsatz wird eine Ausnahme zugelassen. Eine e.A. ist auch bei Vorwegnahme der Entscheidung in der Hauptsache zulässig, wenn anders kein wirksamer Rechtsschutz zu erzielen ist[15].

Ihr Fall liegt aber insofern anders, als die Gemeinde durch den Erlaß einer e.A. zwar gehindert wird, den Aushang anzubringen, womit die Entscheidung in der Hauptsache zunächst vorweggenommen wird. Nur wird dadurch kein Recht der Gemeinde endgültig vereitelt, weil diese bei Obsiegen in der Hauptsache die beabsichtigte Maßnahme jederzeit nachholen kann. Die e.A. führt also nur zu einer vorübergehenden Vollzugsaussetzung, die aber die Wirksamkeit der beabsichtigten Maßnahme zu einem späteren Zeitpunkt nicht beeinträchtigt.

Allgemein[16] wird bei beiden Alternativen von § 123 Abs. 1 S. 1 VwGO eine Interessenabwägung zwischen den Interessen des Antragstellers und denen des Antragsgegners vorgenommen. Demgegenüber wird mit gewichtigen Gesichtspunkten[17] die Auffassung vertreten, bei der ersten Alternative handele es sich um eine reine Rechtsentscheidung. Seien Anordnungsanspruch und Anordnungsgrund dargelegt, müsse die e.A. erlassen werden.

In jedem Fall hätten Sie aufgrund der Sach- und Rechtslage berechtigte Aussicht darauf, daß Ihrem Antrag Erfolg beschieden sein wird.

---

12 Vgl. dazu *Wieseler*, S. 216 f.; zu den Anordnungstatbeständen *Quaritsch*, S. 232 ff. und 342 ff.; OVG N-W, NJW 1982, 2517.

13 Vgl. *Eyermann/Fröhler*, § 123 Rdnr. 8; *Kopp*, § 123 Rdnr. 13; ausführlich *Wieseler*, S. 148 ff.; *Quaritsch*, S. 361 ff.; *Rohmeyer*, Geschichte und Rechtsnatur der einstweiligen Anordnung im Verwaltungsprozeß, Berlin 1967, S. 179 ff. je mit weiteren Nachweisen aus Literatur und Rechtsprechung. OVG Lüneburg, NJW 1977, 773.

14 Vgl. Hess. VGH, DÖV 1967, 101; *Kopp*, § 123, Rdnr. 13.

15 BVerwGE 63, 110: eingehend *Kopp*, a.a.O.

16 *Kopp*, § 123, Rdnr. 29 m. zahlr. N.

17 *Redeker/v. Oertzen*, § 123, Rdnr. 17 m. zahlr. N.

Abschließend darf ich noch auf folgende Punkte hinweisen:

Die e.A. kann nach oder ohne mündliche Verhandlung erlassen werden (§ 123 Abs. 3 VwGO i.V.m. § 921 Abs. 1 ZPO). Außerdem sollten Sie gleichzeitig Klage erheben. Andernfalls wird das VG anordnen, daß Sie binnen einer von ihm bestimmten Frist Klage erheben müssen (§ 123 Abs. 3 VwGO i.V.m. § 926 Abs. 1 ZPO). Sollten Sie dieser Aufforderung nicht nachkommen, wird die e.A. auf Antrag des Gegners aufgehoben (§ 123 Abs. 3 VwGO i.V.m. § 926 Abs. 2 ZPO). Abschließend sei noch bemerkt, daß die e.A. einen Vollstreckungstitel darstellt (§ 123 Abs. 3 VwGO i.V.m. §§ 928 f. ZPO).

b) Nicht so günstig ist die Rechtslage, wenn Sie gegen den Beschluß der Gemeindevertretung selbst vorgehen. Dieser ist als Satzung zu beurteilen. Die Gemeinde A ist im eigenen Wirkungskreis tätig geworden[18]. Außerdem ist der Beschluß ortsüblich bekanntgemacht. Es stellt sich dann das Problem, ob eine e.A. im Normenkontrollverfahren nach § 47 VwGO zulässig ist[19]. § 47 Abs. 7 VwGO sieht hier gegenüber § 123 Abs. 1 VwGO strengere Voraussetzungen vor[20].

Nach allem möchte ich Ihnen deshalb zu einem Antrag auf Erlaß einer e.A. dahingehend raten, das Anbringen des Aushangs zu verhindern, weil insoweit keine Zweifelsfragen bestehen wie bei einem Antrag gegen den Beschluß der Gemeindevertretung[21].

Mit vorzüglicher Hochachtung

Schlau, Rechtsanwalt

---

18 Hierzu *Scholler/Broß*, Kommunalrecht, S. 50 ff.

19 Siehe hierzu im einzelnen Anhang D. Insoweit bestehen Parallelen zum verfassungsgerichtlichen Verfahren, vgl. § 32 BVerfGG; hierzu die Einzelheiten bei *Scholler/Broß*, Verfassungs- und Verwaltungsprozeßrecht, Rdnrn. 121 ff.

20 Einzelheiten bei *Scholler/Broß*, Verfassungs- und Verwaltungsprozeßrecht, Rdnr. 518; *Tschira-Schmitt Glaeser*, S. 244 f.; OVG Rh-Pf, NVwZ 1984, 43.

21 Im letzten Teil kann es bei diesen knappen Hinweisen sein Bewenden haben. Auszugehen ist von der Aufgabenstellung. Es sollte das Beratungsschreiben eines Rechtsanwalts entworfen werden. Er muß seinem Mandanten zu dem diesem günstigsten Rechtsbehelf raten.

Fall 11 „Abstandsfläche"

Erledigung der Hauptsache

Entscheidungen: BVerwG, U. v. 14. 1. 1965, BVerwGE 20, 146; B. v. 7. 6. 1968, BVerwGE 30, 27; B. v. 7. 1. 1974, BVerwGE 46, 215.

I. Sachverhalt

a) K wendet sich gegen eine der B mit Bescheid des LRA A vom 10. August 1983 erteilten bauaufsichtlichen Genehmigung mit einer Befreiung von den gesetzlich vorgesehenen Abstandsflächen. K erhebt Klage zum VG, B wird zum Verfahren beigeladen. Während des Rechtsstreits hebt das LRA A mit Bescheid vom 12. Dezember 1983 den Bescheid vom 10. August 1983 auf und versagt die bauaufsichtliche Genehmigung. K erklärt daraufhin den Rechtsstreit in der Hauptsache für erledigt. Das beklagte Land X tritt der Erledigungserklärung entgegen, weil die Klage des K unzulässig gewesen sei. Aus den Akten ergibt sich, daß K das Widerspruchsverfahren ordnungsgemäß durchgeführt, aber die Klagefrist versäumt hat. B widerspricht der Erledigungserklärung, weil sie gegen die Aufhebung des Bescheids vom 10. August 1983 durch den Bescheid vom 12. Dezember 1983 Widerspruch eingelegt habe und die Hauptsache deshalb noch nicht erledigt sei.

Vermerk:

Wie ist zu entscheiden?

b) Wie ist zu entscheiden, wenn die Klage des K vom VG wegen Versäumung der Klagefrist als unzulässig abgewiesen und auch die Berufung aus diesem Grund zurückgewiesen wird, K dagegen Nichtzulassungsbeschwerde erhebt und während des Beschwerdeverfahrens gegen die Nichtzulassung der Revision einseitig und gegen den Widerspruch der übrigen Beteiligten die Erledigung erklärt?

II. Methodische Einführung

Im vorliegenden Fall steht das Problem der Erledigung der Hauptsache im Mittelpunkt. Es ist Studenten und Referendaren im zivilprozessualen Verfahren geläufig, § 91a ZPO, doch spielt die Erledigung der Hauptsache auch im verwaltungsgerichtlichen Verfahren eine Rolle.

a) Wichtige Anhaltspunkte für die im SV verborgenen Probleme erhält der Bearbeiter durch die Stellungnahmen der Beteiligten. K hat den Rechtsstreit in der Hauptsache für erledigt erklärt. Dem tritt das beklagte Land entgegen. In der Darlegung, die Klage sei unzulässig gewesen, liegt konkludent ein Antrag auf Abweisung der Klage. Daran hat das beklagte Land auch ein besonderes Interesse, weil dann in jedem Fall K als unterlegen die Kosten des Rechtsstreits zu tragen hat (§ 154 Abs. 1 VwGO), während das Gericht bei Erledigung nach billigem Ermessen (§ 161 Abs. 2 VwGO) darüber befindet, welcher Beteiligte die Kosten trägt[1]. Das Problem hat zwei Aspekte. Vordergründig stellt sich die Frage, ob die einseitige Erledigungserklärung eines Beteiligten ausreicht oder ob die Zustimmung eines anderen (bei einer Beiladung evtl. auch des Beigeladenen, vgl. dazu unten) notwendig ist. Es ist dann noch weiter zu prüfen, ob die Erledigungserklärung voraussetzt, daß die Klage zulässig war. Ob sie ursprünglich auch begründet war, ist nicht zu untersuchen und spielt keine Rolle, weil dann eine Sachentscheidung ergehen könnte. Das Gericht hat jedoch den bisherigen Sach- und Streitstand zu berücksichtigen (§ 161 Abs. 2 2. Halbs. VwGO)[2]. Es entscheidet deshalb danach, wer bei Fortsetzung des Verfahrens voraussichtlich den Rechtsstreit gewonnen hätte[3]. Andernfalls könnte sich der Kläger abweichend von § 154 Abs. 1 VwGO seiner Kostentragungspflicht entziehen. Das wäre im Hinblick auf den beklagten Beteiligten problematisch. Es ist darauf zu achten, daß Erledigung der Hauptsache und Erledigung des VA nicht gleichgesetzt werden dürfen[4].

Ähnlich ist die Interessenlage wegen der Vorschrift des § 154 Abs. 3 VwGO für B, wenn sie selbständig Anträge gestellt hat. Diese müssen ausdrücklich erklärt werden. Konkludente Anträge reichen nicht aus[5]. B hat u.a. deshalb ein Interesse an einer Sachentscheidung, weil sie gegen den Aufhebungsbescheid Widerspruch eingelegt hat. Wird diesem stattgegeben, bleibt ihr die bauaufsichtliche Genehmigung erhalten und K hat keine Möglichkeit mehr, erneut zu klagen. Von Bedeutung für die Lösung des Falles ist somit auch, ob Beigeladene einer Erledigungserklärung des Klägers zustimmen müssen.

b) Bei dieser Variante des Falles steht das Problem im Mittelpunkt, wie eine Erledigungserklärung während des Beschwerdeverfahrens über die Nichtzulassung der Revision zu behandeln ist. Die Interessenlage gegenüber Teil a) ist insofern die gleiche, als wiederum die anderen Beteiligten widersprechen.

III. LÖSUNG

a) Das Gericht entscheidet nach billigem Ermessen über die Kosten des Verfahrens, wenn der Rechtsstreit in der Hauptsache erledigt ist (§ 161 Abs. 2 1. Halbs. VwGO)[6].

---

1 BVerwGE 13, 174; u.U. kann eine Aufteilung in Frage kommen, vgl. *Tschira/Schmitt Glaeser,* S. 265 ff.

2 Vgl. dazu BVerwGE 13, 174.

3 Der Umstand, daß Erledigung eingetreten ist, soll nicht dem Beteiligten zugute kommen, der letztendlich den Rechtsstreit „ausgelöst“ hat.

4 Siehe hierzu auch BVerwGE 42, 296.

5 Hierzu und zum folgenden ausführlich *Pietzner:* Zur übereinstimmenden Erledigungserklärung im Verwaltungsprozeß, VerwArch. 75 (1984), 79 ff.

6 Vgl. dazu eingehend *Göppinger:* Die Erledigung des Rechtsstreis in der Hauptsache, 1958; *Habscheid:* Die Rechtsnatur der Erledigung der Hauptsache, FS für Lent, 1957, S. 153 ff.; *Pohle:* Zur rechtlichen Bedeutung der Erledigungserklärung nach deutschem Zivilprozeßrecht, FS für Maridakis, 1963, Bd. 2, S. 427 ff.
Es ist darauf zu achten, daß außergerichtliche Vergleiche häufig zu einer Erledigung der Hauptsache führen. Wurde im außergerichtlichen Vergleich eine Vereinbarung über die Kostentragung getroffen, wird diese im Rahmen der Entscheidung nach § 161 Abs. 2 VwGO berücksichtigt, andernfalls befindet das Gericht originär. Die Vorschrift des § 160 VwGO ist in diesen Fällen nicht einschlägig. Siehe hierzu OVG N-W, DÖV 1983, 347 Nr. 64; BVerwGE 63, 114 und 234.

Das Gericht ist an die Erledigungserklärung nur gebunden, wenn Kläger und Beklagter übereinstimmend die Hauptsache für erledigt erklären[7]. Die Beklagte und die übrigen Beteiligten widersprechen der Erledigungserklärung. Das Gericht muß folglich prüfen, ob tatsächlich Erledigung der Hauptsache eingetreten ist[8]. Eine Erledigung setzt an sich voraus, daß die Klage ursprünglich zulässig war, weil andernfalls eine Erledigung in der Hauptsache nicht eintreten kann. Die Klage wäre sonst ohne Stellungnahme zum materiellen Inhalt aus prozessualen Gründen abzuweisen[9]. Das ist eine in Literatur und Rechtsprechung stark vertretene Meinung. Sie geht davon aus, daß die Erledigungserklärung die Behauptung beinhalte, der ursprünglich geltend gemachte Anspruch sei zulässig und begründet gewesen. Ein danach eingetretenes Ereignis habe ihn gegenstandslos gemacht. Diese Feststellung beantrage der Kläger[10]. Die Gegenmeinung legt der Erledigungserklärung einen geringeren Inhalt bei. Sie habe nur zum Gegenstand, daß ein späteres Ereignis den Kläger klaglos gestellt habe. Die ursprüngliche Berechtigung des Klageanspruchs werde nicht mehr zur Entscheidung gestellt[11].

Das BVerwG schließt sich der zweiten Meinung an[12]. Seine Gedankenführung ist kompliziert und nicht leicht nachzuvollziehen. Das BVerwG geht davon aus, durch die Erledigungserklärung des Klägers werde, wenn der Beklagte widerspricht, der Prozeß auf die Streitfrage beschränkt, ob Erledigung eingetreten ist oder nicht[13]. Ist eine Erledigung nicht eingetreten, muß die Klage abgewiesen werden[14]. Tritt der Beklagte wie hier der Erledigungserklärung entgegen, weil die Klage unzulässig gewesen sei und stellt somit konkludent einen Antrag auf Klageabweisung, wird vom Gericht nach Ansicht des BVerwG eine doppelte Entscheidung begehrt, nämlich über die jetzt bestehende Unbegründetheit des früheren Klageanspruchs und die frühere Zulässigkeit und Begründetheit der Klage[15]. Das BVerwG kommt gegenüber der ersten Meinung zu einem engeren Begriff der Erledigung, der mit dem Ausspruch des Gerichts über die Erledigung zusammenhängt. Mit der Erledigungserklärung gibt der Kläger zu erkennen, daß er vom Beklagten nichts mehr begehrt. Der Rechtsstreit soll auch nicht fortgesetzt werden. Das Gericht möge aus diesem Grunde nur das Erlöschen des Rechtsstreits feststellen[16]. Die Auffassung des BVerwG nötigt nicht dazu, den Streit

7 BVerwGE 1, 178, S. 180 f.; 13, 174, S. 175 betrifft nicht die Frage der Prüfungsbefugnis des Gerichts, sondern betont, daß dieses auch ohne darauf abzielende Erklärungen gem. § 161 Abs. 2 VwGO über die Kosten entscheiden kann, wenn tatsächlich Erledigung eingetreten ist. Diese Entscheidung ist problematisch. Wegen der beschränkten Beschwerdemöglichkeit nach dem Gesetz zur Entlastung der Gerichte in der Verwaltungs- und Finanzgerichtsbarkeit siehe OVG Berlin, DÖV 1983, 686.

8 BVerwGE 31, 318, S. 319.

9 BVerwG, NJW 1970, 722; *Renck*, BayVBl. 1973, 431.

10 Vgl. BVerwGE 20, 146, S. 148 mit vielen Nachweisen; BGHZ 50, 197.

11 Vgl. BVerwGE 20, 146, S. 148; BayVGH, BayVBl. 1973, 156.

12 BVerwGE 20, 146, S. 149 f.; wiederholt in BVerwGE 31, 318, S. 319 f.

13 BVerwGE 20, 146, S. 149.

14 BVerwG, a.a.O.

15 BVerwGE 20, 146, S. 149 f.

16 BVerwGE 20, 146, S. 150. Diese Ausführungen werden klarer, wenn man sich gedanklich den ursprünglich geführten Rechtsstreit auf die Frage beschränkt vorstellt, ob ein erledigendes Ereignis eingetreten ist oder nicht. Die Beantwortung dieser Frage ist unabhängig davon, ob die ursprüngliche Klage zulässig oder sogar begründet war. Im Grunde genommen stellt die einseitige Erledigungserklärung des Klägers nach Auffassung des BVerwG eine Klageänderung dar — so wohl BVerwGE 31, 318, S. 319. In diesem Rechtsstreit mit geändertem Streitgegenstand obsiegt der Kläger gegen den widersprechenden Teil, wenn die Erledigung eingetreten ist. Er unterliegt und seine Klage ist abzuweisen, wenn keine Erledigung eingetreten ist.

über die Kosten des ursprünglichen Rechtsstreits und die Entscheidung darüber von dem neuen Rechtsstreit zu trennen[17], weil einheitlich über die gesamten Kosten entschieden wird.

Das BVerwG stützt seine Meinung noch mit einer weiteren Überlegung[18]. Die Vorschrift des § 113 Abs. 1 S. 4 VwGO erfaßt einen Teilbereich der Erledigung im Prozeß, wenn ein VA gegenstandslos wird. In diesem Fall sei eine Prüfung von Zulässigkeit und Begründetheit bei Erledigungserklärung des Klägers nur möglich, wenn ein besonderer Antrag gestellt wird und ein Rechtsschutzinteresse für dieses Begehren besteht. Diese Überlegung, die in BVerwGE 20, 146 noch hilfsweise als zusätzliches Argument angeführt wird, ist das treffendste für die Auffassung des BVerwG; denn es wird der gegenüber ZPO selbständigen und unabhängigen Stellung der VwGO am ehesten gerecht. Die Vorschrift des § 113 Abs. 1 S. 4 VwGO ist eine gesetzliche Ausprägung des Grundsatzes der Prozeßökonomie und des Rechtsschutzinteresses[19]: Über Erledigtes soll nur geurteilt werden, soweit die Beeinträchtigung noch besteht, weil nur dann ein Urteil Wirkungen zeitigt. Die Gerichte sind nicht dazu da, abstrakte Rechtsfragen zu entscheiden. In BVerwGE 31, 318 ist dieser Gesichtspunkt deutlich angesprochen. Das Gericht muß trotz einseitiger Erledigungserklärung des Klägers in der Sache selbst entscheiden, wenn der Beklagte ein berechtigtes Interesse an der Feststellung hat, die Klage sei von Anfang an unbegründet gewesen[20]. Damit trägt das BVerwG auch den Interessen des Beklagten Rechnung; denn dieser erhält eine Entscheidung in der Sache, wenn er hieran ein berechtigtes Interesse hat. Schwierigkeiten dadurch, daß ein besonderes Interesse vorausgesetzt wird, lassen sich dadurch vermeiden, daß an dieses keine zu großen Anforderungen zu stellen sind. Dieses Interesse ist immer zu bejahen, wenn der Kläger mit der Erledigungserklärung eine Rücknahme oder Abweisung der Klage umgehen möchte[21].

Eine unterschiedliche Behandlung von Klagerücknahme und Erledigung der Hauptsache rechtfertigt sich nach der zutreffenden Ansicht des BVerwG deshalb, weil der Kläger bei Klagerücknahme diese jederzeit erneuern kann[22], nicht aber bei Erledigung der Hauptsache. Eine neue Klage mit demselben Anspruch ist unzulässig[23]. Ob allerdings die Erledigungserklärung dem Verzicht nach § 306 ZPO vergleichbar ist, wie das BVerwG meint, erscheint zweifelhaft[24]. Es trifft zu, daß eine sachliche Nachprüfung des Klageanspruchs entfällt, doch ergeht auch ohne Antrag des Beklagten ein abweisendes Urteil. Der Beklagte hat für ein streitiges Urteil kein Rechtsschutzinteresse[25]. Die Erklärung des Verzichts obliegt ausschließlich und allein dem Kläger. Aus diesem Grunde wird die Klage abgewiesen und er voll in die Kosten verurteilt (also keine Entscheidung nach billigem Ermessen des Gerichts), wie wenn er in der Sache selbst unterlegen wäre.

17 BVerwGE, 31, 318, S. 319 f.
18 BVerwGE 20, S. 150 f., 154.
19 Hierzu BVerwGE 66, 75; 43, 291.
20 BVerwGE 31, S. 320.
21 Vgl. ähnlich schon, aber noch zurückhaltend BVerwGE 20, 146, S. 151; 46, 215. S.a. BVerwGE 66, 53, wenn sich die Hauptsache durch eine Änderung des Gesetzes erledigt hat.
22 Diese Möglichkeit besteht selbstverständlich nicht, wenn Rechtsbehelfsfristen abgelaufen sind.
23 BVerwGE 20, 146, S. 152.
24 Er kann nämlich auf den verschiedensten Gründen beruhen.
25 Vgl. BGHZ 49, 213, S. 216 ff.

Demnach entfällt eine Erledigung nicht allein schon wegen der Unzulässigkeit der Klage[26]. Es ist also weiter zu untersuchen, ob die Beklagte ein berechtigtes Interesse an der Klageabweisung hat. Diese würde nur in dem Ausspruch bestehen, daß die Klage unzulässig ist. Eine weiterreichende Feststellung, die für die Beklagte von Bedeutung wäre, könnte ein solches Urteil nicht treffen. Ein berechtigtes Interesse der Beklagten an einer Sachentscheidung ist deshalb nicht ersichtlich[27]. Das Gericht hat somit durch Urteil festzustellen, daß Erledigung eingetreten ist[28], wenn sich nicht durch den Widerspruch der Beigeladenen etwas anderes ergibt.

Nach der Auffassung des BVerwG[29], der zuzustimmen ist, bedarf es nicht der Mitwirkung des Beigeladenen, auch nicht des notwendig Beigeladenen nach § 65 Abs. 2 VwGO, weil die Streitteile, Kläger und Beklagter, uneingeschränkt über den Streitgegenstand verfügen können. Die Besonderheit des vorliegenden Falles gegenüber der Entscheidung des BVerwG beruht darauf, daß keine übereinstimmende Erklärung von Kläger und Beklagten vorliegt, sondern auch die Beklagte widersprochen hat. Dieser Widerspruch stützte sich nur darauf, daß die Klage unzulässig gewesen sei, nicht aber darauf, es sei keine Erledigung eingetreten. Diese Konstellation ist nach der Auffassung der Rspr. mit in diese Problematik einzubeziehen. Sie stellt darauf ab, daß der Beigeladene allein und nur aus dem Grund widerspricht, weil keine Erledigung vorliege. Diese besteht nach dem SV. Die Zustimmung der Beigeladenen ist sonach nicht erforderlich.

Dieses Ergebnis beruht auf der abhängigen Stellung des Beigeladenen im verwaltungsgerichtlichen Verfahren. Der notwendig Beigeladene kann nach § 66 S. 2 VwGO abweichende Sachanträge stellen. Gleichwohl kann er eine Beendigung des Rechtsstreits ohne seine Zustimmung nicht verhindern[30]. Durch die Rücknahme der bauaufsichtlichen Genehmigung mit Bescheid vom 12. Dezember 1983 ist die Hauptsache erledigt. Der Rechtsstreit, der sich daran anschließen kann, hat einen anderen Streitgegenstand als der vorliegende. In diesem geht es um die Beeinträchtigung des Klägers in seinen Rechten[31]. In dem von der Beigeladenen anzustrengenden Rechtsstreit ist die Beeinträchtigung in ihren Rechten durch die Rücknahme ausschlaggebend, ob also diese rechtmäßig oder rechtswidrig ist[32].

Das Gericht entscheidet somit durch Urteil darüber, daß die Hauptsache erledigt ist, was auch in einer höheren Instanz und noch in der Revisionsinstanz möglich ist[33]; damit werden die Urteile der Vorinstanzen unwirksam[34]. Das Gericht stellt nach allem durch Urteil die Erledigung der Hauptsache fest und befindet gleichzeitig über die

26 Der SV gibt die Unzulässigkeit der Klage als unstreitig an; diese Angabe ist folglich ohne weitere Diskussion zu übernehmen.
27 Vgl. dazu BVerwGE 20, 146, S. 155.
28 BVerwGE 31, 318, S. 319.
29 BVerwGE 30, 27, S. 28. Zur Beiladung ausführlich *Konrad*, BayVBl. 1982, 481 ff., 517 ff.
30 BVerwGE 30, 27, S. 28 f.
31 Es handelt sich folglich um eine baurechtliche Nachbarklage.
32 Vgl. BVerwGE 30, 27, S. 29.
33 Vgl. BVerwGE 34, 40, S. 42; OVG N-W, DÖV 1973, 649 Nr. 256.
34 Vgl. BVerwG, DÖV 1965, 718.

Kosten des gesamten Verfahrens nach Maßgabe der Vorschrift des § 161 Abs. 2 VwGO[35].

b) Die Besonderheit gegenüber a) liegt darin, daß K die Erledigung der Hauptsache nicht während des Verfahrens in der Instanz erklärt, sondern während des Beschwerdeverfahrens gegen die Nichtzulassung der Revision. Im Verfahren über die Beschwerde gegen die Nichtzulassung der Revision führen nur übereinstimmende Erledigungserklärungen der Beteiligten zur Kostenentscheidung gem. § 161 Abs. 2 VwGO und zur Einstellung des Verfahrens[36].

Eine nur einseitige Erledigungserklärung bleibt dagegen unberücksichtigt und ohne Einfluß auf das Verfahren. Dieses Ergebnis beruht darauf, daß das Beschwerdeverfahren einen vom Hauptverfahren unabhängigen Rechtsstreit zum Gegenstand hat, der mit der sachlichen Entscheidung nichts zu tun hat und sich auch nicht gegen diese richtet. Streitgegenstand ist nur die Frage, ob die gesetzlichen Voraussetzungen für die Zulassung der Revision vorliegen. Es wird folglich im Beschwerdeverfahren nicht zur Sache entschieden und deshalb kann auch nicht über die Erledigung derselben befunden werden. Diese Entscheidung müßte das Gericht aber treffen, wenn ein Beteiligter der Erledigungserklärung widerspricht, hingegen nicht, wenn übereinstimmende Erledigungserklärungen der Beteiligten abgegeben werden[37]. Das BVerwG entscheidet also unabhängig von der einseitigen Erledigungserklärung des Klägers über die Zulassung der Revision. Hat die Beschwerde gegen die Nichtzulassung Erfolg, ist der Streit darüber, ob die Hauptsache erledigt ist oder nicht, mit Gegenstand des Revisionsverfahrens[38].

Weist das BVerwG die Beschwerde gegen die Nichtzulassung zurück, endet der Rechtsstreit in der Sache selbst mit dem Berufungsurteil des OVG (VGH). Dieses erwächst gem. § 132 Abs. 4 VwGO in Rechtskraft. Die Erledigungserklärung des Klägers hat keinen Einfluß auf die Entscheidung des Rechtsstreits, weil es bei der im Berufungsurteil getroffenen Sachentscheidung verbleibt[39].

---

35 BVerwG, MDR 1957, 375; a.A. OVG N-W, OVGE 16, 271; BayVGH, BayVBl. 1973, 108. Die Auffassung des OVG N-W wird der Tatsache am besten gerecht, daß der Streit über die Erledigung der Hauptsache einen neuen Streitgegenstand unabhängig vom bisherigen Verfahren betrifft; allerdings bietet die Regelung des § 161 Abs. 2 VwGO mehr Spielraum, weil dem Gericht ein Ermessen bei der Verteilung der Kosten eingeräumt ist.

36 BVerwG, DÖV 1965, 718; BVerwGE 34, 40, S. 40 f.

37 BVerwGE 34, 40, S. 41 f.

38 BVerwG, a.a.O.

39 BVerwGE 34, 40, S. 42; vgl. dazu auch BVerwGE 34, 159, S. 160 f.

Fall 12 „Wochenzeitung“

Revision — Revisionsberechtigung

Entscheidungen: BVerwG, U. v. 7. 10. 1983, NJW 1984, 989; U. v. 29. 8. 1963, BVerwGE 16, 265; B. v. 3. 11. 1964, BVerwGE 20, 1.

I. Sachverhalt

K ist Herausgeber und Verleger einer Wochenzeitschrift im Bistum X. Seine Wochenzeitung konkurriert mit dem von der bistumseigenen M-GmbH herausgegebenen „P-Blatt“. Seine amtlichen Bekanntmachungen veröffentlicht das Bistum in seinem ebenfalls im M-Verlag erscheinenden „Amtsblatt“. Kirchensteuerbeschlüsse läßt das Bistum zuweilen auch in Form von bezahlten Inseraten im „P-Blatt“ abdrucken, nachdem sie bereits im „Steuer- und Zollblatt für X“ veröffentlicht wurden. Im übrigen werden sämtliche Bekanntmachungen des Bistums den Presseagenturen C und D zugeleitet.

K erhebt Klage zum Verwaltungsgericht und beantragt, das Bistum zu verurteilen, seine amtlichen Bekanntmachungen ihm nicht später als seinen Mitbewerbern zur Verwendung zuzuleiten.

Das beklagte Bistum macht in der Verhandlung vor dem Verwaltungsgericht geltend, der öffentlich-rechtliche Rechtsweg gem. § 40 Abs. 1 VwGO sei nicht gegeben, weil die Kirchen keine öffentliche Gewalt ausübten. Sie fielen deshalb nicht unter § 40 Abs. 1 VwGO. Mangels einer anderen gesetzlichen Zuweisung seien diese Maßnahmen des Bistums deshalb nicht anfechtbar. Sie hielten sich im unantastbaren innerkirchlichen Bereich nach Art. 140 GG. Dagegen bringt K vor, die Kirchen übten im Bereich der Kirchensteuer sehr wohl mittelbar staatliche Gewalt aus, weil sie hier vom Staat verliehene Befugnisse wahrnähmen und deshalb im Hinblick auf Art. 19 Abs. 4 GG der öffentlich-rechtliche Rechtsweg nach § 40 Abs. 1 S. 1 VwGO eröffnet sei.

K dringt mit seiner Auffassung vor dem Verwaltungsgericht und, nachdem das beklagte Bistum Berufung eingelegt hatte, auch vor dem Oberverwaltungsgericht (OVG) durch. Das OVG läßt die Revision gem. § 132 Abs. 2 Nr. 1 VwGO zu.

Der Vertreter des öffentlichen Interesses, der bisher am Verfahren nicht beteiligt war, legt frist- und formgerecht Revision ein. Er rügt eine Verletzung von § 40 Abs. 1 S. 1 VwGO und bringt dazu im wesentlichen die gleichen Gesichtspunkte wie das beklagte Bistum vor dem Verwaltungsgericht (VG) und dem OVG vor.

Vermerk:*

In einem Gutachten ist zur Zulässigkeit der Revision Stellung zu nehmen!

---

* Der SV wurde bewußt so gewählt, weil — außer Bayern — die Länder den VöI in weitgehender Verkennung seiner rechtsstaatssichernden Funktion aus vordergründigen Sparerwägungen überwiegend abgeschafft haben.

II. Methodische Einführung

Der Vermerk verlangt eine gutachtliche Stellungnahme zur Zulässigkeit einer eingelegten Revision. Auf die Begründetheit ist deshalb nicht einzugehen und jede Ausführung dazu, auch in einem Hilfsgutachten, ist überflüssig.

Der Sachverhalt ist trotz seiner Länge übersichtlich und die Probleme liegen auf der Hand. Es handelt sich um die Revision des Vertreters des öffentlichen Interesses (VöI). Die Besonderheit liegt darin, daß dieser bisher am Verfahren nicht beteiligt war. Im Mittelpunkt steht somit die Frage, ob der VöI sich auch erst in der höheren Instanz am Verfahren beteiligen kann und sei es nur durch Einlegen eines Rechtsmittels. Wichtig für die Lösung eines Rechtsmittel-Falles ist, daß sich der Bearbeiter über den Aufbau eines solchen klar wird. Ein häufig zu beobachtender Fehler liegt darin, bei der Zulässigkeit des Rechtsmittels auch die Zulässigkeit der Klage zu behandeln. Im Rahmen der Zulässigkeit eines Rechtsmittels ist hingegen nur dessen Zulässigkeit zu prüfen. Die Zulässigkeit der Klage ist bei einer Berufung deshalb der erste Prüfungspunkt bei der Begründetheit der Berufung. Bei der Revision ist im Rahmen der Begründetheit dann die Zulässigkeit der Berufung und die Zulässigkeit der Klage zu erörtern, weil die Sachurteilsvoraussetzungen von Amts wegen zu prüfen sind, während sonst bei der Begründetheit nur die zulässig gerügten Mängel auf ihr Vorliegen untersucht werden[1].

III. LÖSUNG

A. Zulässigkeit der Revision[2]

1. Statthaftigkeit, § 132 Abs. 1 S. 1 VwGO[3]

Die Statthaftigkeit eines Rechtsmittels ist der erste Prüfungspunkt im Rahmen der Zulässigkeit. Diese Prüfungsreihenfolge liegt im Instanzenzug begründet, der grundsätzlich einzuhalten ist. In der Regel können also Berufung und Revision nicht vertauscht werden. Abweichend davon kennen VwGO und SGG die Sprungrevision. Gem. § 134 Abs. 1 VwGO kann gegen das Urteil eines VG unter Übergehung der Berufungsinstanz (OVG oder VGH) Revision an das BVerwG eingelegt werden, wenn der Rechtsmittelgegner zustimmt und wenn die Revision vom VG im Urteil oder auf besonderen Antrag durch Beschluß zugelassen ist.

Die Sprungrevision ist auch dem strafprozessualen Verfahren bekannt, § 335 Abs. 1 StPO, für den Zivilprozeß vgl. § 566a ZPO. Keine Sprungrevision kennt das finanzgerichtliche Verfahren wegen der Zweistufigkeit des Gerichtsaufbaus, §§ 2, 35 f., 115 FGO. Dagegen ist hier die Sprungklage gem. § 45 Abs. 1 S. 1 FGO zulässig. Bei dieser

---

1 Vgl. § 137 Abs. 1 und 3 VwGO; § 118 Abs. 1 und 3 FGO; § 162 Abs. 2 SGG.
2 Vgl. §§ 143 VwGO, 124 FGO, 169 SGG.
3 Vgl. dazu § 115 Abs. 1 FGO, § 160 SGG. In diesem Zusammenhang ist auch auf den Ausschluß der Berufung im Lastenausgleichsgesetz (v. 14. 8. 1952, BGBl. I S. 446), Kriegsgefangenenentschädigungsgesetz (v. 30. 1. 1954, BGBl. I S. 5) und Wehrpflichtgesetz (v. 21. 7. 1956, BGBl. I S. 651) hinzuweisen.

muß kein Vorverfahren (Einspruch) durchgeführt werden, wenn die Behörde, die einen VA nach § 348 AO erlassen hat, zustimmt.

Weiter ist darauf zu achten, daß nicht gegen jedes Urteil die Revision statthaft ist oder noch bestimmte Voraussetzungen, wie Revisionssumme oder Zulassung durch das erkennende Gericht, gegeben sein müssen (vgl. § 134 Abs. 1, § 124 Abs. 1 VwGO, § 115 Abs. 1 und Abs. 2 FGO, § 175 SGG). Aus §§ 511, 545 ZPO folgt, daß der Instanzenzug mit Eingang beim Amtsgericht beim Landgericht endet. Ungenau sind deshalb *Eyermann/Fröhler*[4], weil Beschwer und Revisionsberechtigung keine Frage der Statthaftigkeit, sondern besondere Zulässigkeitsvoraussetzungen der Revision sind.

In diesem Zusammenhang ist auch auf Art. 93 Abs. 1 Nr. 4a GG i.V.m. § 90 Abs. 1 BVerfGG zu verweisen[5]. Danach ist die Verfassungsbeschwerde nur bei Rüge von Verletzungen der abschließend aufgezählten Rechte durch die öffentliche Gewalt statthaft. Im Gegensatz dazu ist § 90 Abs. 2 BVerfGG nicht eine Frage der Statthaftigkeit. Das wäre nur dann der Fall, wenn lediglich die Vorschrift des § 90 Abs. 2 S. 1 BVerfGG bestünde, weil dann ausschließlich diese Möglichkeit zur Erhebung einer Vb gegeben wäre. Durch die Ausnahmeregelung in § 90 Abs. 2 S. 2 BVerfGG wird die gesamte Regelung in § 90 Abs. 2 BVerfGG zu einer besonderen Zulässigkeitsvoraussetzung[6].

Die Revision richtet sich gegen das Urteil des VGH (§ 184 VwGO); er hat die Revision zugelassen. Sie ist somit statthaft (§ 132 Abs. 2 S. 2 VwGO)[7]. Das BVerwG prüft aber im Rahmen der Statthaftigkeit, ob die Zulassung der Revision zu Recht ausgesprochen ist[8]. Ist die Zulassung zutreffend bejaht, kann das BVerwG die Revision nicht mehr verwerfen[9]. Diese Prüfung erfolgt im Rahmen des § 143 VwGO[10]. Sie erstreckt sich nur auf offensichtliche Fälle[11]. Solche sind etwa, wenn die Revision gegen das Urteil des OVG nicht statthaft ist oder eine Sprungrevision unzulässigerweise zugelassen wird[12]. Die Bindungswirkung entfällt auch, wenn die Vorinstanz die Revision zur Klärung von landesrechtlichen Fragen zugelassen hat, die vom BVerwG wegen der in § 137 Abs. 1 VwGO angeordneten Beschränkung der Nachprüfung von Bundesrecht nicht geklärt werden könnten[13].

Es bleibt also festzuhalten, daß das BVerwG den Ausspruch über die Zulassung nicht im einzelnen unter allen in Betracht kommenden Gesichtspunkten überprüft, sondern nur auf besonders herausragende Zulässigkeitsvoraussetzungen.

---

4 § 132, Rdnrn. 6 f.
5 Hierzu *Scholler/Broß*, Verfassungs- und Verwaltungsprozeßrecht, Rdnrn. 251 ff.
6 Hierzu *Scholler/Broß*, Verfassungs- und Verwaltungsprozeßrecht, Rdnrn. 309 ff.
7 Vgl. dazu § 115 Abs. 2 FGO, § 162 Abs. 1 Nr. 1 SGG.
8 Vgl. BVerwGE 42, 229; 48, 372.
9 Auch eine beschränkte Revisionszulassung ist möglich, BVerwG, DÖV 1971, 356 Nr. 135; 1973, 284 Nr. 139. Siehe zum vergleichbaren Problem bei der Berufungszulassung OVG Bremen, DÖV 1983, 297.
10 Vgl. dazu BVerwGE 20, 1, S. 3 und 20, 233, S. 235.
11 BVerwG, DÖV 1970, 649 Nr. 239; BVerwG, DÖV 1973, 649 Nr. 259. Hiernach ist die Zulassung der Revision durch das Berufungsgericht dann unter Umständen nicht bindend, wenn ein gesetzlicher Zulassungsgrund fehlt, so auch BGH, NJW 1972, 1239.
12 Vgl. BVerwGE 18, 53, S. 56. S.a. BVerwGE 48, 372.
13 Vgl. BVerwG, VerwRspr. Bd. 21, S. 122.

2. Frist (§ 139 Abs. 1 VwGO)[14]

Form und Frist des eingelegten Rechtsmittels sind in der Regel die nächsten Prüfungspunkte bei der Zulässigkeit. Die Frist kann hier vorgezogen werden, weil der SV nur feststellt, daß fristgerecht Revision eingelegt ist und folglich in dieser Hinsicht keine Probleme entstehen[15].

3. Form (§ 139 Abs. 1 S. 1 VwGO)[16]

Gem. § 139 Abs. 2 S. 1 und 2 VwGO muß die Revision das angefochtene Urteil bezeichnen. Außerdem ist ein bestimmter Antrag notwendig. Dieser kann in der Revision oder in der Begründung enthalten sein. Es genügt also, wenn dieser erst mit der Begründung gestellt wird, für die eine weitere Frist von 1 Monat seit Einlegen der Revision läuft[17]. § 139 Abs. 2 S. 1 VwGO sieht dafür noch die Möglichkeit der Verlängerung vor (sie spielt in der Praxis eine große Rolle); Voraussetzung ist allerdings, daß der Antrag vor Ablauf der Frist gestellt wird. Andernfalls bleibt nur die Möglichkeit, Wiedereinsetzung in den vorigen Stand zu beantragen (§ 60 Abs. 1 VwGO)[18].

Die nach § 139 Abs. 1 und 2 VwGO erforderliche Form ist gewahrt. Der VöI beantragt, das Urteil des VGH aufzuheben. Die Verletzung von § 40 Abs. 1 S. 1 VwGO ist gerügt, für die Revision ist eine Begründung gegeben. Die als verletzt gerügte Norm beinhaltet Bundesrecht (§ 137 Abs. 1 VwGO)[19]. Weiter muß das angefochtene Urteil auf dieser Verletzung beruhen können (Kausalität), weil andernfalls eine Beschwer (vgl. unten 5) nicht besteht[20] und folglich die angefochtene Entscheidung nicht aufzuheben ist.

Dieses Erfordernis ist nach dem SV zu bejahen. Die Zulässigkeit des Rechtsweges gem. § 40 Abs. 1 S. 1 VwGO ist Voraussetzung für eine Sachentscheidung und andernfalls wäre die Klage als unzulässig abzuweisen, wenn nicht ein Antrag auf Verweisung gestellt wird (§ 41 Abs. 1 und 3 VwGO)[21].

In diesem Zusammenhang ist noch darauf zu achten, daß die Revision bei dem Gericht, dessen Entscheidung angefochten wird, einzulegen ist (iudex a quo, vgl. § 139 Abs. 1 S. 1 VwGO)[22].

4. Revisionsberechtigung (§ 132 Abs. 1 VwGO)[23]

Gem. § 132 Abs. 1 S. 1 VwGO steht den Beteiligten die Revision gegen das Urteil des VGH zu. Der Kreis der möglichen Beteiligten ist in § 63 VwGO abschließend gere-

14 S.a. § 120 Abs. 1 S. 1 FGO, § 164 Abs. 1 S. 1 SGG, § 552 ZPO.
15 § 120 Abs. 2 FGO, § 164 Abs. 2 SGG, §§ 54 Abs. 3—5 ZPO. S.a. BVerwG, DÖV 1983, 247.
16 Vgl. zu Problemen der Fristberechnung BVerwGE 27, 36.
17 Vgl. § 139 Abs. 1 S. 1 VwGO, § 120 Abs. 1 S. 1 FGO, § 164 Abs. 1 S. 1 SGG.
18 Vgl. auch § 120 Abs. 1 S. 2, § 56 FGO, § 164 Abs. 1 S. 2, § 67 Abs. 1 SGG.
19 S.a. § 118 Abs. 1 S. 1 FGO, § 162 Abs. 2 SGG.
20 Hierzu *Scholler/Broß*, Verfassungs- und Verwaltungsprozeßrecht, Rdnr. 839.
21 S.a. § 34 Abs. 3 S. 1 FGO, § 52 Abs. 3 S. 1 SGG.
22 S.a. § 120 Abs. 1 S. 1 FGO, aber § 164 Abs. 1 S. 1 SGG.
23 S.a. § 115 Abs. 1 FGO, § 160 SGG.

gelt[24]. Der VöI kann gem. § 63 Nr. 4 VwGO Beteiligter sein[25]. Er ist es auch; denn er hat von seiner Beteiligungsbefugnis Gebrauch gemacht. Die Besonderheit für den VöI liegt darin, daß er nach der Auffassung des BVerwG[26] auch dann Revision einlegen kann, wenn er bis zum Abschluß des Berufungsverfahrens noch nicht am Verfahren beteiligt war[27]. Er hat diese Möglichkeit aber nur, solange die Revisionsfrist noch nicht abgelaufen ist[28]. Diese Möglichkeit besteht für den VöI wegen seiner objektiven Stellung im verwaltungsgerichtlichen Verfahren. Ihm obliegt die Wahrung der Interessen der Allgemeinheit und des objektiven Rechts. Aus diesem Grunde kann für ihn ein Urteil des VG Anlaß sein, sich erst im Rechtsmittelverfahren an dem Rechtsstreit zu beteiligen[29].

Die Landesanwaltschaft unterliegt nicht dem Anwaltszwang (§ 67 Abs. 1 VwGO), wenn sie als VöI Revision einlegt[30]. Anders verhält es sich, wenn sie eine Behörde vertritt. Der VöI hat demnach zulässig Revision eingelegt.

5. Beschwer

Die Beschwer ist eine besondere Form des Rechtsschutzinteresses für das Rechtsmittelverfahren[31]. Sie besteht in der Differenz zwischen Antrag und Entscheidung[32]. Der VöI ist, wenn er in dieser Eigenschaft Revision einlegt und bisher am Rechtsstreit nicht beteiligt war und deshalb auch keinen Antrag gestellt hat, strenggenommen, nicht beschwert. Man behilft sich damit, daß man ihn als Wahrer der öffentlichen Interessen als immer beschwert betrachtet oder aber für ihn keine Beschwer verlangt[33]. Vor diesem Hintergrund ist das Urteil des BVerwG[34] zu sehen, wonach der VöI selbst dann ein Rechtsmittel einlegen kann, wenn das Urteil seinem Antrag entspricht[35].

Weitere Anhaltspunkte für die Prüfung der Zulässigkeit bestehen nicht. Die Revision des VöI ist, da alle Zulässigkeitsvoraussetzungen erfüllt sind, zulässig[36].

B. Begründetheit

— entfällt —

24 S.a. §§ 57 FGO, 69 SGG.

25 Daneben gibt es noch Vertreter für besondere öffentliche Interessen, so den Vertreter der Interessen des Ausgleichsfonds, den Bundesbeauftragten für Asylangelegenheiten (§ 5 AsylVfG). Sie stehen, wenn sie in einem Rechtsstreit vor dem VG auftreten, neben und unabhängig vom VöI und beschränken dessen Stellung nicht.

26 BVerwGE 16, 265.

27 BVerwGE 16, 267 ff.

28 BVerwGE 16, 268.

29 BVerwGE 16, S. 267.

30 BVerwGE 16, 268 f.; 31, 5.

31 Vgl. hierzu die Nachweise in Fn. 20.

32 Vgl. BGHZ 38, 289.

33 Vgl. dazu *Eyermann/Fröhler*, § 124 Rdnr. 5.

34 BVerwGE 7, 226, S. 227; s.a. 29, 210 und 25, 170.

35 Ähnlich kann die Staatsanwaltschaft im Strafprozeß Rechtsmittel auch zugunsten des Beschuldigten einlegen, vgl. § 296 Abs. 2 StPO. Zur Unzulässigkeit eines Rechtsmittels des zu Unrecht beigeladenen Beteiligten mangels Beschwer BVerwGE 37, 43, S. 44 f.; vgl. auch BVerwGE 31, 233; zur Rücknahme der Revision BVerwGE 26, 143 und 297; zur Entscheidung des BVerwG über die Revision BVerwGE 28, 317; 25, 357.

36 Zur hier nicht zu erörternden materiellen Seite BVerwG, NJW 1984, 989; *Niebler*, BayVBl. 1984, 1 ff.

Anhang

A. Topoi-Katalog bei Normenprüfung

Bei der Prüfung einer Norm muß zunächst ihre Rechtsnatur festgestellt werden, da Gesetz, Verordnung und Satzung verschiedenen Gültigkeitsvoraussetzungen unterliegen[1]. Deshalb werden auch die Topoi-Kataloge getrennt dargestellt, weil sie in Einzelheiten Abweichungen zeigen.

Satzungen und Verordnungen unterscheiden sich dadurch, daß eine Verordnung von der Exekutive aufgrund gesetzlicher Ermächtigung erlassen wird, während die Satzung von einer autonomen Körperschaft als eigenes Recht in ihrem Zuständigkeitsbereich aufgrund verfassungsrechtlicher oder gesetzlicher Garantie gesetzt wird. Eine gerichtliche Überprüfung von Satzung und Verordnung ist einmal inzident durch das Verwaltungsgericht möglich, wenn es bei der Entscheidung eines konkreten Falles auf die Gültigkeit dieser Norm ankommt. Es besteht aber auch die Möglichkeit, abstrakt gegen eine Satzung oder Verordnung im Wege des Normenkontrollverfahrens nach § 47 VwGO vorzugehen[2]; dieses Verfahren ist beschränkt auf die Länder, die von der Ermächtigung Gebrauch gemacht haben[3].

Bei der Prüfung von Gesetzen ist zu beachten, daß diese für nachkonstitutionelles Recht wegen Art. 100 Abs. 1 GG nur inzident vorgenommen werden kann und bei Verneinung der Gültigkeit die Vorlagepflicht zum BVerfG besteht. Entsprechende Regelungen für das Landesrecht enthalten die einzelnen Länderverfassungen, vgl. z.B. Art. 92 BV.

I. Topoi-Katalog für die Prüfung eines Gesetzes

1. Formelle Voraussetzungen für die Gültigkeit

a) Kompetenz zur Gesetzgebung, Art. 70 ff., 105, 21, 83 ff. u.a. GG.

b) Beschlußverfahren, Art. 77, 78 GG; Beschlußfähigkeit, vgl. § 45 GeschOBT

c) Ausfertigung und Verkündung, Art. 82 Abs. 1 GG

---

1 In einzelnen Verwaltungsrechtsfällen müssen jeweils besondere Prüfungsreihenfolgen hinsichtlich des materiellen Teiles gewählt werden. Hier haben sich bestimmte Prinzipien ausgebildet, deren Beachtung nicht nur Zeit erspart, sondern auch auf dem raschesten Wege zur richtigen Lösung führt. Im folgenden werden 3 spezielle Prüfungsreihenfolgen angegeben, wie sie im Normenprüfungs-, Amtshaftungs- und Polizeirecht mit Erfolg angewandt werden können. Ausführlich dazu auch *Scholler/Broß*, Kommunalrecht, § 5 III.

2 Vgl. zu dieser Problematik und dem Verhältnis zur Verfassungsbeschwerde BVerfGE 31, 364.

3 In Bayern besteht die Möglichkeit, daß durch eine Popularklage nach Art. 98 S. 4 BV eine gerichtliche Überprüfung durch den BayVerfGH herbeigeführt wird. Ausführl. hierzu BayVerfGH, NJW 1984, 226 ff.

2. Materielle Voraussetzungen für die Gültigkeit

a) Einhaltung der Kompetenz

b) Übereinstimmung mit ranghöheren Rechtsquellen

c) Bestimmtheit der Formulierung. Aus dem Gesetz muß sich für die Adressaten klar ergeben, wozu sie verpflichtet bzw. berechtigt werden. Wegen Unbestimmtheit wurden z.B. das Erste und Zweite ApothStopG vom BVerfG für nichtig erklärt[4].

d) Verhältnismäßigkeit. Der Grundsatz der Verhältnismäßigkeit besagt, daß der Gesetzgeber bei der Beschränkung eines Grundrechts nicht weiter gehen darf als der sachliche Grund, der zu ihr führt, es rechtfertigt[5].

e) Zumutbarkeit bzw. Beachtung des Übermaßverbotes; diese Anforderungen stehen mit der Verhältnismäßigkeit in engem Zusammenhang und können nicht immer scharf abgegrenzt werden.

II. Topoi-Katalog für die Prüfung einer Verordnung

1. Formelle Voraussetzungen für die Gültigkeit

a) Das erlassende Organ muß zuständig sein; die Zuständigkeit ergibt sich dabei aus der Ermächtigungsgrundlage[6].

b) Ordnungsgemäßes Normsetzungsverfahren; vor allem Mitwirkung anderer Behörden[7] und Ausfertigung und Verkündung. Die ausgefertigte Urkunde soll/muß meistens noch enthalten: die gesetzliche Grundlage, die Mitwirkung gesetzlich mitwirkungsberechtigter Stellen, das Datum.

c) Zeitlicher Geltungsbereich. Es muß geprüft werden, ob die Rechtsvorschrift in Kraft getreten ist und noch gilt.

2. Materielle Voraussetzungen für die Gültigkeit

a) Gültigkeit des ermächtigenden Gesetzes

b) Einhaltung des Ermächtigungsrahmens

c) Übereinstimmung mit ranghöheren Rechtsquellen

d) Bestimmtheit der Formulierung

e) Verhältnismäßigkeit

f) Zumutbarkeit

III. Topoi-Katalog für die Prüfung einer Satzung

1. Formelle Voraussetzungen für die Gültigkeit

a) Der Körperschaft muß die Satzungsautonomie verliehen sein[8].

b) Das Verfahren bei Erlaß der Satzung muß ordnungsgemäß sein; dazu gehören Beschlußfähigkeit, Ladung, Öffentlichkeit[9]; außerdem muß die Satzung mit der erfor-

---

4 BVerfGE 7, 377; 35, 348, S. 359.
5 Vgl. BVerfGE 20, 150; 39, 258, S. 270; 44, 353, S. 373; 54, 143, S. 146 f.
6 Vgl. z.B. § 19 WHG und Art. 80 Abs. 1 S. 1 GG.
7 Vgl. z.B. Art. 80 Abs. 2 GG; BVerfGE 34, 52, S. 60.
8 Vgl. z.B. Art. 23 und 24 BayGO; §§ 4 B.-W. GO; 5 HessGO; 6 NdsGO; 4 N-WGO.
9 Vgl. im einzelnen *Scholler/Broß*, Kommunalrecht, § 6 IV.

derlichen Mehrheit beschlossen werden[10]; es sind weiter Genehmigungs- und Vorlagepflicht zu beachten[11]; außerdem muß die Satzung bekannt gemacht werden[12].

2. Materielle Voraussetzungen für die Gültigkeit

a) Die durch die Satzung getroffenen Regelungen müssen sich innerhalb der verliehenen Autonomie halten.
b) Die Satzung darf nicht in Widerspruch zu höherrangigem Recht stehen.
c) Bestimmtheit der Formulierung
d) Verhältnismäßigkeit
e) Zumutbarkeit.

B. Topoi-Katalog bei der Prüfung der Fehlerhaftigkeit von Verwaltungsakten

Es ist zwischen Nichtakten, fehlerhaft-nichtigen und fehlerhaft vernichtbaren Verwaltungsakten zu unterscheiden. Bei Nichtakten handelt es sich um Scherz- oder Scheinakte u.ä. Diese werden dem Verwaltungsträger in keiner Weise zugerechnet[13].

Die Abgrenzung von fehlerhaft-nichtigen und fehlerhaft-vernichtbaren Verwaltungsakten war und ist in der Lehre sehr umstritten[14]. Sie ist von großer Bedeutung, da der fehlerhaft-vernichtbare Verwaltungsakt zunächst wirksam ist und auch wirksam bleibt, wenn er nicht angefochten wird, dagegen der nichtige Verwaltungsakt von vornherein und dauernd unwirksam ist. Zur Unterscheidung bieten sich folgende Theorien an: Die Unmöglichkeitstheorie *(Wolff)*, die teleologische Richtigkeitstheorie *(Forsthoff, Hippel)*, die Funktionsrichtigkeitstheorie *(Huber)* und die herrschende Evidenztheorie.

Nach der Unmöglichkeitstheorie ist ein Verwaltungsakt dann nichtig, wenn die Fehlerhaftigkeit sich bereits aus der objektiven Rechtsordnung ergibt. Demgegenüber stellt die herrschende Evidenztheorie auf die Schwere und Offenkundigkeit des Fehlers ab — und zwar auf seine zweifelsfreie Erkennbarkeit entweder durch jedermann oder durch einen rechtskundigen Kenner aller Umstände oder „bei verständiger Würdigung aller in Betracht kommenden Umstände[15]".

Nach der herrschenden Evidenztheorie können Verwaltungsakte nach der Kurzformel „Verwaltungsakte sind nichtig, wenn ihnen die Fehlerhaftigkeit auf die Stirn geschrieben ist[16]" auf Nichtigkeit hin überprüft werden.

Die Prüfung wird zweckmäßigerweise wieder anhand eines Topoi-Kataloges vorgenommen, damit keine wesentlichen Gesichtspunkte übersehen werden[17].

10 Vgl. *Scholler/Broß*, Kommunalrecht, § 7 III.
11 Vgl. z.B. Art. 25 BayGO und Anm. 8.
12 Vgl. z.B. Art. 26 BayGO und *Scholler/Broß*, Kommunalrecht, § 6 IV.
13 Das BVerwG hat mit B v. 27. 1. 1982, DÖV 1982, 323, ein Erkenntnis des 20. Senats des BayVGH als „Nichtbeschluß" qualifiziert.
14 Vgl. *Wolff/Bachof* I, § 51 Ic 3; *Forsthoff*, § 12, 1. Hierzu und zum folgenden *Laubinger*, VerwArch. 72 (1981), 333 ff.
15 So § 44 Abs. 1 VwVfG, der in Abs. 2 „absolute" Nichtigkeitsgründe aufführt.
16 Siehe dazu einerseits § 44 Abs. 1 VwVfG und andererseits § 44 Abs. 3 VwVfG.
17 Vgl. auch *Schwerdtfeger*, JuS 1969, S. 521—523.

Wenn nichts anderes gesagt ist, führen die aufgeführten Mängel nur zur *Vernichtbarkeit* des Verwaltungsaktes.

a) Formelle Mängel

1. Nichtigkeit bei Verstoß gegen absolut zwingende Formvorschriften[18]

2. Verletzung von wesentlichen Verfahrensvorschriften; bei zwingenden: Nichtigkeit[19], sonst: Vernichtbarkeit[20]

3. Mangelnde Zuständigkeit der erlassenden Behörde führt immer zur Vernichtbarkeit, auch wenn der Verwaltungsakt inhaltlich nicht rechtswidrig ist[21]; in Fällen offensichtlicher Unzuständigkeit hat die mangelnde Zuständigkeit Nichtigkeit zur Folge[22].

b) Inhaltliche Mängel

1. Unklarheit, Unverständlichkeit machen den Verwaltungsakt nichtig, wenn ihm überhaupt nicht zu entnehmen ist, was vernünftigerweise gemeint sein kann. Beispiel: Eine Auflage nach § 5 Abs. 1 Nr. 3 GastG mit dem Inhalt, die Gasträume im Verhältnis zu den jeweils variierenden verschiedenartigen Geräuschen gemäß den nachbarschaftlichen Bedürfnissen zu isolieren, ist nichtig, weil nicht klar ist, welche Maßnahmen zu ergreifen sind[23].

2. Rechtliche oder tatsächliche Unmöglichkeit macht den Verwaltungsakt nichtig, § 44 Abs. 2 Nr. 4 VwVfG[24].

3. Verstoß gegen ein gesetzliches Verbot hat in der Regel Nichtigkeit zur Folge[25].

4. Wenn einem Verwaltungsakt die gesetzliche Grundlage fehlt, so tritt in der Regel keine Nichtigkeit ein; anders dann, wenn die Gesetzlosigkeit evident ist[26].

5. Sittenwidrigkeit macht den Verwaltungsakt nichtig, § 44 Abs. 2 Nr. 6 VwVfG.

6. Verstoß gegen den Grundsatz der Verhältnismäßigkeit.

7. Ermessensfehler (vgl. Katalog C).

8. Willensfehler (Unsinnigkeit, Selbstwidersprüchlichkeit, Täuschung, Drohung). Nichtigkeit nach Evidenzgrundsatz.

---

18 Z.B. Beamtenernennung ohne Aushändigung einer Urkunde, § 6 Abs. 2 BBG.

19 Z.B. Einberufung zum Wehrdienst ohne Musterungsbescheid des Musterungsausschusses, § 13 Abs. 1 MusterungsVO; Nichtmitwirkung des Betroffenen bei einem zweiseitigen VA. In diesen Fällen ist Nichtigkeit nach § 44 Abs. 1 VwVfG gegeben. S. aber § 45 VwVfG.

20 Z.B. Entlassung eines Widerrufsbeamten ohne Mitwirkung der Personalvertretung, § 44 Abs. 3 Nr. 3 VwVfG.

21 § 44 Abs. 2 Nr. 3 i.V.m. Abs. 3 Nr. 1 VwVfG.

22 Z.B. Steuerbescheid durch Justizbehörden — Ressortverwechslung —, Grundsteuerforderung der Gemeinde A für ein Grundstück in B — mangelnde Verbandskompetenz oder LRA A erteilt anstelle des LRA B eine Baugenehmigung — Verstoß gegen den Grundsatz der belegenen Sache; vgl. dazu die interessante Entscheidung des BayObLG, NJW 1965, 1973 und Anm. 21.

23 In Anlehnung an BayVGH, BayVBl. 1967, 171; § 44 Abs. 1 VwVfG.

24 Vgl. BayVGH, VerwRspr. 13, 283 ff., tatsächliche Unmöglichkeit.

25 § 134 BGB entspr.; § 44 Abs. 1 VwVfG.

26 Allg. M.; vgl. *Kopp*, VwVfG, Rdnr. 25 zu § 44.

Nach § 47 VwVfG kann ein fehlerhafter VA in einen anderen VA umgedeutet werden, wenn er auf das gleiche Ziel gerichtet ist, von der erlassenden Behörde in der geschehenen Verfahrensweise und Form rechtmäßig hätte erlassen werden können und wenn die Voraussetzungen für dessen Erlaß erfüllt sind[27].

Gegenüber der wohl früher h.L. beschränkt das VwVfG die Umdeutung auf den bloß fehlerhaften VA, da der nichtige VA gemäß § 43 Abs. 3 VwVfG unwirksam ist[28] und daher nur Wirkung (nach Umdeutung) für die Zukunft haben könnte.

C. Topoi-Katalog zur Prüfung von Ermessensfehlern

Drei Arten von Ermessensfehlern lassen sich feststellen: Ermessensüberschreitung, Ermessensmangel und Ermessensmißbrauch[29].

a) Ermessensüberschreitung. Sie liegt vor, wenn die Behörde bei ihrer Entscheidung den vom Gesetz gegebenen äußeren Rahmen des Ermessens überschreitet.

Beispiel:

Nach § 17 Abs. 2 BJagdG kann der Jagdschein unter bestimmten Voraussetzungen versagt werden; obwohl keine dieser Voraussetzungen erfüllt ist, versagt die Behörde in der Annahme, die Versagung sei in ihr freies Ermessen gestellt.

b) Ermessensmangel (Ermessensunterschreitung). Die Behörde hat nicht nur die ihrem Ermessen gesteckten Grenzen zu beachten, sie muß auch das ihr eingeräumte Ermessen voll ausschöpfen.

Beispiel:

Im obigen Fall versagt die Behörde den Jagdschein, weil eine der Voraussetzungen des § 17 Abs. 2 BJagdG gegeben ist, ohne von ihrem Ermessen Gebrauch zu machen.

c) Ermessensmißbrauch. Hierbei treten objektive und subjektive Fehler der Ermessensbetätigung auf[30].

1. Objektive Fehler kennzeichnen die Ermessensentscheidung bereits nach außen als rechtswidrig; sie sind schon aus der Verwaltungsmaßnahme selbst ersichtlich.

aa) Verstöße gegen den Gleichheitssatz, z.B. die Ablehnung der Ernennung einer Beamtin nur wegen ihres Geschlechts[31]. Die Gleichheit wird auch dadurch verletzt, daß eine Behörde ohne zureichenden Grund von ihrer bisherigen, rechtmäßigen Praxis abweicht (Ermessensabweichung), sog. Selbstbindung der Verwaltung[32].

bb) Verstöße gegen den Grundsatz der Verhältnismäßigkeit und der Erforderlichkeit.

---

27 Vgl. dazu im einzelnen *Kopp*, VwVfG, zu § 47.
28 Entgegen *Kopp*, VwVfG, Rdnr. 1 zu § 47.
29 § 114 VwGO; § 40 VwVfG.
30 Vgl. *Stern*, BayVBl. 1964, 381 ff.; *Schmidt*, NJW 1975, 1753.
31 Vgl. BayVGHE N.F. 10, 110.
32 Vgl. dazu *Scholler*, DVBl. 1968, 409.

cc) Mangelnde Begründung einer Ermessensentscheidung. Die angestellten Erwägungen müssen aus der Entscheidung erkennbar sein. Nur dann ist eine verwaltungsgerichtliche Nachprüfung, ob von dem Ermessen i.S.d. Gesetzes Gebrauch gemacht worden ist, möglich[33]. Durch das Nachschieben von Gründen kann der Fehler geheilt werden[34].

2. Subjektive Fehler lassen sich nicht schon an der Verwaltungsmaßnahme erkennen, sondern erst an der Motivierung der Behörde.

aa) Rechts- oder zweckwidrige Motive: Unsachlichkeit, Leichtfertigkeit, Selbstsüchtigkeit, Schädigungsabsicht usw.

bb) Fälle des Vorwandes: die Behörde stützt ihre Entscheidung auf sachgemäße Erwägungen, um die wahren, allein maßgeblichen, aber sachfremden Beweggründe zu verdecken[35].

D. Topoi-Katalog für ein Normenkontrollverfahren[36]

Nach § 47 VwGO müssen folgende Topoi beachtet werden

a) Bei der Prüfung der Zulässigkeit des Normenkontrollantrages kann man sich an den Topoi-Katalog der Sachurteilsvoraussetzungen halten. Doch sind folgende Besonderheiten zu beachten:

b) Antragsgegner ist der Staat oder die autonome Körperschaft, die die Rechtsvorschrift erlassen hat, z.B. die Gemeinde, wenn eine Gemeindesatzung überprüft werden soll[37].

c) Prüfungsgegenstand können nur landesrechtliche[38] Rechtsvorschriften sein, die im Range unter einem Landesgesetz stehen, § 47 Abs. 1 VwGO. Das sind Rechtsverordnungen und Satzungen, dagegen nicht allgemeine Verwaltungsvorschriften und Allgemeinverfügungen[39].

---

33 § 39 Abs. 1 S. 2 und 3 VwVfG.

34 § 45 Abs. 1 Nr. 2 und Abs. 2 VwVfG.

35 Vgl. *Wolff/Bachof* I, § 31 IId 2.

36 Hierzu und zum folgenden auch *Achterberg*, Referat z. 6. DVRT, Dokumentation, S. 97 ff. Das Normenkontrollverfahren ist in folgenden Ländern eingeführt:
a) Baden-Württemberg, § 5 AGVwGO
b) Bayern, Art. 5 AGVwGO
c) Bremen, Art. 7 AGVwGO
d) Hessen, § 11 AGVwGo
e) Niedersachsen, § 6a AGVwGO
f) Rheinland-Pfalz, § 4 AGVwGO
g) Schleswig-Holstein, § 5a AGVwGO.
Die Zuständigkeit setzt voraus, daß die Anwendung der umstr. Vorschrift zu einer öff.-rechtl. Streitigkeit nach § 40 Abs. 1 VwGO führt, VGHBW, DVBl. 1983, 1070.

37 Vgl. dazu *Scholler/Broß*, Verfassungs- und Verwaltungsprozeßrecht, Rdnr. 509; hessVGH, DÖV 1983, 777.

38 Insofern ist der Wortlaut eindeutig.

39 Da sie keine Rechtsnormqualität haben. Hierzu OVG Lüneburg, DVBl. 1984, 95.

Verordnungen oder Satzungen aufgrund bundesrechtlicher Ermächtigungen sind Landesrecht[40]; sie können daher als unterlandesgesetzliche Vorschriften gemäß § 47 VwGO nachgeprüft werden.

Beispiel:

Als gemeindliche Satzung erlassener Bebauungsplan[41].

Strittig war auch, ob Prüfungsgegenstand nur Rechtsnormverordnungen sein können oder ob auch formelle Verordnungen, die materiell den Charakter eines Verwaltungsakts haben, dem Normenkontrollverfahren nach § 47 VwGO unterliegen. Nach der heute h.M. kommt es nur auf die Form an[42].

d) Die Antragsberechtigung muß gegeben sein. Sie entspricht der Klagebefugnis bei der Anfechtungs- und Verpflichtungsklage. Antragsberechtigt ist nur, wer durch eine prüfungsfähige Rechtsvorschrift einen Nachteil erlitten hat oder in absehbarer Zeit erleiden wird. Damit dürfte die Antragsberechtigung in § 47 Abs. 2 VwGO weiter sein als die bei der Anfechtungs- und Verpflichtungsklage gemäß § 42 Abs. 2 VwGO (hierzu OVG Rh.-Pf., NVwZ 1983, 617). Das Antragsrecht nach § 47 Abs. 2 VwGO ist nicht subsidiär, so daß eine gleichzeitig erhobene Anfechtungsklage den Normenkontrollantrag nicht unzulässig macht (hierzu OVG Berlin, NVwZ 1983, 164). Umstritten ist das Antragsrecht von Gerichten[43].

e) Das Rechtsschutzbedürfnis muß vorliegen. Häufig wird das Rechtsschutzbedürfnis als Teil der Antragsberechtigung aufgefaßt. Das Rechtsschutzbedürfnis fehlt nicht, wenn die Rechtsnorm vor oder nach dem Antrag auf Normenkontrolle aufgehoben wurde, wenn noch Rückwirkungen auf die Rechtsbeziehungen möglich sind, die unter der Herrschaft der Rechtsvorschrift entstanden sind[44]. In solchen Fällen stellt der Kläger analog § 113 Abs. 1 S. 4 VwGO den Antrag auf Feststellung, daß die Rechtsvorschrift ursprünglich rechtswidrig war. Das Rechtsschutzbedürfnis fehlt jedoch, wenn der Antragsteller die Anfechtungsklage versäumt hat und keine Wiederholungsgefahr besteht, noch eine Rückwirkung einer Normenkontrollentscheidung auf den Verwaltungsakt denkbar ist.

f) Die verfassungsrechtliche Vorbehaltsklausel[45] und daraus resultierend der Prüfungsmaßstab, an dem die Norm gemessen werden kann, müssen berücksichtigt werden. Nach § 47 Abs. 3 VwGO ist ein Normenkontrollantrag insoweit unzulässig, als gesetzlich vorgesehen ist, daß die Rechtsvorschrift ausschließlich durch ein Verfassungsgericht des Landes nachprüfbar ist. Die Auslegung der Vorbehaltsklausel war sehr umstritten, da das Gesetz in der a.F. nichts darüber sagte, ob jede Zuständigkeit eines Verfassungsgerichts — abstrakte Theorie — oder nur die vom Antragsteller der Nor-

---

40 So die wohl h.M., vgl. BVerfGE 18, 407; BayVerfGHE 13, 176.

41 Die VwGO erwähnt nun in § 47 Abs. 1 Nr. 1 n.F. ausdrücklich Satzungen nach dem BBauG und dem Städtebauförderungsgesetz. Dazu *Birk*, BayVBl, 1976, 744; s. aber §§ 155a und b BBauG; BVerwG, NVwZ 1983, 347.

42 Hierzu *Scholler/Broß*, Verfassungs- und Verwaltungsprozeßrecht, Rdnr. 505.

43 Bejaht von *Eyermann/Fröhler*, § 47, Anm. 25; mit eingehender Darstellung des Streitstandes.

44 BVerwG, DVBl. 1984, 145, S.a. VGH B-W, NVwZ 1983, 163 u. DÖV 1982, 993, S. a. *Blümel*, VerwArch. 74 (1983), 153 ff.; OVG Rh-Pf, NJW 1984, 444.

45 Ausführlich hierzu *Achterberg*, VerwArch. 72 (1981), 163 ff.

menkontrolle herstellbare Zuständigkeit eines Verfassungsgerichts — konkrete Theorie — die Zuständigkeit des Verwaltungsgerichtshofs ausschloß. Nach der abstrakten Betrachtungsweise beseitigte die Zuständigkeit des BVerfG durch einen qualifizierten Antragsteller (z.B. Bundestag, Art. 93 Abs. 1, 2 GG) das Nachprüfungsrecht nach § 47 a.F. VwGO. Folgte man dem, so konnte Prüfungsmaßstab auch im Normenkontrollverfahren eines Bürgers nie Bundesrecht sein, da für diese Prüfung nach Art. 93 Abs. 1, 2 GG das BVerfG zuständig war[46].

Die Neufassung des § 47 VwGO hat die Vorbehaltsklausel zugunsten der Verfassungsgerichtsbarkeit nur insofern beseitigt, als nunmehr die Zuständigkeit des OVG (VGH) ausscheidet, wenn durch Landesrecht vorgesehen ist, daß die Vorschrift ausschließlich durch das Verfassungsgericht des Landes nachprüfbar ist. Die Ausführungen zur konkreten und abstrakten Betrachtungsweise sind damit nicht hinfällig geworden, wenn es darum geht, die Frage zu prüfen, ob das Landesverfassungsrecht eine ausschließliche Prüfungskompetenz im Wege der Richterklage oder einer Normprüfungsklage zuläßt. Denn auch insofern muß die Frage aufgeworfen werden, ob die ausschließliche Zuständigkeit eine solche ist, die nur von einem Dritten (vom Richter im Wege der Richterklage nach Landesrecht) herbeigeführt werden kann oder ob der Antragsteller selbst eine solche Befugnis zur Normenkontrollklage nach Landesverfassungsrecht hat (Popularklage nach Art. 98 S. 4 BV)[47].

Im übrigen bringt die Neufassung des § 47 VwGO noch folgende verfahrensrechtliche Besonderheiten: Nach § 47 Abs. 5 VwGO kann das OVG (VGH) die Sache unter Begründung seiner Rechtsauffassung dem BVerwG zu einer Divergenzentscheidung über die Auslegung revisiblen Rechts vorlegen (§ 47 Abs. 5 S. 1 Nr. 2 VwGO). Eine weitere Anrufung des BVerwG ist nach § 47 Abs. 5 S. 1 Nr. 1 VwGO dann möglich, wenn die Rechtssache grundsätzliche Bedeutung hat[48]. Dabei ist das BVerwG auf die Entscheidung über die Rechtsfrage beschränkt. Dadurch ist ein Mittel zur Rechtsvereinheitlichung für die Normenkontrollverfahren gefunden. Die zunehmende Bedeutung des Normenkontrollverfahrens zeigt sich auch in der Regelung des § 47 Abs. 6 VwGO, wonach im Falle der Nichtigerklärung der Norm die Entscheidungsformel vom Antragsgegner in der gleichen Weise zu veröffentlichen ist wie die ursprüngliche Norm selbst. Auch die Anwendung von § 183 VwGO für diese Entscheidungen ist nunmehr ausdrücklich vorgesehen.

Schließlich bringt § 47 Abs. 7 VwGO auch die Möglichkeit, zugunsten des Antragstellers eine einstweilige Anordnung zu erlassen, wenn dies zur Abwehr schwerer Nachteile dringend geboten ist[49].

Dieser Ausbau des Normenkontrollverfahrens rechtfertigt schließlich auch die Auffassung, daß nunmehr das Normenkontrollverfahren Rechtsweg im Sinne von § 90 Abs. 2 BVerfGG ist, so daß vor Erhebung einer Verfassungsbeschwerde die Rechtsschutzmöglichkeiten nach § 47 Abs. 1 Nr. 1 VwGO ausgeschöpft werden müssen.

46 OVG Bremen, JuS 1970, 360 mit eingehender Darstellung des Streitstandes; BVerfGE 31, 364.
47 Einzelheiten bei *Schenke*, NJW 1978, 671.
48 Hierzu BVerwG, NJW 1983, 1012. S. in diesem Zusammenhang auch BVerwG, DVBl. 1983, 550.
49 Hierzu z.B. BayVGH, GewArch. 1981, 350 f.; OVG Rh-Pf, NVwZ 1984, 43.

E. Topoi-Katalog für das Amtshaftungsrecht[50]

Hierbei können zum größten Teil die zivilrechtlichen Aufbaugrundsätze angewendet werden[51]. Die Schwierigkeit dieser Materie läßt es als zweckmäßig erscheinen, dem verwaltungsrechtlichen Gutachten eine Stichwortgliederung vorauszuschicken, die anderen Aufbauregeln folgt als das Gutachten selbst. Die Stichwortgliederung soll dazu dienen, sich die Systematik des Amtshaftungsrechts ins Gedächtnis zurückzurufen, um dann anhand dieser Gliederung das Gutachten aufbauen zu können. Die Stichwortgliederung folgt also nicht denselben Aufbauprinzipien wie das anschließende Gutachtenschema.

Zur Veranschaulichung soll folgender kurzer Sachverhalt dienen:

A, der nach Dienstschluß auf der Bundesstraße 12 nach Hause fährt, muß plötzlich an einer unbeleuchteten Baustelle auf die linke Fahrbahn ausweichen und stößt dort mit einem entgegenkommenden Kraftfahrzeug des staatlichen Straßenbauamtes, das zum Materialtransport eingesetzt war und von V gelenkt wurde, zusammen. A will Ersatz seines Schadens[52].

Die folgende Stichwortgliederung dient dazu, das Amtshaftungsrecht wieder in Erinnerung zu bringen:

Stichwortgliederung:

a) Haftung aus hoheitlichem Handeln

1. Eigenhaftung

aa) § 839 BGB (grundsätzlich durch Art. 34 GG verdrängt)

bb) § 839 BGB i.V.m. dem Amtshaftungsausschluß, z.B. § 19 BNotO, §§ 11 und 12 PostG (zu den Grenzen solcher Haftungsausschlüsse vgl. z.B. BGH, DVBl. 1977, 575; BGH, NJW 1976, 1319)

2. Amtshaftung, Art. 34 GG

aa) über §§ 7, 18 StVG

bb) über § 839 BGB

b) Haftung aus fiskalischem Handeln

1. Eigenhaftung (staatsrechtlicher Beamtenbegriff)

aa) § 839 BGB bei Beamten im staatsrechtlichen Sinn

bb) § 823 BGB bei Amtswaltern, die nicht Beamte im staatsrechtlichen Sinne sind

cc) §§ 7, 18 StVG (siehe dazu unten)

---

50 Nachdem BVerfGE 61, 149 das Staatshaftungsgesetz für nichtig erklärt hat, folgt die Darstellung im wesentlichen der 2. Aufl.

51 Vgl. zu diesem Problemkreis die Abhandlung von *Kimminich* in JuS 1969, S. 349—359 und *Ossenbühl*, JuS 1971, 575 mit besonderem Hinweis auf das Problem der öffentlich-rechtlichen Gefährdungshaftung, S. 579 ff.; *Broß*, Handbuch Bd. 3, § 68.

52 Hierzu BGHZ 68, 217; NJW 1983, 1167; DVBl. 1983, 1055 ff., 1061 f., 1062 f., 1064 ff.

2. Haftung des Dienstherrn

aa) §§ 89, 31 BGB für Organwalter i.V.m. Vertrag oder § 823 BGB, nicht aber § 839 BGB

bb) für Amtswalter § 278 BGB bzw. § 831 BGB

Wenn anhand dieser Stichwortgliederung die Grundsätze des Amtshaftungsrechts wieder klar geworden sind, kann man an die Ausarbeitung des Gutachtens gehen. Dabei muß beachtet werden, daß dieses zunächst nach Ansprüchen aufzubauen ist.

Im vorliegenden Fall muß also nach Ansprüchen gegen den Lenker des Transportfahrzeuges und Ansprüchen gegen den Baulastträger bzw. den Verkehrssicherungspflichtigen unterschieden werden. Weiter muß festgestellt werden, ob die Bundesrepublik oder ein Land Haftungssubjekt ist[53]. Es stellt sich nun die Frage, ob erst die Ansprüche gegen B und dann die Ansprüche gegen das öffentlich-rechtliche Subjekt geprüft werden sollen. Im Aufbau des Gutachtens empfiehlt es sich, mit den Ansprüchen gegen das öffentlich-rechtliche Haftungssubjekt zu beginnen, weil bei hoheitlicher Tätigkeit die Passivlegitimation durch Art. 34 GG vom Amtswalter auf den Dienstherrn verschoben wird. Voraussetzung für die Haftung des Dienstherrn ist aber auf der anderen Seite, daß in der Person des B alle Voraussetzungen des § 839 BGB erfüllt sind; § 839 BGB füllt also materiell Art. 34 GG aus[54]. Daran zeigt sich der Vorteil, zunächst eine Gliederungsskizze über das Amtshaftungsrecht anzufertigen, weil dadurch vermieden wird, daß eigene Haftung und Amtshaftung bei Ausarbeitung des Gutachtens durcheinander gebracht werden.

Im Rahmen der Prüfung der Ansprüche des A gegen das öffentlich-rechtliche Haftungssubjekt ist auf die verschiedenen Sachverhaltsgruppen einzugehen, z.B. wegen mangelhafter Beleuchtung der Baustelle, Haftung wegen des Zusammenstoßens mit B. Im Rahmen dieser Sachverhalte muß eine bestimmte Reihenfolge der Anspruchsnormen eingehalten werden: die Ansprüche aus § 839 BGB dürfen erst nach allen sonst denkbaren Anspruchsgrundlagen geprüft werden, da dieser Anspruch bei nur fahrlässigem Verhalten subsidiär ist. Aus Gründen des praktischen Vorrangs prüft man also bei den Ansprüchen wegen des Verkehrsunfalles § 7 StVG vor § 839 BGB. Soweit § 823 BGB geprüft wird, muß dies nach § 839 BGB erfolgen, weil § 839 BGB gegenüber § 823 BGB die spezielle Vorschrift ist und deshalb § 823 BGB ausschließt. Ein weiterer Gesichtspunkt ist, daß bei der Amtshaftung nicht die Prüfung der Voraussetzungen des § 839 BGB am Anfang steht, sondern die Untersuchung von Art. 34 GG, da sich die Prüfung von § 839 BGB und dementsprechend auch von § 18 StVG erübrigt, wenn Art. 34 GG nicht eingreift.

Zur Lösung des Falles sei noch vorausgeschickt, daß die Rechtsprechung bei Transporten von Baumaterial hoheitliche Tätigkeit annimmt, während die Aufstellung von Warnzeichen in den Rahmen der Verkehrssicherungspflicht fällt und fiskalische Tätigkeit ist[55].

53 Art. 83, 84 GG, § 5 FStrG; zum Ausschluß des § 839 Abs. 1 S. 2 BGB in Fällen wie dem vorliegenden siehe BGHZ, NJW 1977, 1238 und dazu *Futter*, NJW 1977, 1225. S.a. BGH, DVBl. 1983, 1063 f.

54 Einzelheiten bei *Broß*, a.a.O.

55 BGHZ 9, 373; 19, 95; 21, 48; BGHZ, JuS 1968, 184 Nr. 3. Vgl. dazu auch aus der neueren Rspr. BGHZ, DVBl. 1983, 1058 u. 1061.

Gutachtenschema:

a) Ansprüche des A. gegen den Staat

1. Ansprüche aus dem Verkehrsunfall

aa) § 7 StVG

bb) Art. 34 GG i.V.m. § 839 BGB

cc) Art. 34 GG i.V.m. § 18 StVG

dd) §§ 823 Abs. 1, 31, 89 BGB bzw. 831 BGB

ee) §§ 823 Abs. 2, 31, 89 BGB bzw. 831 BGB i.V.m. § 1 Abs. 2 StVO (Schutzgesetz)

2. Ansprüche wegen mangelnder Beleuchtung

aa) Art. 34 GG i.V.m. § 839 BGB

bb) §§ 823 Abs. 1, 89, 31 BGB bzw. § 831 BGB

cc) §§ 823 Abs. 2, 89, 31 BGB bzw. § 831 BGB i.V.m. § 4 FStrG

b) Ansprüche des A gegen den B

1. Ansprüche aus dem Verkehrsunfall

aa) §§ 7, 18 StVG

bb) § 839 BGB (durch Art. 34 GG in der Passivlegitimation verschoben)

cc) § 823 Abs. 1 BGB

2. Ansprüche wegen der mangelnden Beleuchtung

aa) § 839 BGB (durch Art. 34 GG in der Passivlegitimation verschoben)

bb) § 823 Abs. 1 BGB

cc) § 823 Abs. 2 BGB i.V.m. § 230 StGB (Schutzgesetz).

Neben der Amtshaftung steht gleichberechtigt (nach der Rspr. des BGH) der Aufopferungsanspruch, der auch bei rechtswidrigen und schuldhaften Beeinträchtigungen gegeben ist. Dieser Anspruch bedeutet keine andere Ersatzmöglichkeit im Sinne von § 839 Abs. 1, 2 BGB. Dasselbe gilt für den (umstr.) enteignungsgleichen Eingriff, wenn der Hoheitsträger rechtswidrig und schuldhaft handelt[56].

F. Topoi-Katalog für einen Polizeirechtsfall[57]

a) Aufgaben der Polizei

Polizei im formellen oder institutionellen, nicht im materiellen Sinn. Polizei im materiellen Sinn = Gefahrenabwehr = Aufgabe der inneren Verwaltung im allgemeinen.

Gefahr = (unmittelbar) drohender Schaden für ein Rechtsgut. Öffentliche Sicherheit und Ordnung ist nach bestr. Ansicht ein einheitlicher unbestimmter Gesetzesbegriff; Störung = eingetretener Schaden.

---

56 Hierzu *Broß*, a.a.O., *Scholler/Broß*, Polizeirecht, S. 265. BVerfGE 58, 300; *Ipsen*, DVBl. 1983, 1029 ff. Zu möglichen Kausalitätsfragen BGH, DVBl. 1983, 586 ff.

57 Siehe dazu und zum folgenden *Scholler/Broß*, Polizeirecht.

Unterbindung einer Störung = Ausschaltung weiterer Aus- oder Fortwirkung eines durch menschliches Verhalten eingetretenen Schadens. Beseitigung einer Störung = Ausschalten von Aus- und Fortwirkungen eines ohne menschlichen Verhaltens eingetretenen Schadens.

1. a) Gefahrenabwehr durch Maßnahmen gegen Personen oder Sachen (präventiv)

b) Gefahrenabwehr durch sonstige Maßnahmen (präventiv)

c) Beseitigung oder Unterbindung von Störungen (repressiv)

2. Strafverfolgung

3. Sonstige gesetzlich zugewiesene Aufgaben.

b) Aufgabennorm

1. (Landesrechtliche) Polizeigesetze (*Scholler/Broß*, Polizeirecht, § 1 IV, § 7).

Bundesrechtliche Polizeiaufgabenvorschriften (Bundesbahngesetz vom 13. 12. 1951, Bundesgrenzschutzgesetz vom 16. 3. 1951)[58].

2. Strafprozeßordnung, § 163 StPO

3. Sonstige Aufgaben (hierzu die Übersicht bei *Scholler/Broß*, Polizeirecht, § 10).

Merke: Aufgaben können bei Fehlen einer Aufgabennorm aus der Befugnisnorm hergeleitet werden, aber grundsätzlich nicht umgekehrt Befugnisse aus einer reinen Aufgabennorm. Etwas anderes gilt im Polizei- und Sicherheitsrecht der Länder, die noch heute vom Gedanken des § 14 PrPVG von 1931 geprägt sind.

c) Befugnisnormen

1. (zu b 1) landesrechtliche Spezialbefugnis

2. (zu b 1) landesrechtliche Generaldelegation

3. (zu b 1) beschränkte landesrechtliche (subsidiäre) Generaldelegation (*Scholler/Broß*, Polizeirecht, § 8 II).

4. (zu b 2) bundesrechtliche Regelungen der StPO, z.B. §§ 94, 98, 105, 127.

Landesrechtliche Befugnisnormen neben denen der StPO (z.B. Art. 11 bayPAG).

Die Befugnisnormen in den Ausführungsgesetzen zur StPO enthalten Befugnisse zur Gefahrenabwehr oder Störungsbeseitigung und keine Befugnisse zur Strafverfolgung.

Merke: Die Befugnisse 1 bis 4 erfordern häufig, die zu 4 immer einen straf- oder ordnungsrechtlichen Voraustatbestand, von dessen Erfüllung dann die meist ins Ermessen gestellte (Opportunitätsprinzip) polizeiliche Befugnis abhängig ist, z.B. der sog. Unterbindungsgewahrsam im Gegensatz zum Sicherungsgewahrsam, § 20 BGSG.

5. (zu b 3) Vgl. dazu z.B. § 131 Abs. 2 StPO; 158 Abs. 1 S. 1 StPO; 159 Abs. 1 StPO; § 53 OWiG; § 167 Abs. 2 GVG; § 125 a Abs. 1 FGG; § 9 Abs. 2 VersG; § 12 VersG; § 18 Abs. 2 VersG.

58 Einzelheiten bei *Scholler/Broß*, Polizeirecht, § 2.

d) Polizeiakt

Die aufgrund der Ermächtigungsnorm erlassenen Verwaltungsakte können folgenden Kategorien angehören, was für die Beurteilung der Rechtsvoraussetzungen von Bedeutung ist:

1. Selbständige und unselbständige Polizeiakte, je nachdem, ob sie aufgrund einer Generalklausel oder einer Spezialermächtigung erlassen wurden. Dies ist für die Frage des Vorliegens einer nachzuprüfenden konkreten Gefahr von Bedeutung (*Wolff/Bachof*, Verwaltungsrecht III, § 126 II).

2. Polizeiverfügung: sie enthält ein Ge- oder Verbot und ist bei Nichtbefolgung unter den besonderen Voraussetzungen des Polizeirechts vollstreckbar (*Scholler/Broß*, Polizeirecht, § 3 I).

3. Realakt: z.B. Tötung eines Tieres. Hier liegt in der Regel eine „implizierte" Polizeiverfügung vor, so daß der Verwaltungsaktcharakter mit den entsprechenden prozessualen Folgen zu bejahen ist.

4. Vollzugsakt: Er ist grundsätzlich Polizeiakt, doch fehlt das Rechtsschutzinteresse für Widerspruch oder Anfechtungsklage, wenn keine dem zu vollstreckenden Akt gegenüber neue selbständige Beschwer vorliegt (*Scholler/Broß*, a.a.O., § 3 III).

5. Schlichte Polizeiakte: Sie sind nichtobrigkeitliche Maßnahmen, die keine Rechtseingriffe gegenüber Personen oder Sachen enthalten, z.B. Streifengang, Hilfeleistung bei Unglücksfällen gegenüber dem Verunglückten.

6. Privatrechtliche Maßnahmen bei Gefahrenabwehr durch den Nichtstörer.

e) Der polizeiliche Adressat

1. Grundsätzlich hat sich die Polizei an den Störer (Handlungs- oder Zustandsstörer bzw. deren Substituten = Vormund, Verrichtungsherr bzw. dinglich Berechtigten, Verfügungsberechtigten) zu wenden. Zwischen mehreren Handlungs- oder zwischen mehreren Zustandsstörern kann sie den Adressaten nach Ermessen wählen, während sie beim Zusammentreffen von Handlungsstörer und Zustandsstörer nach str. Rechtsprechung zuerst sich an den Handlungsstörer halten muß.

2. Nicht zu den Störern zählen:

aa) der entfernte Verursacher

bb) der Veranlasser, außer wenn er „Zweckveranlasser" ist (nur hier ist bei der Störertheorie ein subjektives Moment zu beachten)

cc) der Inhaber des Gegenmittels

dd) der Gestörte.

3. Die Störereigenschaft läßt sich nach 4 verschiedenen Kausalitätstheorien bestimmen:

aa) der (im Strafrecht) herrschenden Äquivalenztheorie

bb) der (im Zivilrecht geltenden) Adäquanztheorie

cc) der Sozialadäquanztheorie (Abwandlung von b)

dd) der (als richtig anzusehenden) Unmittelbarkeits- oder Gefahrenaktualisierungstheorie. Danach ist Störer, wer unter mehreren Urhebern die Bedingung setzt, welche die allgemeine Gefahrenschwelle überschreiten läßt, oder die Gefahr aktualisiert.

4. Der Nichtstörer ist nur Adressat, wenn die Polizei nicht selbst oder nicht durch privatrechtlich zu verpflichtende Dritte in der Lage ist, eine unmittelbar bevorstehende schwere Gefahr zu beseitigen (*Scholler/Broß*, Polizeirecht, § 11 VII).

Dem Nichtstörer als Adressat oder zufällig betroffenen entstehen:

aa) Ansprüche aus Enteignung oder (umstr.) enteignungsgleichem Eingriff, Art. 14 GG, § 839 BGB, Art. 34 GG;

bb) Ansprüche aus Aufopferung oder aufopferungsgleichem Eingriff (§ 34 Abs. 1 BGSG).

5. Regreßansprüche der Polizei (Ersatzansprüche und Erstattungsansprüche) sind teilweise landesrechtlich geregelt und müssen im Gegensatz zu den Ansprüchen unter 4 aa) und bb) vor den Verwaltungsgerichten geltend gemacht werden.

f) Die 6 allgemeinen verwaltungsrechtlichen Grundsätze (sie müssen nach dem Adressaten geprüft werden, weil z.B. der Grundsatz der Verhältnismäßigkeit oder auch der der Bestimmtheit erst richtig zur Anwendung kommen kann, wenn der Adressat feststeht).

Diese 6 allgemeinen Grundsätze sind im Polizeirecht teilweise landesrechtlich kodifiziert:

1. der Grundsatz der Notwendigkeit,
2. der Grundsatz der Verhältnismäßigkeit,
3. der Grundsatz des mildesten Mittels,
4. der Grundsatz der Bestimmtheit,
5. der Grundsatz der Zulässigkeit,
6. der Grundsatz der rechtzeitigen Beendigung.

Die Verletzung eines der 6 Grundsätze ist nach der sog. „subjektiven Evidenz- und Schweretheorie" hinsichtlich der Frage der Nichtigkeit oder Aufhebbarkeit als Fehlerfolge zu beurteilen.

g) Der polizeirechtliche Grundsatz der Unaufschiebbarkeit

1. Unterscheide unmittelbar bevorstehende Gefahr im Rahmen der Polizeiaufgaben und unaufschiebbare Maßnahmen.

2. Bei Verletzung regelt sich die Fehlerfolge wie bei den unter f) aufgezählten Grundsätzen.

3. Der Mangel der Unaufschiebbarkeit kann geheilt oder das Erfordernis der Unaufschiebbarkeit kann beseitigt sein,

aa) wenn eine Weisung einer weisungsberechtigten Behörde vorliegt. Weisungsberechtigte Behörden sind in den polizeiorganisationsrechtlichen Normen aufgeführt.

Ist dies die Aufsichtsbehörde, so gilt der Grundsatz der doppelten Deckungsnorm. Zur Rechtmäßigkeit ist das Vorliegen einer organisatorischen Norm für die Weisung und einer materiellrechtlichen Norm für die nach außen hin handelnde Polizei erforderlich.

bb) Ist eine dritte Behörde weisungsberechtigt, so gilt der Grundsatz der dreifachen Deckungsnorm: neben der materiellrechtlichen Deckungsnorm muß die anweisende Behörde durch eine organisatorische Norm der Polizei gegenüber zur Weisung befugt und durch eine weitere materiellrechtliche Norm selbst zum Rechtseingriff berechtigt sein.

h) Die Zuständigkeit der Polizei.

Hier ist vor allem die örtliche Zuständigkeit zu beachten.

1. Die örtliche Unzuständigkeit kann eine absolute mit Nichtigkeitsfolge sein (vgl. aber bb), wenn eine andere (Polizei) Verbandszuständigkeit gegeben ist, oder es kann sich um relative handeln, wenn der Verbandträger der gleiche ist (Polizeiinsp. A anstelle der Polizeiinsp. B, beide Dienststellen staatlicher Polizei).

2. Eine räumliche Erweiterung kennt das Polizeirecht hinsichtlich der Zuständigkeit im großen Umfang: z.B. Nacheile, Eigenart des Dienstgeschäftes, Gefahr im Verzuge.

Mustersammlung

Einführung

Bei der Auswahl der einzelnen Muster ist darauf geachtet, daß es dem Leser möglich ist, sich selbst für jeden auftretenden Fall selbständig Rubrum und Entscheidung zu erarbeiten. Darin liegen keine besonderen Schwierigkeiten, wenn man sich vor jeder Entscheidung auch die gesetzliche Grundlage klar macht und dementsprechend Rubrum und Tenor abfaßt[1].

1. Gesetzliche Grundlage für die Abfassung eines verwaltungsgerichtlichen Urteils ist § 117 VwGO, der in seinem Absatz 2 dessen einzelne Bestandteile aufzählt:

a) das Rubrum, § 117 Abs. 2 Nr. 1 und 2;

b) den Tenor (Urteilsformel), Nr. 3; dieser zerfällt in der Regel in drei mit römischen Ziffern voneinander getrennte Bestandteile, die Entscheidung in der Sache, über die Kosten und die vorläufige Vollstreckbarkeit;

c) danach folgt der Tatbestand, Nr. 4, eine gedrängte Darstellung des Sach- und Streitstandes;

d) die Entscheidungsgründe, Nr. 5, enthalten die rechtlichen Ausführungen; diese müssen auch Erörterungen über die Kosten und die vorläufige Vollstreckbarkeit enthalten; das gilt auch, wenn das Urteil endgültig vollstreckbar ist;

e) die Rechtsmittelbelehrung; darin unterscheidet sich das verwaltungsgerichtliche Urteil vom zivilprozessualen.

Diese Bestandteile weisen auch die verwaltungsrechtlichen Verfügungen, vor allem VA, einer Verwaltungsbehörde und der Widerspruchsbescheid auf mit folgenden Abweichungen: das Rubrum enthält bei VA und WSB einen Betreff, in dem der Antragsteller bzw. der Widerspruchsführer bezeichnet sind und eine knappe Kennzeichnung des Gegenstandes erfolgt. Die Entscheidungsgründe werden nur mit „Gründe" überschrieben, wobei unter I. ein kurzer Sachverhalt gegeben wird und unter II. die rechtliche Würdigung folgt. Im Rechtsmittelverfahren weist das Rubrum die Besonderheit auf, daß kurz gekennzeichnet wird, wer welches Rechtsmittel eingelegt hat (hier: Berufung des Beklagten).

2. Für die richtige Terminologie ist besonders zu beachten, daß Klagen abgewiesen werden ohne Rücksicht darauf, ob sie unzulässig sind oder unbegründet. Dagegen werden unzulässige Rechtsmittel und -behelfe (Beschwerde, Berufung und Revision sowie Widerspruch) verworfen, während unbegründete zurückzuweisen sind. Ein besonderer Zusatz „als unzulässig" oder „als unbegründet" ist deshalb nicht erforderlich.

1 Hierzu auch *Pietzner/Ronellenfitsch*, § 10 III; *Tschira-Schmitt-Glaeser*, Anh. 1 zu Kap. 11.

Anträgen wird stattgegeben, wenn sie Erfolg haben. Erfolglose Anträge — gleichgültig, ob sie unzulässig oder unbegründet sind — werden abgelehnt.

3. Bei Urteilen im Rechtsmittelzug darf nicht übersehen werden, daß über das Rechtsmittel zu entscheiden ist, z.B.: die Berufung wird zurückgewiesen oder die Revision wird verworfen. Wenn dagegen dem Rechtsmittel stattgegeben wird, hat es nicht bei dieser Entscheidung zu bewenden, sondern das Gericht hat eine ersetzende Entscheidung zu treffen, z.B. auf die Berufung des Beklagten wird das Urteil des VG in Ziff. II und III aufgehoben u.ä.

4. Eine große Rolle spielen im verwaltungsgerichtlichen Verfahren die gerichtlichen Vergleiche. Sie können beliebig viele Ziffern enthalten je nach dem Gegenstand, über den sich die Parteien vergleichen, also nicht nur über die Sache selbst, sondern z.B. auch über die Kostenfrage. Einheitlich ist aber die einleitende Formel: „Nach eingehender Erörterung der Sach- und Rechtslage kommt zwischen den Parteien folgender Vergleich zustande:

I.
II.
....

Bei Vergleichen kann eine Entscheidung über die Klage, Berufung erfolgen. Meist geschieht das durch Klagerücknahmeerklärung zur Niederschrift. Dann lautet der Beschluß:

I. (Das Verfahren wird eingestellt.)
II. (Der Beklagte verpflichtet sich . . .

Die folgenden Muster sind also nur beispielhaft und der Leser ist folglich gehalten (was immer zweckmäßig ist), von der gesetzlichen Grundlage auszugehen: für den Widerspruch § 73 Abs. 3 und für das Urteil § 117 Abs 2 VwGO.

A. Verfügung (VA) einer Verwaltungsbehörde

Landeshauptstadt München — München, 4. August 1984

Az.: .....

Betrifft: Antrag der Gastwirtin Hermine E. auf Sperrzeitverkürzung, München 21, Forststr. 5

Die Landeshauptstadt München erläßt folgenden

Bescheid

I. Der Antrag von Frau Hermine E. auf Verkürzung der Sperrzeit für ihren Betrieb in München 21, Forststraße 5, wird abgelehnt[2].
II. Die Antragstellerin hat die Kosten des Verfahrens zu tragen.
III. Für diesen Bescheid wird eine Gebühr von 100,— DM festgesetzt.

Gründe:

I. Kurze Sachdarstellung
II. Rechtliche Ausführungen und Begründung der Entscheidung
III. Begründung der Kostenentscheidung, die sich nach den Kostengesetzen der Länder richtet.

Rechtsbehelfsbelehrung:

(Zuerst die gesetzlichen Grundlagen nachsehen! Welche sind einschlägig?)
Gegen diesen Bescheid kann innerhalb eines Monats nach Bekanntgabe oder Zustellung Widerspruch erhoben werden. Der Widerspruch ist schriftlich oder zur Niederschrift bei der Landeshauptstadt München einzulegen. Der Widerspruch kann auch unter Einhaltung der Frist bei der Regierung von O (Anschrift ...) eingelegt werden. Wird der Widerspruch nicht in angemessener Frist verbeschieden, so kann Klage beim Bayerischen Verwaltungsgericht, München, Bayerstr. ..., schriftlich oder zur Niederschrift des Urkundsbeamten der Geschäftsstelle des Gerichts erhoben werden. Die Klage kann nicht vor Ablauf einer Frist von drei Monaten seit Einlegung des Widerspruchs erhoben werden, außer wenn besondere Umstände des Falles eine frühere Klageerhebung gebieten. Die Klage muß den Kläger, den Beklagten und den Streitgegenstand bezeichnen und soll einen bestimmten Antrag enthalten. Die zur Begründung dienenden Tatsachen und Beweismittel sollen angegeben, der angefochtene Bescheid soll in Urschrift oder Abschrift beigefügt werden. Der Klage und allen Schriftsätzen sollen Abschriften für die übrigen Beteiligten beigefügt werden.

Im Auftrag
gez. Unterschrift
Dienststellung

2 Hierzu HessVGH, NJW 1984, 321.

Bei aufmerksamer Lektüre dieser Rechtsbehelfsbelehrung findet der Leser selbständig die einzelnen gesetzlichen Bestimmungen der VwGO.

Der Antrag kann selbstverständlich auch Erfolg haben. Dann wird dem Antrag stattgegeben und die beantragte Entscheidung getroffen:

I. Auf Antrag von Frau Hermine E. wird eine Verkürzung der Sperrzeit für ihren Betrieb in München 21, Forststr. 5, für die Zeit von ... bis ... genehmigt.

Auch dann wird eine Gebühr erhoben, die die Antragstellerin zu tragen hat. Es können auch Auflagen und Bedingungen festgesetzt werden; dann hat eine Rechtsbehelfsbelehrung zu erfolgen. Sie ist auch bei Stattgeben zweckmäßig, da das Gericht von sich aus prüft, ob dem Antrag in vollem Umfange stattgegeben worden ist und deshalb die Klage wegen Fehlens des Rechtsschutzinteresses abzuweisen ist.

B. Widerspruchsbescheid

Regierung von ..... Ort und Datum

Az.: .....

Betrifft: Bauvorhaben des Erasmus H. in ...

hier: Widerspruch des Xaver S gegen die Baugenehmigung des Landratsamtes X an Erasmus H vom .....

Die Regierung von ..... erläßt folgenden

Widerspruchsbescheid:

I. Der Widerspruch des Herrn Xaver S, Hotelier in ..., vom ... gegen den Bescheid des Landratsamtes X vom ... — Az.: ... — wird zurückgewiesen.

II. Der Widerspruchsführer hat als unterlegen die Kosten zu tragen.

III. Für diesen Bescheid wird eine Gebühr von 100,— DM festgesetzt.

Bei der Festsetzung der Gebühr ist zu beachten, daß im Widerspruchsverfahren nach den einschlägigen Kostengesetzen die Gebühr das 11/2fache der Gebühr des Erstbescheides beträgt. Wird diese also nicht geändert, ist die Widerspruchsbehörde insofern bei der Festsetzung der Gebühr gebunden. Das gilt nur dann nicht, wenn im Erstbescheid noch keine Gebühr erhoben wurde.

Gründe:

I. Darstellung des Sachverhalts.

II. Die rechtlichen Ausführungen und die Begründung der Entscheidung:
   1. Rechtsweg (hinsichtlich der sich eventuell anschließenden Klage)
   2. Zuständigkeit der Widerspruchsbehörde
   3. die sonstigen Zulässigkeitsvoraussetzungen
   4. Begründetheit des Widerspruchs

III. Kosten.

Rechtsbehelfsbelehrung:

Gegen den Bescheid des Landratsamtes X vom ... kann innerhalb eines Monats ab Zustellung dieses Widerspruchsbescheids Klage beim Bayerischen Verwaltungsgericht München, Ludwigstr. ..., schriftlich oder zur Niederschrift des Urkundsbeamten der Geschäftsstelle dieses Gerichts erhoben werden. Die Klage muß den Kläger, den Beklagten und den Streitgegenstand bezeichnen und soll einen bestimmten Antrag enthalten. Die zur Begründung dienenden Tatsachen und Beweismittel sollen angegeben werden, der angefochtene Bescheid und dieser Widerspruchsbescheid sollen in Urschrift oder in Abschrift beigefügt werden. Der Klage und allen Schriftsätzen sollen Abschriften für die übrigen Beteiligten beigefügt werden.

Im Auftrag
gez. Unterschrift
Dienststellung

Ist der Widerspruch unzulässig, wird er verworfen:

I. Der Widerspruch des Herrn ... gegen den Bescheid des Landratsamtes X ... wird verworfen.

II. und III. wie oben.

Hat der Widerspruch Erfolg, so ist eine ersetzende Entscheidung zu treffen:

I. Auf Widerspruch des Herrn ... wird der Bescheid des Landratsamtes X vom ... — Az. ... — aufgehoben. Der Antrag des Herrn Erasmus H auf Erteilung einer Baugenehmigung wird abgelehnt.

II. Die Kosten trägt der Freistaat Bayern.

Dieser Bescheid muß nun zusätzlich dem Bauwerber mit Rechtsbehelfsbelehrung zugestellt werden, da dieser nun seinerseits Klage erheben kann (§ 68 Abs. 1 S. 2 Nr. 2 VwGO).

C. Verwaltungsgerichtliches Urteil

Rubrum wie oben

I. Die Klage wird abgewiesen.

II. Die Kosten des Verfahrens einschließlich der außergerichtlichen Aufwendungen des Beigeladenen fallen dem Kläger zur Last (hat der Kläger zu tragen).

III. Das Urteil ist im Kostenpunkt vorläufig vollstreckbar (ohne Sicherheitsleistung bzw. nach § 709 S. 1 ZPO gegen Sicherheitsleistung in Höhe von ...).

Tatbestand:

Dieser ist ausführlich unter Wiedergabe der wesentlichen Auszüge aus den Akten abzufassen einschließlich der Anträge (vgl. Einleitung VI).

Entscheidungsgründe:

(Nach § 117, Abs. 2 Nr. 5 sind diese als Entscheidungsgründe und nicht nur als Gründe zu bezeichnen!)

1. Gegenstand der Klage
2. Zulässigkeit der Klage
3. Begründetheit.

Kosten, §§ 161 Abs. 1 i.V.m. §§ 154, 155 VwGO. Vorläufige Vollstreckbarkeit, § 167 VwGO i.V.m. §§ 708 ff. ZPO, § 167 Abs. 2 VwGO.

Rechtsmittelbelehrung:

(Ausschluß der Berufung ist nach § 131 VwGO möglich; beachte auch das EntlG)

Gegen dieses Urteil können die Beteiligten Berufung beim Bayerischen Verwaltungsgerichtshof in München einlegen. Die Berufung hat innerhalb eines Monats nach Zustellung des Urteils schriftlich oder zur Niederschrift des Urkundsbeamten der Geschäftsstelle beim Bayerischen Verwaltungsgericht in München (immer erkennendes Gericht) zu erfolgen. Die Berufungsfrist ist auch gewahrt, wenn die Berufung innerhalb dieser Frist beim Bayerischen Verwaltungsgerichtshof eingeht. Die Berufungsschrift muß das angefochtene Urteil bezeichnen und einen bestimmten Antrag enthalten. Die zur Begründung dienenden Tatsachen oder Beweismittel sollen angegeben werden. Die Berufungsschrift soll in 5 Ausfertigungen eingereicht werden.

Die 3 Unterscriften
der Berufsrichter

Hat die Klage Erfolg, so hat eine ersetzende Entscheidung unter Aufhebung des Ausgangs- und des (bestätigenden) Widerspruchsbescheids zu erfolgen:

I. Der Bescheid des Landratsamtes X vom ... — Az.: ... — und der Widerspruchsbescheid der Regierung von ... — Az.: ... — werden aufgehoben.

II. Der Beklagte trägt die Kosten des Verfahrens.

III. Das Urteil ist wegen der Kosten vorläufig vollstreckbar.

Hat die Klage nur zum Teil Erfolg, muß sie „im übrigen“ abgewiesen werden. Dann folgt auch anteilmäßige Kostenverteilung nach Obsiegen und Unterliegen. Dasselbe gilt für die vorläufige Vollstreckbarkeit.

Am Ende eines jeden Urteils, also nach der Rechtsmittelbelehrung, steht der Streitwertbeschluß:

Beschluß:

Der Wert des Rechtsstreits wird auf DM ... festgesetzt (die Bestimmungen der einschlägigen Kostengesetze und des GKG sind hier zu beachten; vgl. §§ 154 ff. VwGO und §§ 1, 13 GKG).

Unterschriften
der 3 Berufsrichter

D. Einstweilige Anordnung des VG nach § 123 VwGO

Rubrum wie oben mit folgender Besonderheit:

Hier: Aussetzung von ... Im Wege der einstweiligen Anordnung erläßt das Bayerische Verwaltungsgericht München, VII. Kammer, ohne mündliche Verhandlung am 30. Oktober 1983 folgenden

Beschluß:

I. Das Verfahren über die Abschiebung wird bis zur gerichtlichen Entscheidung in der Hauptsache ausgesetzt (bei Ausländersachen).

II. Die Antragsgegnerin hat die Kosten des Verfahrens zu tragen.

III. Der Streitwert wird auf ... festgesetzt.

Gründe:

I.
Sachdarstellung

II.
Rechtsausführungen, § 123 VwGO
Kostenentscheidung, § 154 Abs. 1 VwGO
Streitwertfestsetzung: Kostengesetz und GKG

Gegen diesen Beschluß kann gem. § 123 Abs. 4 VwGO Antrag auf mündliche Verhandlung gestellt werden (durch Art. 1 § 3 Abs. 1 S. 3 EntlG ausgesetzt).

Unterschriften
der 3 Berufsrichter

Dem aufmerksamen Leser ist (hoffentlich) nicht entgangen, daß sich Urteil und Beschluß dadurch unterscheiden, daß der Beschluß nur Gründe enthält, während das Urteil den Tatbestand und die Entscheidungsgründe aufweist.

Hinsichtlich der Rechtsmittelmöglichkeit ergibt sich ein Unterschied dahin, daß Beschlüsse grundsätzlich mit der Beschwerde anfechtbar sind, soweit, wie z.B. hier bei § 123 Abs. 4, nichts anderes gesagt wird, § 146 und § 152 VwGO (Beschwerde zum BVerwG).

E. Berufungsurteil des OVG bzw. des VGH

Rubrum wie oben mit folgender Besonderheit:

Hier: Berufung des Klägers
oder des Beklagten
oder des Beigeladenen
erläßt der Bayerische Verwaltungsgerichtshof, das OVG, I. Senat, unter Mitwirkung von ... (es folgen die 3 Berufsrichter) aufgrund der mündlichen Verhandlung vom ... am ... folgendes

Urteil:

I: Die Berufung wird zurückgewiesen.

II: Der Kläger hat die Kosten des Berufungsverfahrens einschließlich der außergerichtlichen Kosten des Beigeladenen X zu tragen.

III: Das Urteil ist im Kostenpunkt vorläufig vollstreckbar.

IV: Die Revision zum BVerwG wird zugelassen (oder wird nicht zugelassen).

Tatbestand:

Dieser muß ausführlich den Verlauf des bisherigen Verfahrens wiedergeben, ausgehend vom angefochtenen oder unterlassenen Verwaltungsakt usw.

Entscheidungsgründe:

Gegenstand der Berufung (wogegen sie sich richtet).

Zulässigkeit der Berufung (die Zulässigkeit des Rechtsmittels ist der erste Prüfungspunkt der Entscheidungsgründe).

Die Begründetheit der Berufung zerfällt in zwei Punkte:

1. Zulässigkeit der Klage (also 1. Instanz)
2. Begründetheit der Klage (also 1. Instanz)

Kosten des Berufungsverfahrens
evtl. vorläufige Vollstreckbarkeit
Zulassung der Revision nach § 132 Abs. 2 VwGO.

Rechtsmittelbelehrung:

Bei Zulassung der Rev.:

Gegen dieses Urteil steht den Beteiligten die Revision zum BVerwG in Berlin zu. Die Revision muß beim OVG bzw. VGH, Anschrift ..., innerhalb eines Monats nach Zustellung dieses Urteils durch einen Rechtsanwalt oder einen Rechtslehrer an einer deutschen Hochschule als Bevollmächtigten schriftlich eingelegt und spätestens innerhalb eines weiteren Monats begründet werden. Die Revision muß das angefochtene

Urteil bezeichnen, die Revisionsbegründung oder die Revision müssen einen bestimmten Antrag enthalten, die verletzte Rechtsvorschrift und, wenn Verfahrensmängel gerügt werden, die Tatsachen, die den Mangel ergeben.

Bei Nichtzulassung der Revision (§ 132 Abs. 2 und Abs. 3 VwGO): Die Nichtzulassung der Revision kann durch Beschwerde zum BVerwG in Berlin innerhalb eines Monats nach Zustellung dieses Urteils angefochten werden. Die Beschwerde ist beim OVG bzw. VGH (Anschrift ...) schriftlich einzulegen. In der Beschwerdeschrift muß die grundsätzliche Bedeutung der Rechtssache dargelegt oder die Entscheidung des BVerwG, von der das Urteil des OVG, VGH abweicht, oder der Verfahrensmangel bezeichnet werden.

Ist die Berufung unzulässig, wird sie verworfen:

I. Die Berufung wird verworfen.

II. und III. wie oben.

Hat die Berufung Erfolg, ist eine ersetzende Entscheidung zu treffen:

I. Das Urteil des VG vom ... — Az.: ... — wird aufgehoben, nebst dem Bescheid der Landeshauptstadt München vom ... — Az.: ... — dem Widerspruchsbescheid der Regierung von ... vom ... — Az.: ... —. Der Antrag wird abgelehnt.

Dieselben Formulierungen gelten auch für Revisionsurteile. Diese kann jeder Leser nach dieser Anleitung selbständig entwerfen.

Sachregister